AI와 데이터 분석 기초

:디지털 비즈니스 생존전략

윤상혁 · 양지훈 지음

박영사

들어가며

이 책은 저자가 실무와 다양한 연구 과정에서 부딪히며 깨달은 경험과 시행착오를 바탕으로, AI(인공지능)에 대한 지식과 이를 활용한 실무 데이터 분석을 비전공자들의 언어와 눈높이에 맞춰 써 내려간 입문서이다.

AI 시대, AI와 데이터 분석을 알아야 하는 이유

디지털 비즈니스 환경에서 AI의 진화와 적용은 두드러지게 나타나고 있으며, AI는 우리 삶 속에 이미 깊숙이 들어와 있다. 스트리밍으로 음악을 들을 때도, 넷플릭스에서 영화를 볼 때도, 인터넷에서 쇼핑을 할 때도 우리는 AI의 추천에 의지하고 있다. 그뿐만 아니라 AI는 전문 트레이더보다 더 정확한 주식추천에 이용되고 있고, 변호사를 대신하여 계약서를 검토하고 있으며, 기자를 대신해서 포털의 기사를 쓰고 있기도 하다. AI는 모든 산업에 적용되어 우리의 삶을 바꾸고 있다. 이제 AI를 활용하는 것이 직장이나 본인의 사업을 하는 데 유리해지는 정도가 아니라, 새로운 비즈니스를 만들고 이를 관리 및 운영하는 데 필수적인 요소가 되고 있다. 또, 변호사, 번역가, 기자, 심지어는 미술이나 음악 같은 창작자까지, 기존에는 인간만이 할 수 있었던 작업을 AI가 대체할 수 있게 되면서 인간의 직업을 위협하는 생존 문제까지 거론되고 있다. 인터넷이 개발되고 우리의 삶과 비즈니스에 적용되어 사회·문화·경제를 변화시켰듯이, 그리고 스마트폰이 개발되고 적용되어 애플리케이션 시장이 산업생태계를 흔들었던 것처럼, 새로운 혁신 기술의 도입과 적용은 전 세계에 동시다발적인 변화를 유도하고 있으며 그 변화의 주기는 더 짧아지고 있다. 그리고 전문가들은 이제 AI를 향후 변화의 핵심으로 주목하고 있다. 이렇게 급변하는 상황에서 우리는 무엇을 준비하고 어떻게 대비해야 할까?

모두가 AI 개발자, 프로그래머가 될 필요는 없다?

AI에 대해 언론을 통해 많이 접했고 그 중요성도 이미 알고 있지만, AI가 무엇인지 정확히 알지 못하는 사람들은 막연한 두려움만이 있을지도 모르겠다. 하지만 확실한 것은 모두가 AI 개발자 또는 프로그래머가 될 필요는 없다는 것이다. 예를 들어, 스마트 기기를 활용한 애플리케이션 시장이 활발해졌다고 해서 모든 사람이 애플리케이션 개발자가 될 필요는 없었다. 다만 모바일이라는 환경을 활용한 애플리케이션 시장이 어떤 것인지 알고 이를 활용해 내 영역에서 적용할 수 있는 것은 무엇인지 찾는 과정이 비즈니스나 실무에서 매우 중요했다. 마찬가지로 이제는 AI가 무엇이고 기본적으로 어떻게 구동되는지 아는 것은 매우 중요하다. 하지만 AI 개발자를 제외한 비전공자들이 AI 관련 이론이나 공식, 계산과정, 작동원리 등을 세부적으로 알 필요는 없을 것이다. 그보다 AI가 기본적으로 어떤 것인지 이해하고 이를 활용한 데이터 분석을 내가 있는 영역에서 실무적으로 딱 활용할 정도의 지식과 실무능력을 요구받고 있다.

경험을 통해 깨달은, 쉽게 이해하고 터득하는 AI와 데이터 분석

필자는 학창시절 수학을 피해서 인문계에 진학하였으며 대학원에 진학하기 전까지 숫자와는 거리가 멀었던 문과생이었다. 그래서 흥미보다는 필요 때문에 접근하고 졸업하기 위해 공부한 AI와 데이터 분석 습득과정은 절대 만만치 않은 과정이었다. 프로그래밍과 코딩에서부터 통계에 이르기까지 이전의 사고방식과 뇌 구조에서는 이해하기 어려운 한계를 경험하기도 하였다. 그래서 이러한 험난했던 시행착오 경험과 습득과정에서의 비결을 최대한 살려 문과생이나 비전공자 시각에서도 쉽게 배울 수 있는 안내서를 만들고자 하였다. 특히 실무나 활용, 이해 차원에서 필요 없는 내용은 최대한 제외하여 핵심적으로 꼭 알아야만 하는 내용을 중심으로 최대한 부담이 없도록 내용을 구성하려 노력하였다. 그래서 독자들이 막연한 두려움을 극복하고, 저자가 겪었던 어려움의 과정 없이 AI를 쉽게 이해하여 각자의 분야에서 AI 기반 데이터 분석을 활용했으면 하는 바람이다.

비전공자에게 인공지능과 프로그래밍 기반 데이터 분석을 가르친다고 했을 때, 많은 선배 교수님들이 학생들이 잘 따라갈 수 있을지 걱정을 하셨다. 그리고 지난 몇 년 동안 학생들을 가르쳐 본 후 비전공자도 충분히 잘 배울 수 있다는 확신이 생겼다. 오히려 비전공자들은 편견이나 선입견 없이 내용을 잘 흡수하고, 배운 기술을 잘 응용하여 새로운 분야에 더 잘 접목하는 것을 눈으로 확인했다. 걱정을 기우로 만들어준 동국대학교 광고홍보학과 학생들에게 고마움을 전한다. 아무쪼록, 이 책이 AI로 촉발된 디지털 비즈니스의 변화 속에서 생존전략을 세우는 데 조금이나마 도움이 되길 희망한다.

책의 목적과 구성

"AI는 끊임없는 데이터 분석의 합이다."

사람들은 AI 하면 사이보그 내지는 로봇을 먼저 생각한다. 그래서 보통 AI 와 데이터 분석 간의 관계를 잘 떠올리지 못한다. 하지만 AI가 구동하기 위해서 는 데이터 분석이 필수적이다.

AI는 겉으로 보기에 인간처럼 생각하고 행동하는 것처럼 보일지 몰라도, 생 각이라는 체계가 없이 끊임없는 데이터 분석 과정을 통해 다음 행동을 선택한 다. 그저 주어진 상황에서 가장 좋은 선택지를 데이터 분석을 통해 찾을 뿐이다. 예를 들어 구글의 알파고는 바둑 대국을 할 때, 가로세로 36×36칸 내에서 상대 방이 두는 각 상황에 따라 확률과 데이터 분석을 적용하여 문제에 대한 최적의 수를 찾아낼 뿐이다. 즉, AI는 모두 데이터 분석을 토대로 구현된다. 그렇다면 AI를 기반으로 한 데이터 분석을 하기 위해서는 무엇이 필요할까?

AI 기반 데이터 분석을 하기 위해서는 다음의 세 가지가 필요하다

1. AI와 그 작동원리를 이해하는 것
2. 데이터를 이해하기 편하게 시각화하는 것
3. AI를 통해 분석하고 그 결과로 문제를 해결하는 것

이 책은 체계적이고 효과적인 학습을 위해 위의 세 가지를 기준으로 목차 를 구성하였다. 'AI와 그 작동원리를 이해'하기 위해서 먼저 1장에서는 AI의 의 미와 필요성에 대해 살펴보고 AI를 통해 촉발된 디지털 비즈니스 생태계의 변화 에 대해 다룬다. 이어서 2장과 3장에서는 AI의 작동원리인 기초통계와 데이터

분석 과정을 소개한다.

또한 '데이터를 이해하기 편하게 시각화'하기 위해 4장에서는 데이터 다양한 시각화 요소와 시각화 작성 방법을 익힌다.

마지막으로 'AI를 통해 분석하고 그 결과로 문제를 해결'하기 위해 5장, 6장, 7장에서는 대표적인 AI 분석 프로그래밍 언어인 파이썬(python)을 실습한다. 특히, 코딩이나 프로그램 언어에 익숙하지 않은 비전공자도 평소에 사용하는 언어와 비유를 활용하여 쉽게 이해하도록 설명하였다. 또한, 실전 마케팅 예제를 통해 자연스럽게 실무에 적용 가능한 데이터 분석을 습득한다.

결국, 이 책의 목적은 AI에 대한 지식을 정확히 이해하고 실습을 하여, 쉽게 실무 데이터 분석을 익히고, 당신이 있는 분야에서 효과적으로 AI 기반 데이터 분석을 활용하게 하는 데 있다. 여러분의 인생에서 AI와 데이터 분석을 활용해 의미 있는 성과를 거두었으면 한다. 그 과정에서 이 책이 조금이나마 도움이 되길 기대해 본다.

차례

PART 1 AI와 디지털 비즈니스의 이해

1. AI는 무엇이고 왜 중요한가? ·· 3
   1) AI 시대의 도래 ··· 3
   2) AI의 특징 ·· 8
   3) AI의 비즈니스 활용 ··· 14
   4) 분야별 AI 활용 사례 ··· 18

2. 비즈니스 패러다임의 변화 ·· 24
   1) 4차 산업혁명 ·· 24
   2) 디지털 트랜스포메이션 ·· 27
   3) 디지털 플랫폼 ··· 30

3. 디지털 비즈니스 개요 ·· 34
   1) 디지털 비즈니스의 이해 ······································ 34
   2) 디지털 비즈니스의 등장 배경 ································· 37
   3) 디지털 비즈니스의 효과 ······································ 40
   4) 디지털 비즈니스의 융합을 통한 가치 창출 효과 ··············· 42
   5) 디지털 비즈니스 종류 ·· 44

4. 디지털 비즈니스에서 데이터의 중요성 ······················· 47
   1) 데이터 경제 시대로의 전환 ··································· 47
   2) 데이터의 개념과 특징 ·· 50
   3) 데이터 비즈니스의 특성 ······································ 53

PART 2 디지털 비즈니스와 과학적 분석

1. 디지털 비즈니스와 데이터 과학 ·························· 59
   1) 데이터 과학과 마케팅 ····························· 59
   2) 마케팅 과학과 데이터 ····························· 61
   3) 마케팅 과학의 문제해결 과정 ······················ 66

2. 데이터 과학과 머신 러닝 ··························· 70
   1) 데이터 분석 기초 ······························ 70
   2) 빅데이터 ································· 73
   3) 머신러닝 ································· 78
   4) 머신러닝 모형의 분류 ··························· 78
   5) 머신러닝 과정 ······························· 79

PART 3 통계적 가설검증의 이해

1. 가설 검정의 이해와 검정 통계량의 의미 ···················· 87
   1) 데이터 분석을 위한 통계 기초 ······················ 87
   2) 가설과 가설 검정 ····························· 90

2. 빈도와 중심화 경향 ······························ 95

3. 통계분석 방법 ·································· 99
   1) 상관관계 분석(Correlation analysis) ·················· 99
   2) 군집 분석(Cluster analysis) ······················ 104
   3) 회귀 분석(Regression analysis) ···················· 108

PART 4 데이터 시각화

1. 데이터 시각화란? ··· 115

2. 데이터 시각화 작성 순서와 도구 ··· 117

3. 차트 종류 ·· 121
   1) 막대그래프 ·· 121
   2) 누적 막대그래프 ·· 123
   3) 선형 그래프 ·· 124
   4) 원형 차트 ··· 125
   5) 산점도 ·· 125
   6) 폭포형 그래프 ··· 126
   7) 트리맵 그래프 ··· 127
   8) 시각화 방법 선택하는 방법 ·· 127

4. 데이터 시각화 기본요소 ·· 129
   1) 숫자 ··· 129
   2) 글자 ··· 133
   3) 색깔 ··· 134
   4) 차트 요소 ··· 139

5. 차트 종류별 작성원칙 ·· 140
   1) 세로막대 그래프 작성원칙 ·· 140
   2) 가로막대 그래프 작성원칙 ·· 143
   3) 선형 그래프 작성원칙 ··· 145
   4) 원형 차트 작성원칙 ·· 147

6. 데이터 시각화를 활용한 분석기법 ·· 150
   1) 퍼널 분석 ··· 150
   2) 코호트 분석 ·· 154

PART 5 프로그래밍 기초

1. 프로그래밍과 파이썬 ··· 159

2. 비전공자도 프로그래밍을 배워야 하는 이유 ························· 161

3. 실습환경 구성하기 ··· 163
    1) 구글 코랩 환경 설정하기 ·· 164
    2) 구글 코랩 둘러보기 ·· 168
    3) 셀의 종류(코드와 텍스트) ·· 169
    4) 주요 단축키 ·· 171

4. 프로그래밍 연산 ··· 172

5. 기초 문법 ·· 173
    1) 변수 ··· 173
    2) 데이터 타입 ·· 174

6. 조건문 ··· 181
    1) 비교 연산자 ·· 182
    2) 들여쓰기(indent) ·· 183
    3) 논리 연산자 ·· 185

7. 반복문 ··· 187

8. 함수와 라이브러리 ··· 192
    1) 내장함수 ·· 192
    2) 라이브러리 ·· 194

PART 6 프로그래밍 기반 데이터 전처리

1. 데이터 이해하기: 판다스 ··· 199

2. 데이터 불러오는 방법 ··· 202

3. 기술 통계 및 정렬 ·· 205
   1) 데이터 기본 정보 살펴보기 ··· 205
   2) 기술 통계와 데이터 형태 ··· 208
   3) head와 tail ··· 209
   4) 데이터 정렬하기 ··· 210

4. 데이터 선택하기 ··· 213
   1) index를 활용한 범위 선택 ·· 213
   2) iloc으로 행과 열 범위 선택 ·· 214
   3) 컬럼명을 활용하는 loc ·· 215
   4) 조건을 추가해서 데이터 불러오기 ·· 216

5. 데이터 처리하기 ··· 218
   1) DataFrame 복사: copy ·· 218
   2) 행열 추가 및 삭제 ··· 219
   3) 그룹으로 묶어보기: Groupby ·· 223
   4) reset_index ·· 225

6. 결측값과 중복값 처리 ·· 227
   1) 결측값 처리 ··· 227
   2) 중복값 처리 ··· 231

7. 문자 데이터 처리 ··· 235
   1) 날짜 타입으로 변경하기 ·· 235
   2) 텍스트를 코드값으로 변경하기 ·· 239
   3) 원핫 인코딩 ··· 242

PART 7   프로그래밍 기반 데이터 시각화와 실전 분석

1. 데이터 시각화: 판다스 라이브러리 ·· 247
   1) 시각화를 위한 기본 환경설정 ·· 247
   2) 선 그래프 ··· 249
   3) 막대그래프 ··· 251
   4) 원형 차트 ··· 255
   5) 산점도 ··· 256
   6) 그 외 데이터 시각화 ··· 257

2. 데이터 시각화: matplotlib과 seaborn 라이브러리 ························· 258
   1) 시각화 관련 다양한 기능 제공 ·· 258
   2) seaborn에서 제공하는 통계기반 시각화 ··································· 264

3. 예측 마케팅 ··· 267
   1) 문제 정의 ··· 267
   2) 데이터 설명 ··· 268
   3) 데이터 탐색 ··· 269
   4) 데이터 분석 ··· 274
   5) 적용방안 ··· 276

4. A/B Test 마케팅 ··· 277
   1) 문제 정의 ··· 277
   2) 데이터 설명 ··· 278
   3) 데이터 탐색 ··· 279
   4) 데이터 분석 ··· 284
   5) 적용방안 ··· 286

5. 군집 마케팅 ··· 287
   1) 문제 정의 ··· 287
   2) 데이터 설명 ··· 288
   3) 데이터 탐색 ··· 288
   4) 데이터 분석 ··· 295
   5) 적용방안 ··· 299

부록   AutoML 따라해 보기

AI와 디지털 비즈니스의 이해

1. AI는 무엇이고 왜 중요한가?

2. 비즈니스 패러다임의 변화

3. 디지털 비즈니스 개요

4. 디지털 비즈니스에서 데이터의 중요성

1 AI는 무엇이고 왜 중요한가?

1) AI 시대의 도래

구글의 AI 프로그램인 알파고가 이세돌 9단과의 바둑 대국에 승리할 때만 해도 이렇게 빠르게 AI가 우리의 삶에 침투할 것을 상상하지 못했다. 하지만 불과 몇 년이 흐른 지금 AI는 우리의 삶에 자연스럽게 스며들어 폭넓게 활용되고 있으며 비즈니스 생태계는 물론 삶의 방식까지 바꾸고 있다. 스트리밍으로 음악을 들을 때도, 유튜브나 넷플릭스에서 동영상을 볼 때도, 인터넷에서 쇼핑할 때도 우리는 AI의 추천에 의지하고 있다. 그뿐만 아니라 AI는 전문 주식 트레이더보다 더 정확한 주식추천에 이용되고 있고, 번역에 일반적으로 활용되고 있으며, 기자를 대신해서 포털의 기사를 쓰고 있기도 하다. AI는 기술영역뿐 아니라 금융, 유통, 엔터테인먼트, 의료, 제조업, 농업, 서비스업 등 모든 영역에 걸쳐 활용되고 있다.

▎ 미래의 혁신 원천으로 주목받는 AI

마치 인터넷이나 모바일 애플리케이션이 처음 등장하여 우리의 삶을 혁신적으로 변화시키고 이들을 먼저 발 빠르게 적용한 사업자가 글로벌 산업을 주도했던 것처럼 이제는 AI의 특성을 얼마나 잘 파악하고 그 장점을 얼마나 해당 영역에 잘 적용하는지가 산업을 주도하는 핵심이 되고 있다. 실제로, 많은 전문가들은 AI가 미래를 이끌 2020년대는 'AI 시대'가 될 것이라고 전망하고 있다.

우리는 1990년대 PC가 보급되고, 2000년대 초고속 인터넷이 대중화됨에 따라 전자상거래(e-Commerce)가 등장하고 구글이나 네이버와 같이 인터넷 포털 사업자가 정보의 중심축이 되는 급격한 변화를 경험한 바 있다. 또, 아이폰의 등장에 이어 2010년대에는 스마트폰이 보급되고 모바일 네트워크가 활성화되자 모바일 애플리케이션과 관련 시장을 중심으로 Facebook, Amazon, Apple, Netflix, Google[1] 등이 세계 시장의 새로운 강자가 되는 모습을 지켜보기도 했다. 여기에, 모바일 기술과 애플리케이션 시장을 택시 서비스에 활용한 Uber, 숙박서비스에 적용한 Airbnb 등의 성장은 새로운 유망 기술의 발 빠른 파악과

〈그림 1-1〉 시기별 핵심기술 등장과 변화

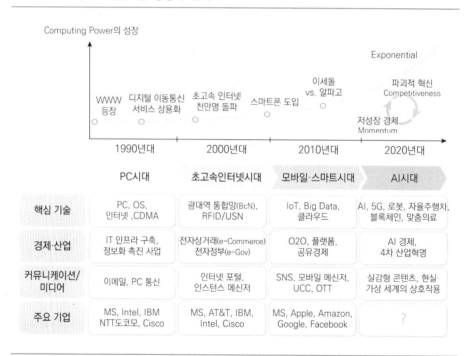

자료: 한국정보화진흥원(2019.12.)

---

1) 2010년대 중반, 거대 IT 기업들인 Facebook, Apple, Amazon, Netflix, Google이 IT 트렌드와 주식시장을 주도하자 미국 언론을 중심으로 이들을 통칭하는 신조어로 앞 자를 따서 FAANG로 명명. 최근에는 다시 MAGA(Microsoft, Amazon, Google, Apple)라는 용어가 사용되기도 한다.

적용이 시장에 미치는 영향을 확인할 수 있게 하였다. 이들 인터넷, 모바일의 적용과 마찬가지로 2020년대에는 AI의 적용이 변화와 혁신을 이끌 원천으로 주목받고 있다. AI가 이전의 기술혁신 사례들처럼 전 산업에 파급되어 새로운 가치와 사회·경제·문화의 혁신을 이끌 것이 기대되기 때문이다. 그럼 이 AI가 무엇인지 본격적으로 살펴보기로 하자.

▌ AI의 개념

AI(Artificial Intelligence, 인공지능)는 말 그대로 기계나 컴퓨터 등을 통해 인공적으로 만들어진 지능을 의미한다. 즉, 인공지능은 인간의 시각 인지, 음성 인식, 의사 결정 및 언어구사 능력 등과 같이 인간 지능이 필요한 분야를 실행할 수 있는 컴퓨터 시스템[2]이며 그와 관련된 기술이라고 할 수 있다. 쉽게 말하면, "인공지능이란 컴퓨터가 지능적 업무를 하도록 명령하는 기술"이다.[3]

여기서 지능적이란 의미는 기계나 컴퓨터가 마치 인간이 학습하며 지식을 확장해 나가는 것과 같이 학습이라는 과정을 거쳐 '스스로' 지식을 얻고 '스스로' 습득해 나가면서 인간이 설정한 문제와 상황에 대해 '알아서' 판단 및 결정을 내리고, '알아서' 문제를 해결한다는 것이다. 스스로 학습을 할 수 있는 데이터만 제공해 주면 그 데이터를 공부해 해당 영역에서 인간을 대신해서 노동하거나 기능을 하는 원리이다.

▌ AI의 등장 배경: ① AI 작동 요소의 발전

AI가 잘 작동하기 위한 기본조건에는 세 가지가 있다. 첫째로는 충분히 많은 데이터, 둘째로는 좋은 알고리즘, 셋째로는 고효율의 하드웨어 이렇게 3박자가 맞아떨어져야 한다. 이 세 가지 요소들은 독립적이기보다는 서로 보완적이며 강한 연관성을 지닌다. 예를 들어 데이터가 부족해도 소프트웨어 알고리즘과 하드웨어의 성능이 좋으면 어느 정도는 데이터 분석이 가능하다. 또한 풍성한 데이

---

2) Oxford Dictionary
3) 김진형(2020), AI 최강의 수업, 매일경제신문사, p. 34

터와 엄청난 양의 데이터를 처리할 수 있는 하드웨어로 작업을 한다면 알고리즘의 부족도 이론적으로 일정 정도 극복이 가능하다. 하지만 무엇보다도 데이터, 알고리즘, 하드웨어 모두가 한꺼번에 발전하고 갖춰졌을 때 AI는 본격적인 힘을 발휘하기 시작했으며 알파고와 이세돌의 바둑대국이 그 시점이 되었음을 알린 도화선이 되었다.

〈그림 1-2〉 AI 작동 3요소와 발전배경

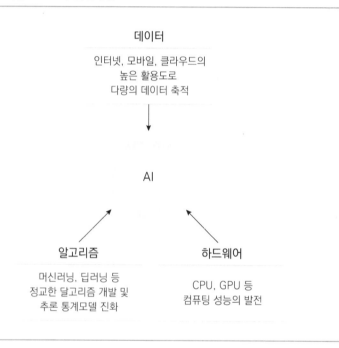

사실, 인공지능에 대한 논의와 이론은 이미 1900년대 중반에서부터 등장했지만 지지부진하다 2000년대 들어와서야 전혀 다른 국면을 맞이한 것도 이와 관련된다. 즉 최근 들어 인공지능 분야의 발전이 급속도로 진행되는 데에는 인터넷 및 클라우드의 활용을 통한 많은 양의 데이터 축적이 가능해지고, 컴퓨팅 성능이 향상되었으며 새로운 알고리즘의 발전이라는 외부적 성장 동인이 작용한 것이다. 스마트폰을 비롯한 다양한 IT 기기의 높아진 활용도는 다량의 정보와 데이터를 수집가능하게 하였고 빅데이터와 인공지능 활용의 재료가 되어 확률 기반 추론 통계 모델의 진화를 유도하였다. CPU 및 GPU 등 컴퓨팅 성능의 급격한 향상 또한 머신러닝과 딥러닝의 모델 정교화를 가속하였으며, 새로운 알고리즘이 개발되고 배포됨에 따라 머신러닝을 활용한 시각 인지기술 등의 혁신과 발전을 촉진하였다.

▎AI의 등장 배경: ② 다품종 소량 체제로의 변화와 맞춤형 서비스 필요성 증대

사람들의 다양해진 수요와 그에 따른 능동적 수요 패턴 또한 AI의 본격적인 등장과 발전을 부채질하였다. 기술적인 발전배경이 갖춰졌어도 사람들의 필요와 수요가 없다면 그 기술은 발전하지 못하고 사라졌을 것이다. 하지만 AI에 대한 각 산업에서의 수요는 다품종 소량 체제로의 변화와 맞춤형 서비스의 필요성이 증대함에 따라 더 커지게 되었다.

2000년대 전까지만 해도 사람들은 주로 TV와 주요 신문사 등을 통해 제한된 정보를 접했으며 수요 자체도 굉장히 획일적이었다. 그래서 그 당시에는 지금은 상상하기도 힘든 시청률 50% 이상의 방송 프로그램들이 존재하기도 하였고 제한적인 소재들만이 미디어를 지배했었다. 하지만 인터넷과 모바일의 발전으로 유튜브, 온라인 카페 커뮤니티와 같은 새로운 유형의 매체가 발생되었고, 사람들은 다양한 소재의 다양한 콘텐츠를 다양한 채널을 통해 소비하기 시작했다. 그뿐만 아니라 유튜브, 아프리카TV 등을 통한 1인 방송을 통해, 또 인스타그램, 페이스북, 틱톡과 같은 SNS 등을 통해 자체적으로 콘텐츠를 생산하고 비즈니스를 자생적으로 만드는 능동적인 주체로 진화하였다. 이에 따라 사람들의 수요는 다양해지고 다양한 수요를 맞추어야만 기업들은 살아남을 수 있는 환경으로 변하게 된 것이다. 즉 소품종 대량 생산 체제에서 다품종 소량 체제로의 변화에 맞춰, 각 소비자에게 다양한 기호에 최적화된 맞춤형 서비스를 제공하기 시작하였고, 이를 구현하기 위해 인공지능의 활용과 그에 대한 기술수요 또한 높아지게 되었다.

▎인공지능 개념의 발전 과정

인공지능은 컴퓨터가 지능적 업무를 하도록 명령하는 기술이며, 넓은 의미에서 주어진 환경에 반응해 행동하는 모든 기술을 아우르는 개념이라 할 수 있다. 미국의 존 매카시 교수에 의해 처음 고안된 인공지능이라는 개념은 1956년에 개최된 다트머스 회의에서 일찍이 등장했지만, 단순한 문제도 해결하지 못하는 현실에 부딪히면서 인공지능의 장래를 한계를 여실히 드러냈다. 1980년대에 들어오면서 다층신경망의 학습알고리즘인 역전파 알고리즘이 발표되고 인공지능은 다시 주목을 받았으나 당시 컴퓨터 처리 능력의 한계로 다시 인공지능의 발전은 한동안 정체되었었다. 그러다 2000년대 이후 빠르고 강력한 병렬 처리를 제공하는 GPU가 도입되었고 폭발적인 데이터의 증가로 인공지능의 새로운 국면을 만들며 이전과 달리 급격한 발전이 이루어졌다.

2) AI의 특징

▎약 인공지능 vs 강 인공지능

인공지능은 강한 인공지능과 약한 인공지능으로 구분할 수 있다. 강한 인공지능은 사람 같은 지능을 가지는 인공지능을 뜻하며, 약한 인공지능은 특정 문제나 영역에 국한하여 지능적 판단을 할 수 있는 인공지능을 의미한다. 강한 인공지능의 대표적인 예가 터미네이터이다. 터미네이터는 인공지능이지만 사람처럼 행동하고 판단을 한다.

반면 약한 인공지능의 대표적인 예는 알파고이다. 알파고는 바둑 영역에 한정하여 우수한 성과를 냈다. 아직 강한 인공지능은 SF 영화 속에서만 존재하고 실현할 수 있을지에 대해 전문가 사이에서도 의견이 분분하다. 하지만 약한 인공지능의 영역이 점차 늘어나고 있고 약한 인공지능 간의 조합이 일어난다면 강한 인공지능의 개발도 그다지 머지않은 미래다.

▌ 인공지능의 단계

인공지능을 활용하는 단계는 3단계로 나뉜다. 1단계는 규칙 기반의 인공지능이다. 사람이 세운 규칙에 따라 명령을 단순하게 수행하는 역할을 한다. 우리 주변의 전자제품들은 대부분 1단계 인공지능들이 포함된다. 예를 들어 전자레인지에 '음식을 3분간 돌려라'와 같은 명령을 하면 기계가 수행한다.

2단계는 전문가의 도움으로 컴퓨터가 학습하고, 인간의 의사 결정을 지원 및 보조하는 인공지능이다. 이 단계에서 컴퓨터가 데이터를 학습하기 위해서는 옵션 설정과 같은 세부적인 절차를 인간이 반드시 부여해야 한다. 또한 인간이 의사 결정을 할 때 인공지능을 통해 나온 결과를 보조적으로 활용한다. 마지막으로 3단계는 인공지능이 스스로 의사 결정까지 하는 단계이다. 데이터를 입력하면 인공지능이 자동으로 학습해서 최종적으로 의사 결정을 한다. 이 단계에서는 인간은 인공지능의 의사 결정에 따라가고, 특수한 상황에서만 개입하게 된다. 여기서 특수상황이란 인간의 가치 판단이 필요한 경우를 뜻한다. 예를 들어 자율운행차에서 인간은 인공지능에 따라가되 위험한 사고 순간에만 개입하게 된다. 현재의 인공지능 발전수준은 2단계에서 3단계로 넘어가는 과정에 있다.

▌ 인공지능, 머신러닝, 딥러닝의 관계

데이터가 폭발적으로 증가하고 이를 처리할 수 있는 컴퓨터의 성능이 좋아지면서 인공지능(Artificial Intelligence)이 주목받고 있다. 종종 인공지능은 머신러닝(Machine Learning)이나, 딥러닝(Deep Learning)과 같은 의미로 사용하기도 한다. 하지만 인공지능은 머신러닝, 딥러닝의 상위 개념이며, 딥러닝은 머신러닝 기법 중 하나인 개념이다. 이를 도식화하면 <그림 1-3>과 같다.

▌인공지능 핵심 알고리즘: 딥러닝

딥러닝(Deep Learning)은 인공지능의 핵심 알고리즘이다. 딥러닝은 마치 인간 뇌의 신경망처럼 인공신경망이라는 모형을 고안해 여러 층 중첩하여 더 많은 계층으로 만든 알고리즘이다. 다만, 인간의 뇌의 경우에는 어떠한 뉴런도 상호연결이 가능하지만 인공신경망은 데이터의 전파 방향이나 레이어의 연결이 일정하게 나타나는 차이점을 지닌다. 가령, 한 이미지에 대해 인식을 할 때, 이 이미지를 타일(픽셀)로 잘라 신경망으로 첫 레이어에 대해 입력을 하고, 뉴런들은 이 데이터를 다음 레이어로 전달하게 된다. 이와 같은 과정을 마지막 레이어까지 최종 출력 생성까지 반복을 하고, 각 뉴런에는 수행 작업을 기준으로 입력 정확도에 대한 가중치가 할당된다. 그리고 가중치를 합산해 최종 출력이 결정하는 방식으로 인식이 이루어지게 된다. 예를 들어 정지 표지판을 인식하는 딥러닝 알고리즘을 만든다고 가정해 보자. 딥러닝은 동그라미 모양, 빨간색, 정지 표시 문자, 움직임, 크기 등 표지판에 대해 잘게 잘라 픽셀화하고 이를 뉴런에서 검사를 하고, 최종적으로 신경망에서는 정지 표지판이 맞는지 아닌지를 식별한다.

딥러닝은 기본적인 신경망조차 굉장한 양의 연산을 해야 하는 탓에 딥러닝의 상용화는 상당시간이 걸릴 것으로 여겨졌었다. 하지만 슈퍼컴퓨터의 등장 등 컴퓨팅 기술의 급속한 발전으로 딥러닝의 개념을 잘 증명할 수 있는 알고리즘을 구현하는 것이 가능해지면서 연산의 속도를 획기적으로 높이게 되었고, 현재 형태의 딥러닝의 기반을 제공하며 인공지능의 새로운 국면을 열게 되었다. 대표적으로 이전에는 인공지능이 고양이를 인식하는 것이 매우 어려운 장벽이었지만 딥러닝의 적용으로 해결되고 있다. 그 계기는 구글과 앤드류 응(Andrew NG)의 시도였다. 그는 2012년 약 1만 6,000여 개의 컴퓨터를 활용하여 10억 개가 넘는 신경망으로 구성한 심층신경망(Deep Neural Network)으로 고양이 인식을 시도하였다. 유튜브에 있는 1,000만 개의 동영상을 분석해 사람과 고양이를 구분하는 데 성공하였다. 컴퓨터가 심층신경망을 통해 고양이의 모양과 행동 등을 학습하여 고양이와 사람을 정확히 구분할 수 있게 된 것이다.

〈그림 1-4〉 딥러닝을 통한 고양이 식별 알고리즘

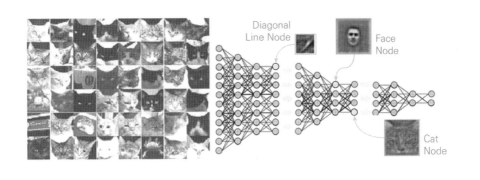

출처: Quoc V. Le(2012)

딥러닝은 이미지 판별뿐 아니라 자연어처리, 영상 인식 등에도 활용되고 있다. 결국, 딥러닝의 등장으로 인해 기계 학습의 실용성은 강화됐고, 인공지능의 영역은 확장되었다.

▌딥러닝의 작동원리

인간의 뇌는 1,000억 개 이상의 뉴런으로 구성되어 있다. 뉴런은 신경계를 이루는 기본 단위로, 각 뉴런으로부터 얻은 정보를 처리하여 나온 결과를 다른 세포로 전송한다. 즉, 거대한 뉴런 네트워크가 구성되어, 인간은 지각을 느끼고 생각을 할 수 있다. 인간의 뉴런의 모습을 본떠 컴퓨터에 적용해 신경망을 구현한 기술을 인공신경망(Artificial neural network)이라고 한다(<그림 1-5> 참조).

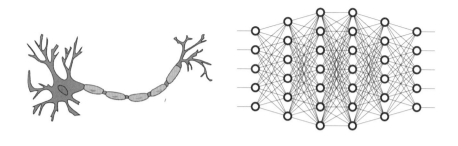

인공신경망은 다양한 형태로 발전되었는데, 그중에서 '퍼셉트론(Perceptron)'
이라는 인공신경망이 딥러닝의 기원이 되었다. 퍼셉트론은 인간의 뇌에서 뉴런
이 하는 역할처럼 입력을 받아 출력하는 논리 게이트 형태이다. 여기서 퍼셉트
론은 여러 개의 입력은 받을 수 있지만, 출력값은 하나로 정해진다. 여기서 중요
한 점은, 입력은 바로 출력 쪽으로 가는 게 아니라 도중에 가중치가 곱해진다는
점이다. <그림 1−6>과 함께 쉽게 설명을 해 보자.

〈그림 1-6〉 퍼셉트론 이해하기

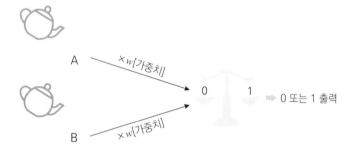

A와 B컵은 물을 입력받아 호스를 통해 저울로 이동한 다음 특정 양 이상일 때 1(성공)이라고 출력한다고 하자. 그런데 호스 구멍의 크기는 조절할 수 있다. 반지름이 1cm 기준으로 이보다 크면 저울로 이동하는 물의 양이 커지고 이보다 작다면 이동하는 물의 양이 적어진다. 구체적으로 우리는 A컵에는 50mL, B컵에는 100mL를 부었다고 생각해 보자. 호스의 구멍 크기는 처음에 1cm로 설정해 두었다. 여기서 저울은 200mL 이상이면 1이라고 출력하고 그 이하면 0이라고 출력한다. 그 결과 A컵에서 100mL가 왔고, B컵에서 50mL가 흘러와 합쳐서 200mL가 되지 않아 0(실패)이라고 출력됐다. 그래서 이번에는 A컵의 호스 구멍을 2cm로 늘렸다. 그 결과 A컵에서 100mL(50mL * 2cm), B컵에서 100mL가 각각 합쳐져 200mL가 되어 1(성공)이 출력되었다.

이 예시를 다시 퍼셉트론과 연결하면, A와 B컵은 입력층의 뉴런이다. 호스의 구멍 크기는 가중치이며 저울은 출력층의 뉴런을 의미한다. 즉, 퍼셉트론은 입력층의 값을 가중치로 바꿔가면서 원하는 출력값이 나올 수 있도록 하는 알고리즘이다. 하지만 퍼셉트론은 단순한 문제밖에 해결하지 못한다는 단점이 있다.[4] 이에 퍼셉트론을 몇 겹으로 쌓아서 이 문제를 해결했는데 이를 딥러닝이라고 한

〈그림 1-7〉 딥러닝 알고리즘 예시

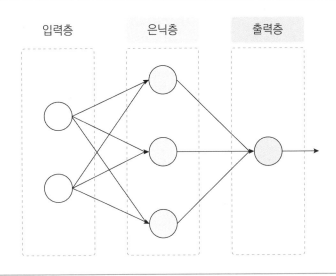

입력층   은닉층   출력층

---

4) 단순 퍼셉트론은 XOR와 같은 문제가 해결되지 않는다.

다. 딥러닝은 입력층, 은닉층, 출력층으로 구성되어 있다. 딥러닝이라는 이름은
'딥(deep)'하게 층이 구성된 모습에서 착안하였다.

딥러닝은 다른 머신러닝에 비해 문제를 풀어내는 정밀도가 높다는 장점이 있
다. 반면, 은닉층은 말 그대로 숨겨져 있는 층이어서, 어떻게 작동해서 답을 찾
았는지 알 수 없다는 단점이 있다.

3) AI의 비즈니스 활용

AI는 사회·경제·문화 전 영역에 활용되며 새로운 가치를 만들고 문제들을
해결하고 있다. 그중에서도 디지털 영역에서의 산업적 활용이 가장 활발하게 이
루어지고 있으며 그 역할은 다음과 같이 정리할 수 있다. 먼저 추천시스템 등을
통해 인간과 소통하여 선택이나 소비에 관여(Engagement)한다. 또 환경이나 정
보 변화를 포착하고 형상화(Sensing & Shaping)하여 다양한 차별화와 혁신을 유
도하고 있으며, 업무의 자동화(Automation)를 가능하게 하여 비용을 줄이고 생산
력을 높이는 효과를 발생시킨다. 결국, 이들의 기능들을 통해 AI는 통찰력과 효
율성을 제공하고 있다.

〈그림 1-8〉 AI의 비즈니스 활용 포인트

자료: Deloitte(2019) 자료를 활용하여 재구성

▌선택과 소비에 관여: AI 기반 추천

최근 온라인 기반으로 이루어지는 모든 시장에서는 다양한 개인의 취향과 필요에 따라 최적화된 제품과 서비스를 추천해 주는 기능에 대해 주목하고 있다. 이를 가능하게 해 주는 것이 이용자의 구매와 행동 패턴, 해당 제품과 서비스의 유사도 등을 분석하여 알고리즘을 통해 선호와 취향을 예상하여 구매 결정에 도움을 주는 AI 기반 추천 시스템이다. AI 기반 추천 시스템은 알고리즘 로직을 활용하여 이용자 개개인의 필요와 요구를 얼마나 잘 분석하고 그에 맞는 적합한 자사의 제품 및 서비스를 얼마나 정교하게 추천하는지가 소비자의 선택을 좌우할 수 있기 때문에 그 역할이 점점 커지고 있다.

특히, 최근 들어 콘텐츠를 다루는 거의 모든 플랫폼들에서 일반적으로 사용하고 있는 콘텐츠 추천시스템은 이용자의 구매이력, 과거 이용이력, 이용자의 프로파일, 선호경향 등을 AI 알고리즘을 따라 유사도를 측정하고 그 유사도가 높은 제품과 서비스를 추천하는 방식으로 이루어진다. 여기에 해당 제품과 서비스의 내용과 속성, 그리고 이용자의 성향을 파악하여 적합한 제품과 서비스를 추천할 때, 텍스트 상에서의 특정 단어를 중심으로 가중치를 부여하여 이를 분석하여 결과를 도출하는 텍스트마이닝 기법도 등도 추천서비스를 정교화하기 위해 일반적으로 활용되고 있다.

결국, AI 기반 추천 시스템은 이용자와 그 이용자가 구매하고 이용한 데이터를 기반으로 정교한 프로파일을 생성하고 이를 활용하여 목표 타깃과 유사한 구매 패턴이나 선호도를 보일 것이라는 전제 아래 다른 이용자에게 비슷한 제품과 정보를 추천해 주는 방식이다.

▌변화 포착: AI 기반 가격 차별

기업의 성과와 이윤을 극대화하기 위해서는, 판매하는 제품이나 서비스의 가격 책정이 매우 중요하다. 만약 해당 제품 및 서비스의 수요가 높은데도 가격을 너무 싸게 책정하면 더 많이 팔리더라도 최종 이윤이 줄어들 수 있고, 반대로 아무리 수요가 높아도 가격을 너무 비싸게 매길 경우, 전체 판매 건수가 떨어져서 이윤이 감소할 수 있다. 즉, 가격에 따른 수요의 변화라고 할 수 있는 가격탄

력성(Price Elasticity)을 적절하게 감안하여 전략을 수립해야 한다는 것이다. 여기에서 가격이나 수요의 영향 요인은 다양한 것이 있는데 예를 들면 계절성이나, 경쟁사의 가격, 대체재나 보완재의 등장 등이 있다. 이러한 복잡 다양한 변수를 파악하고 그에 적절한 제품 및 서비스를 가장 효율적인 최적 가격으로 설정하는 것은 매우 중요하며 동시에 어려운 결정이다. 게다가 외생변수뿐 아니라 제품과 서비스에 반응하는 개개인의 취향이나 효용이 천차만별이기 때문에 몇몇 책임자의 감이나 분석으로는 합리적인 의사 결정을 하는 데 한계가 있다.

이러한 어려움 가운데 AI는 새로운 대안으로 등장하고 있다. 계절, 경쟁사의 가격 변화 등 기존의 외생변수가 나타났을 때의 기록과 데이터를 활용하여 분석하고 이를 기반으로 가격 책정이 가능해진 것이다. 즉, AI 기반 데이터 분석을 적극 활용하여 다양한 변화 자체를 예측할 수 있으며 이를 신속하게 감지하고 예상하여 미래전망을 기반으로 한 가격 설정하여 이윤을 극대화할 수 있게 되었다. 예를 들어 항공표나 호텔과 같이 서비스 품질 차이는 크게 나타나지 않지만 계절이나 시기 등 외생변수로 인해 가격 차이가 높은 상품들은 가격 차별전략을 일반적으로 사용하고 있다. 여기에 AI 기반 알고리즘을 활용하면 이용자 개개인의 취향은 물론, 시기별 적절한 가격의 책정이 가능하다. 이를 활용하여 기업들은 미래를 예측하여 시기별 최적의 가격설정이 가능해졌다.

〈그림 1-9〉 가격 전략별 기업의 실현이익 변화

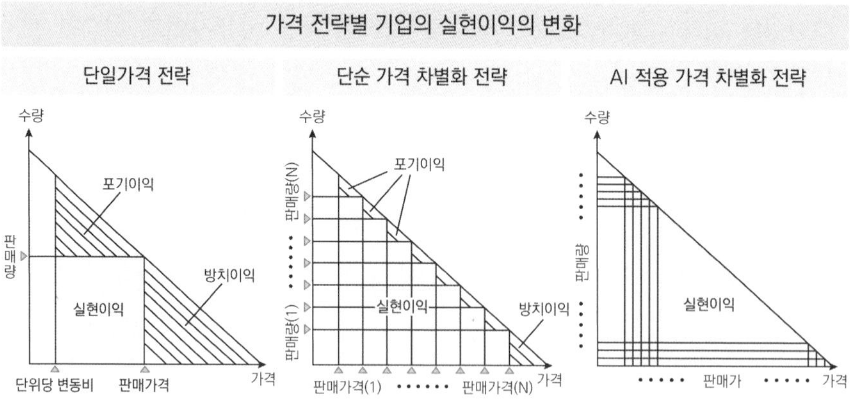

자료: 삼정KPMG경제연구원(2018)

기업으로서는 AI 기반 탄력적 가격 차별을 도입하게 되면 단일 가격을 책정했을 때보다 더 큰 이익의 창출이 가능해진다. 수요 변화에 따라서 실시간으로 즉각 변동하는 가격을 도입하는 전략을 사용하면, 과잉 공급을 막고 기업이 기존에 충족시키지 못했던 수요를 흡수할 수 있어 경제적으로 효과적인 수단이 되는 것이다.

▌운영 효율화: AI 기반 업무 자동화

업무에 있어서 AI 적용의 초기 모델은 사람이 수행하던 단순 반복업무 흐름을 소프트웨어 로봇이 모방하도록 하여 다양한 업무를 자동으로 처리할 수 있게 하는 것이다. 업무 자동화를 통해 비용 절감 및 빠른 서비스 적용이 가능하며 직원들이 더욱 가치 있는 업무를 수행하게 함으로써 비용 감소로 인한 기업 경쟁력을 강화할 수 있다.

하지만 AI의 업무 적용은 기존의 기계가 했던 단순 반복업무 외에도 핵심적인 업무에 대한 자동화를 진행할 수 있게 되면서 전혀 다른 차원으로 발전하게 되었다. 특히 정교한 AI 기술들이 적용되면서 사용자가 원하는 데이터를 추출하여 인식·가공하고 이를 기반으로 자동화하여 인간이 상황변화에 따라 내렸던 의사 결정을 AI가 가능하게 하여 업무에 적극적인 도입이 가능하게 된 것이다. 간단하게는 자동 메일 분류부터 어렵게는 은행 업무 등 문서가 중요한 곳에서까지 적극적으로 활용이 확대되었다. 이러한 변화는 인간과 비슷한 행동을 가장 잘하는 기술, AI가 도입되면서 나타날 당연한 수순이었다. 이러한 AI 기반 자동화의 도입은 비용을 최소화할 뿐 아니라 꾸준한 생산으로 인해 일정한 서비스 품질 유지가 가능하며, 이직이나 유출의 위협이 없어서 상대적으로 보안에서도 장점을 지닌다. 또, 시스템만 꾸준히 업데이트시켜 주고, 변화에 따라 다른 명령을 해 주면 새로운 방식의 도입이 가능해 변화에 매우 민첩하게 반응할 수 있으며 다른 기술과 결합할 수 있는 확장성의 이점까지 갖추고 있다.

<그림 1-10> AI 자동화 구조와 도입을 통한 편익

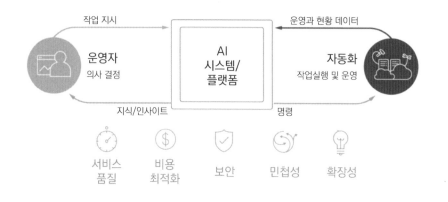

자료: IBM(https://www.ibm.com/downloads/cas/R4063ZVZ) 자료를 활용하여 재구성

4) 분야별 AI 활용 사례

최근 들어 기업과 소비자에서부터 정부 및 공공 영역에서도 알고리즘을 활발하게 도입하는 추세가 퍼지고 있다. 특히 다양한 기업에서는 AI 기반 알고리즘을 통해 시장을 명확하게 예측하며 자사의 경쟁력을 강화하고 있다. AI 기반 데이터 분석을 활용해 미래의 전망, 이용 패턴, 성향의 변화, 현황 진단 등에 활용하고 있다. 기업들뿐 아니라 소비자들도 알고리즘이나 온라인상에서의 비교로 합리적인 소비가 가능해졌고 이를 통해 탐색비용이 감소하고, 투명화된 시장에서 소비자의 교섭력이 높아지는 효과가 나타나고 있다. 또한 정부 및 공공 영역에서는 알고리즘을 범죄패턴을 활용한 범죄 예방, 맞춤형 공공서비스 등에 활용하고 있다. AI가 구체적으로 다양한 영역에서 어떻게 활용되는지 살펴보기로 하자.

▎금융

금융업에서 인공지능은 크게 두 가지 형태로 적용되고 있다. 먼저, 금융거래 탐지시스템(FDS: Fraud Detection System)으로 활용되고 있다. 금융거래 탐지시스템은 서비스 사용자가 금융 관련 서비스를 이용할 때 기존의 패턴과 다른 패턴이 나타났을 경우 이상을 탐지하는 시스템이다. 예를 들어, 금융거래를 할 때, 기존에 이용하던 시간대나, 장소에서 벗어난 경우 해킹 가능성 등과 같은 이상신호로 감지하고 거래가 이루어지기 전에 한 번 더 확인할 수 있도록 절차를 마련하는 것이 일반적으로 활용되고 있는 금융거래 탐지시스템이다.

다음으로는 금융뿐 아니라 다양한 영역에서도 활용하고 있는 로보−어드바이저(Robo−advisor)이다. 금융 상담은 사실 전문적 영역이며 전문자료와 경험을 통해서 습득한 통찰력을 통해서 이루어지는 영역이다. 하지만 AI를 통해 다양한 금융관련 데이터 학습이 이루어진 로보 어드바이저는 채팅 등 전문적 상담이 가능하여 맞춤형으로 금융 상담사를 대신하여 투자상품을 설명하고 추천하고 있다.

〈그림 1-11〉 FDS 과정

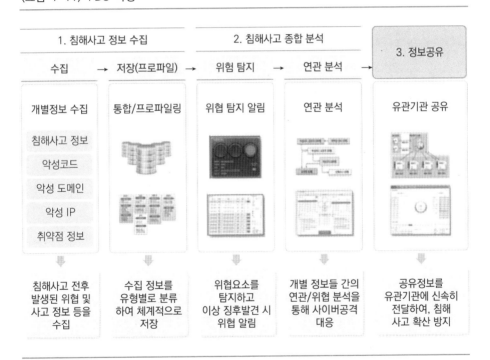

자료: 전자금융과 금융보안(2017)

<그림 1-12> 국내 로보 어드바이저 사례: 국민은행 'KbotSAM', 신한은행 '쏠리치'

▌의료

AI의 활용이 가장 활발하게 논의되고 있는 영역 중 하나가 의료 영역이다. 먼저 AI는 의료 영상의 판독 등을 통해 병의 진단에 사용되고 있다. 대표적으로 구글의 딥마인드는 12만 장이 넘는 이미지를 학습하여 안과 전문사들보다 당뇨성 망막병증을 더 정확하게 진단내리기도 하였다. 암 진단에 있어서도, IBM의 AI 기반 시스템인 Watson은 실제로 뉴욕의 암진단 센터(Memorial Sloan Kettering Cancer Center)에서 암 진단의 기능을 보조적으로 제공하고 있기도 하다.

또한 AI는 신약 개발에도 활용되고 있다. 미국의 벤처기업이 개발한 딥러닝 기반 시스템 AtomNet은 신약 개발 과정에서 약 구성에 대해 더 효율적인 재료와 단백질 결합을 제안하는 역할을 진행하고 있다. 실제로 에볼라에 대한 약 7,000개 종류의 약을 하루 안에 분석하여 병원체에 있어서 작용하는지 여부를 판단하였다.

<그림 1-13> 구글 딥마인드가 진단한 당뇨성 망막병증과 AI 의료 적용 사례: IBM Watson 암 진단

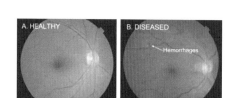 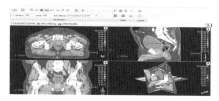

자료: Google Research blog; medgadget.com

▌디지털 서비스업

서비스업에서는 무엇보다도 온라인 플랫폼 서비스 산업에서 AI의 사용이 가장 활발하다. 사용자의 구매내역이나 이용 패턴 등의 데이터 기록을 인공지능을 통해 분석하여 사용자의 성향이나 기호에 맞는 서비스를 추천하는 것이 가장 흔히 사용되고 있는 AI 기반 서비스이다. 예를 들어 음악 스트리밍 서비스는 AI 기반 알고리즘을 활용하여 추천 서비스를 제공하고 있다. 음원 서비스 사용자가 이용했던 음악 정보를 기준으로 비슷한 사용자의 취향이나 비슷한 선호를 보이는 아티스트나 음원을 추천해 준다. 영상 콘텐츠 서비스 분야에서는 국내 기업인 왓챠플레이와 글로벌 서비스인 넷플릭스가 대표적인 AI 추천 시스템을 활용하고 있는 사업자들이다. 이들은 사용자들이 이용한 동영상 콘텐츠에 대해 이용 기록과 패턴을 바탕으로 맞춤 추천 서비스를 제공하고 있다.

최근 온라인 쇼핑 서비스에서는 채팅 상담 등을 AI 알고리즘이 제공하는 챗봇 상담이 일반적으로 활용되고 있다. 챗봇 서비스의 일례로 온라인 쇼핑기업인 인터파크의 톡집사가 있다. 톡집사는 고객의 쇼핑 및 이용과정 관련 문의를 AI 알고리즘을 활용해 학습한 매뉴얼에 맞춰 챗봇 시스템이 자동으로 응답하며 답을 주는 서비스이다. 특히 채팅을 통해 최저가를 찾아주거나, 쿠폰을 제공해 주고 있으며, 최적 상품의 추천도 한다. 한편 온라인 쇼핑 서비스 쿠팡에서도 AI를 활용하여 일반적 상품 추천뿐 아니라 소재, 색상, 스타일 등 원하는 제품의 구체적 조건까지 필터링이 가능한 서비스를 제공하고 있다.

디지털 서비스업 관련 또 다른 인공지능 서비스로는 AI 스피커가 있다. 이들은 애플의 '시리', 네이버의 '클로바'와 같이 목소리 기반의 스마트 비서이다. 음성을 통해 명령어를 인식하여 판단한 결과들을 비서처럼 제공해 주는 시스템이다. 이용자가 음성으로 명령을 내리면 이를 인식하여 자연어처리 과정을 거쳐 시스템에서 이해할 수 있는 시스템 명령어로 바꾸어 입력하고, 그 명령이 구현될 수 있도록 대답하거나 행동하는 체계로 이루어진다.

〈그림 1-14〉 왓챠의 영화 추천과 인터파크 챗봇, '톡집사'

자료: 왓챠 홈페이지; 인터파크 홈페이지

▎ 예술 · 창작

놀랍게도 AI의 적용은 인간의 영역이라고만 생각했던 예술이나 창작영역까지도 확장되고 있다. 구글사가 개발한 '마젠타 프로젝트'가 그 예라고 할 수 있다(<그림 1-15> 참조). 마젠타 프로젝트는 AI 알고리즘을 활용하여 그림, 음악, 동영상 등의 다양한 예술 작품을 만드는 연구프로젝트이다. 특히 마젠타 프로젝트는 인공지능에 지식이나 경험이 전혀 없는 예술가들도 쉽게 인공지능 기반 작품을 만들 수 있는 플랫폼을 제공하기도 하였다. AI 기반 알고리즘을 통해 반 고흐(Van Gogh)의 작품들을 학습하여 유사한 화풍으로 새로운 그림들을 그려낼 수 있다. 또, 비틀즈와 같은 아티스트의 음원들을 학습시켜 이들 스타일의 음악을 만들 수 있다.

문학에도 AI 적용 사례가 늘어나고 있다. 인공지능이 '소설', '시'를 창작하는 시대가 온 것이다. 2019년에는 AI 스타트업 '포자랩스'가 KT가 개최한 AI 소설 공모전에서 최우수상을 받았다. 인공지능이 만든 소설은 세부적인 문장에서는 모순이 있었지만, 전체적인 구조나 플롯은 매우 훌륭했다는 평가를 받았다. 이렇게 AI가 문학 영역까지 침범할 수 있었던 데에는 우수한 언어 모델 발전과 연관이 있다. 특히 2020년 6월 OpenAI사가 개발한 인공지능 모델인 GPT-3에 대한 관심이 높다. GPT-3는 딥러닝 기술을 이용해 인간다운 텍스트를 만들어 내는 능력을 갖추고 있다. GPT-3는 1,750억 개의 매개변수(모델 성능을 향상해 주는 옵션)를 가지고 있어 지금까지 인간이 개발한 인공지능 기술 중 가장 우수한 결과를 제시했다. GPT-3가 작성하는 글의 질이 매우 높아 인간이 작성한 글과 구별하기 어려울 정도라고 한다. 이 놀라운 결과의 배경에는 인류 문명이 현재까지 만들어낸 수많은 문장을 학습들을 학습하는 과정이 있었다. 맥락을 파악하고 가장 적합한 단어를 조합하여 구성하는 형태로 글을 작성한다. <그림 1-16>은 셰익스피어의 작품을 학습하여 GPT-3가 연애편지를 작성한 예시이다.

〈그림 1-15〉 마젠타 프로젝트 소리 추출과 반고흐 화풍으로 AI가 그려낸 광화문

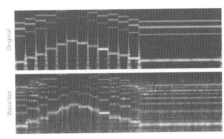

자료: 구글 코리아; 조선비즈(2017), 소름 돋는 인공지능의 그림⋯. 저작권은 누구 소유일까?

〈그림 1-16〉 GPT-3 데모와 구글 번역기

Here is a love letter written by william Shakespeare:

Methinks I see these things with parted eye,
And to myself they are both miseries.
To divide them is my only cure,
And yet that cure, such is my folly,
Cannot be efected but by those
That make me want to seek a cure.
Past cure I am, now reason is past care,
And Frantic mad with evermore unrest.
0 sweetest love, 0 truest love, I thank
Thy heaven for thee, and for thy cirtues pray
As to the Lord above, so downwards show
Thyself in me, and crowned be thy brows
With spoils of mine own heart, while I look on,
Whose bloody book of life thy name contains,
And still new honors doth bequeath to thee,
While I, my mistress, and thyself am left.

윌리엄 셰익스피어가 쓴 연애 편지는 다음과 같습니다.

Methinks 나는 이별 된 눈으로 이러한 것들을보고,
그리고 나 자신에게는 둘 다 불행입니다.
그들을 나누는 것이 나의 유일한 치료법입니다
그러나 그 치료법은 내 어리 석음입니다.
쫓겨날 수는 없지만 그들에 의해
그래서 내가 치료법을 찾고 싶어합니다.
나는 과거의 치료법이고, 이제 이성은 과거의 치료입니다.
그리고 점점 더 불안해하는 광란.
0 가장 달콤한 사랑, 0 진정한 사랑, 감사합니다
당신을위한 당신의 천국, 그리고 당신의 성가를위한기도
위의 주님에 관해서는 아래로 보여
너는 내 안에 있고 너의 눈썹이 돼
내 마음의 전리품으로 내가 바라 보는 동안
피 묻은 생명의 책 네 이름에는
그리고 여전히 새로운 영예가 그대에게 물려 있습니다.
나, 내 여주인, 그리고 너 자신이 남아있는 동안.

자료: https://merzmensch.medium.com/

② 비즈니스 패러다임의 변화

1) 4차 산업혁명

앞 절에서 설명한 바와 같이 AI의 발전과 본격적인 활용 시도는 모든 분야에 큰 변화를 예고하게 되었다. 특히 2016년, 스위스의 다보스에서 개최된 세계경제포럼(WEF)에서는 AI와 다른 기술들이 융합하여 이전과는 혁명적으로 달라지게 되는 패러다임 변화가 패러다임이 나타날 것으로 전망하며 처음으로 4차 산업혁명이라는 단어를 사용하였다. 1차 산업혁명은 기계화, 2차 산업혁명은 대량생산, 3차 산업혁명이 부분 자동화라면, 4차 산업혁명은 인공지능과 빅데이터, IoT, 로봇 기술들이 본격적으로 활용되고 융합되면서 완전 자동화를 이끌게 될 것을 주장하였다.

4차 산업혁명의 정의는 초기에 다보스포럼에서 디지털 혁명에 기반하여 물리적 공간, 디지털 공간 및 생물학적 공간의 경계가 희석되는 기술융합의 시대[5]로 다소 추상적인 의미로 정리가 되었었다. 하지만 보다 쉽게 이야기하면 AI, 빅데이터 등 디지털 기술을 통해 만드는 초연결 기반의 지능화 혁명,[6] 즉 새로운 기술들이 중심이 되어 결합하면서 새로운 가치가 만들어지는 큰 변화를 의미한다.

---

5) 다보스 포럼(2016)
6) 4차산업혁명위원회

▎산업혁명의 발전 과정

'산업혁명'이라는 용어는 아놀드 토인비(Arnold Joseph Toynbee)가 「Lectures on the Industrial Revolution of the Eighteenth Century in the England」에서 처음 사용하면서부터 산업의 큰 변화를 설명하는 용어로 일반적으로 사용되기 시작했다. 산업혁명은 시기에 따라 증기기관으로 인한 기계혁명(1차), 전기에너지를 통한 대량 생산 혁명(2차), IT·디지털로 인한 부분 자동화 혁명(3차), 기술융합으로 인한 초지능 혁명(4차) 등의 키워드로 설명할 수 있다.

먼저, 제1차 산업혁명은 18세기에 발생하였으며 증기기관이 개발됨에 따라 기계화가 나타난 큰 변화였다. 증기기관을 활용하여 영국의 섬유공업이 거대 산업화하는 계기를 마련하였다. 제2차 산업혁명은 19세기에서 20세기 초에 발생하였으며 전기에너지를 통한 대량 생산이 본격적으로 가능하게 된 변화였다. 공장에 전력이 보급되어 컨베이어 벨트를 통한 대량 생산이 보급되어 규모의 경제

〈그림 1-17〉 산업혁명 발전 과정

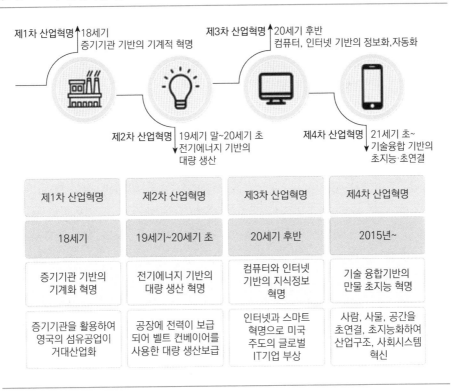

제1차 산업혁명	제2차 산업혁명	제3차 산업혁명	제4차 산업혁명
18세기	19세기~20세기 초	20세기 후반	2015년~
증기기관 기반의 기계화 혁명	전기에너지 기반의 대량 생산 혁명	컴퓨터와 인터넷 기반의 지식정보 혁명	기술 융합기반의 만물 초지능 혁명
증기기관을 활용하여 영국의 섬유공업이 거대산업화	공장에 전력이 보급되어 벨트 컨베이어를 사용한 대량 생산보급	인터넷과 스마트 혁명으로 미국 주도의 글로벌 IT기업 부상	사람, 사물, 공간을 초연결, 초지능화하여 산업구조, 사회시스템 혁신

가 본격적으로 나타나게 된 시기이다. 제3차 산업혁명은 20세기 후반에 컴퓨터의 급격한 발달과 인터넷의 보급을 통한 지식정보 혁명이 일으킨 변화의 시기이다. 이 시기에 글로벌 IT 기업들이 본격적으로 부상하게 되었다. 이어서 2015년 이후에 ICT 융합 기반의 초지능 혁명의 시기로 이어진 것이 제4차 산업혁명이다. 초연결, 초지능화가 산업구조, 사회 시스템, 그리고 변화가 비즈니스를 이끄는 핵심이 되었다.

▌ 4차 산업혁명의 특성: ① 초연결성(Hyper-Connected)

4차 산업혁명은 초연결성과 초지능화, 이렇게 두 단어로 요약할 수 있다. 먼저 초연결성(Hyper-Connected)은 모바일과 인터넷과 같은 네트워크 등을 통해 인간뿐 아니라 사물까지 모든 것이 연결되어 정보가 공유되고 서로 상호작용되는 특성이다. 고객으로서는 초연결성을 통하여 고객들의 의견이 좀 더 쉽고 세부적으로 전달이 가능해져 자신에게 최적화된 맞춤형 이용이 가능해지고, 제품이나 서비스의 개발과정에서부터 개입 여지가 높아질 수 있게 되었다. 예를 들어, TV, 냉장고, 에어컨, 로봇청소기 등 최근의 전자제품들에는 컴퓨터와 네트워크 시스템이 내부에 이식되어 있어 각 사물끼리 상호작용하며 정보를 전달하여 각 제품에 최적화된 조절과 관리가 가능해졌다.

▌ 4차 산업혁명의 특성: ② 초지능화(Hyper-Intelligent)

한편, 초지능화(Hyper-Intelligent)는 AI 등을 통해 고객의 상황을 인지하고 각 상황에 맞는 맞춤형 서비스를 제공할 수 있도록 하는 것을 의미한다. 사물인터넷(IoT) 등으로 수집한 데이터를 클라우드 네트워크에 저장하고, 이를 AI 알고리즘을 통해 분석한 후 그 결과에 맞는 고객별 맞춤형 서비스로 연결하는 것이 대표적인 예이다. 이전에는 기업이 일방적으로 만든 제품과 서비스를 제공하여 소통방식이 한 방향이었다면 초지능화를 통해 양방향 소통이 가능해져 기업과 고객 간의 관계가 변화되고 있다. 즉 기업이 성공하기 위해서는 고객의 목소리와 이용 패턴을 연구하고 반영하는 것이 더 중요해짐에 따라 그 영향력이 더 높아지고 있다. 이제 고객들은 더 공격적으로 제품이나 서비스에 대한 정보를 탐색하고, 구매 의사 결정과 만족도의 기준을 명확히 하고 있다.

〈그림 1-18〉 4차 산업혁명의 특성과 비즈니스 적용

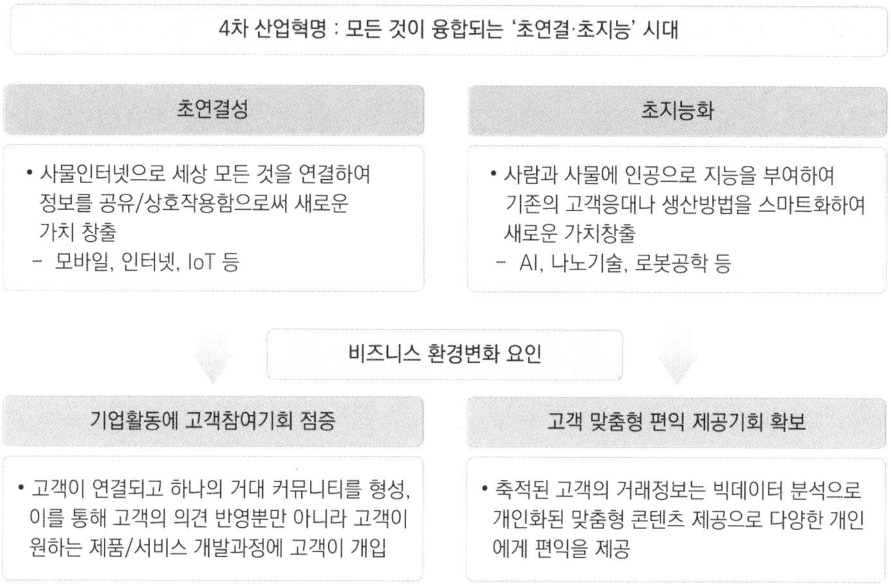

4차 산업혁명 : 모든 것이 융합되는 '초연결·초지능' 시대	
초연결성	**초지능화**
• 사물인터넷으로 세상 모든 것을 연결하여 정보를 공유/상호작용함으로써 새로운 가치 창출 – 모바일, 인터넷, IoT 등	• 사람과 사물에 인공으로 지능을 부여하여 기존의 고객응대나 생산방법을 스마트화하여 새로운 가치창출 – AI, 나노기술, 로봇공학 등
비즈니스 환경변화 요인	
기업활동에 고객참여기회 점증	**고객 맞춤형 편익 제공기회 확보**
• 고객이 연결되고 하나의 거대 커뮤니티를 형성, 이를 통해 고객의 의견 반영분만 아니라 고객이 원하는 제품/서비스 개발과정에 고객이 개입	• 축적된 고객의 거래정보는 빅데이터 분석으로 개인화된 맞춤형 콘텐츠 제공으로 다양한 개인에게 편익을 제공

자료: 포스코경영연구원(2019)

2) 디지털 트랜스포메이션

4차 산업혁명의 큰 특징 중 하나는 기술과의 융합과정에서 디지털화되고 디지털 역량이 핵심이 되어가고 있다는 것이다. 여기에서 기업들이 디지털 기술을 적용하고 활용하는 과정을 디지털 트랜스포메이션이라고 한다. 더 구체적으로 설명하면, 디지털 트랜스포이션이란 기업이 제품 및 서비스 관련 새로운 비즈니스 모델을 창출하기 위해 디지털 역량을 활용함으로써 고객이나 시장의 파괴적인 변화를 일으키거나 이를 추진하는 지속적인 프로세스[7]로 정의할 수 있다.

---

7) IDC(2015)

▌ 디지털 트랜스포메이션의 중요성

디지털 트랜스포메이션이 등장하여 주목받고 있는 이유는 기술의 공급과 수요 측면 모두에서 확인할 수 있다. 먼저, 기술 공급 측면에서 다수의 ICT 관련 시장이 저성장에 어려움을 겪고 있지만, IoT, 클라우드, 빅데이터, 모바일, 인공지능 등으로 대표되는 디지털 혁신 기술들은 질적으로 ICT 생태계를 변화시키고 발전을 꾀하며 시장성장과 혁신을 주도하고 있다. 이러한 새로운 기술들의 발전은 지속되어 더 다양한 영역과 결합하고 더 새로운 가치를 창출할 수 있는 수준으로 진화하고 있다.

한편, 기술 수요 측면에서는 디지털이 적용되지 못했던 기존의 분야가 디지털 요소와 결합하여 새로운 비즈니스 모델을 만들거나, 운영비를 절감시키거나, 유휴자원을 연결하는 등의 가치 창출을 요구받고 있다. 즉 기업뿐 아니라 국가와 개인 모두에게 디지털 기술들은 혁신과 경쟁의 핵심적인 도구로 활용되고 있으며 이들이 가지고 있는 디지털화의 편익을 통해 제공할 수 있는 기능들을 이용하는 것이 현시대를 영위하기 위한 필수적 요소가 되는 것이다. 가치를 창출

〈그림 1-19〉 디지털 트랜스포메이션의 디지딜 요소 현황

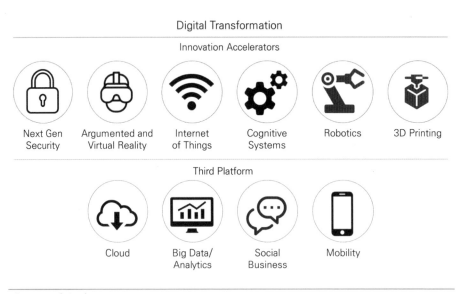

자료: IT4IT(2016)

하고 기존의 영역과의 결합과정에서 시너지 효과를 창출해야 하는 것은 기업의 경쟁력을 유지하고 발전시킬 수 있는 기본전제가 되고 있다.

디지털 트랜스포메이션을 촉진하는 디지털 기술들이 더 많이 사용되고 보편화됨에 따라 기업들은 과거와 비교해 디지털 기술들을 더 쉽고 낮은 비용으로 도입할 수 있게 되고, 다양한 소비자들의 요구사항을 반영하며 진화가 이어져 투자가 다시 증대되는 선순환이 유발될 수 있다. 특히 디지털 트랜스포메이션을 이끄는 주체로 기업의 역할이 강조되면서 기업들은 디지털 혁신 기술들을 활용하여 급격히 변화하는 환경에 적응하며 경쟁력 확보에 노력을 기울이고 있다.

▌ 디지털 트랜스포메이션의 비즈니스 활용 예시

디지털 비즈니스 관점에서 살펴보면 디지털 트랜스포메이션은 디지털 기반의 신기술을 적용하여 새로운 고객 경험을 제공하고, 운영·관리 프로세스 강화하며, 궁극적으로 비즈니스 모델을 새롭게 창출하는 핵심적인 경영전략이 될 수 있다. 따라서 성공적인 기업의 디지털 트랜스포메이션은 그저 운영 과정의 전면적 변화 정도가 아니라 디지털 혁신 기술의 핵심기능을 정확히 파악하고 이를

〈그림 1-20〉 디지털 트랜스포메이션 전략 분석 대상 기업의 비즈니스 변화

기존 비즈니스 모델	전환 및 확장된 비즈니스 모델
STARBUCKS	오프라인 매장 기반 커피판매	모바일 기반 커피판매
Microsoft	PC 운영체제 공급	클라우드 공급 및 컨설팅
mastercard	신용카드 결제 네트워크 제공	결제 데이터 분석 및 컨설팅
NIKE	의류·패션 도소매	의류·패션 이커머스 및 콘텐츠

자료: 한국무역협회(2019)

적절히 적용하여 비즈니스 문제를 해결하는 것이다. 특히 기존 프로세스에 데이터 분석, 플랫폼화 등 다양한 디지털 요소들을 결합함으로써 고객 가치를 창출하여 새로운 시장 기회를 다양하게 만들어낼 수 있는 개방형 운영 모델의 구축이 핵심이 된다.

대표적으로 스타벅스와 마이크로소프트는 이러한 디지털 트랜스포메이션으로의 전환을 성공적으로 이루어냈다. 스타벅스는 오프라인 매장에서 커피를 판매하는 비즈니스 모델에 모바일 애플리케이션을 통해 '사이렌 오더'라는 모바일 주문 결제를 도입하여 소비자의 편의성을 높이는 혁신을 시도하였다. 마이크로소프트는 PC 운영체제인 윈도, MS 오피스와 같은 소프트웨어 개발과 판매에 주력하다가 성장세가 꺾이게 되면서 새로운 활로가 필요하게 됐는데 마이크로소프트는 IT의 흐름이 데스크톱에서 모바일로 넘어가자 기업 대부분이 윈도와 MS 오피스를 이미 사용한다는 점에 착안, 클라우드 기술을 적용하여 온라인에서 파일을 저장하는 클라우드 서비스를 새로운 비즈니스 모델로 선보였고 이를 기반으로 재도약을 시도하여 성공을 거두었다.

한편, 세계 최대 카드결제 금융 회사 중 하나인 마스터카드는 오프라인 플라스틱 카드가 아닌 모바일 기기에 구동이 가능한 지급 및 결제 플랫폼을 선제적으로 도입했으며, 또 자신들이 가지고 있는 결제 데이터를 바탕으로 서비스를 개발하는 컨설팅 비즈니스를 기업에 제공하고 있다. 실제로 맥도날드는 마스터카드가 제공한 빅데이터 분석결과를 근거로 아침 메뉴 제공 시간을 조정함으로써 매출이 증대하는 효과를 거두기도 하였다.

3) 디지털 플랫폼

플랫폼의 사전적 의미는 '특정 장치 또는 시스템을 구성하는 기초 틀'로 이를 산업과 비즈니스 분야에 대입하면 특정 제품이나 서비스의 공급자와 수요자가 참여해 거래할 수 있도록 구축한 환경으로 규정할 수 있다. 즉, 다양한 생산자와 소비자가 모여서 상품이나 서비스를 거래하거나 그와 관련한 정보를 교환하는 등 다양한 가치가 교환되는 환경이며 디지털 플랫폼은 디지털 기술이 적용된 플랫폼을 의미한다. 우리가 흔히 사용하고 있는 스마트폰의 애플리케이션이 대표적인 예이다.

▮〈표 1-1〉 디지털 플랫폼의 유형 및 예시

플랫폼 유형	설명	예시
온라인 거래 시장	전통적/디지털 재화와 용역을 거래하기 위한 온라인 플랫폼	Amazon, Apple, Ebay, Alibaba, Craigslist, Spotify, 티몬, 배달 애플리케이션
소셜 미디어 및 사용자 생성 콘텐츠 (User Generated Content)	사용자들이 콘텐츠를 게시할 수 있는 온라인 공간을 제공해 주는 플랫폼	Facebook, Twitter, YouTube, 아프리카 TV(Africa)
공유경제	유휴자산이나 서비스의 공급자와 수요자의 거래를 위한 플랫폼	Uber, Airbnb, Sidecar, RelayRides
크라우드 소싱	계약직/비정규직 성격의 노동과 노하우를 거래하는 플랫폼	Taskrabbit, Upwork, Amazon Mechanical Turk
크라우드 펀딩 및 P2P 대출	기부, 대출/대여를 위한 플랫폼	Kickstarter, Indiegogo, Landing Club

자료: 한국조세재정연구원(2018)

▮ 디지털 플랫폼 제공자의 종류와 역할

디지털 플랫폼 제공자는 공급자와 수요자 등 다양한 참여자들이 모일 수 있도록 인프라를 제공하고, 구성원들이 공유하고 함께 사용하는 도구나 규칙을 제공하여 거래나 커뮤니케이션을 활성화하는 역할을 한다. 대표적인 플랫폼 제공자(Platform provider)로는 포털업체, OS 공급업체, 온라인 쇼핑 중개자 등이 있다. 먼저 포털업체는 기본적으로 검색서비스를 통해 검색하는 키워드에 맞는 정보를 제공하고, 이용하는 사용자와 광고주를 매개하며 비즈니스를 창출하는 플랫폼이다. 다음으로, OS 공급업체는 구글 플레이나 애플 앱스토어와 같은 애플리케이션 마켓플레이스나 시스템을 구동하는 OS(Operating System)를 제공하면서 사용자와 앱 개발자들을 서로 연결하는 디지털 플랫폼이다. 한편 온라인 쇼핑 중개자는 온라인 ICT 시스템을 제공하여 외부 공급업체들과 소비자들을 연계하는 역할을 하는 디지털 플랫폼이다.

▍〈표 1-2〉 디지털 플랫폼의 유형 및 예시

구분	내용	예시
포털업체	검색서비스를 통해 검색하는 키워드에 맞는 정보를 제공하고, 이용하는 사용자와 광고주를 매개하며 비즈니스를 창출하는 플랫폼	네이버, 다음, 구글
OS 공급업체	OS를 제공하면서 사용자와 앱 개발자들을 서로 연결하는 디지털 플랫폼	구글 플레이, 애플 앱스토어
온라인 쇼핑 중개자	온라인 ICT 시스템을 제공하여 외부 공급업체들과 소비자들을 연계하는 역할을 하는 디지털 플랫폼	옥션, 11번가, G마켓, 아마존, 이베이

거래되는 제품이나 서비스의 종류나 거래 방식, 수익 창출 방법 등은 차이가 있지만, 기업들은 디지털 플랫폼을 활용하여 시장 참여자와의 물리적 거리와 한계를 극복하여 거래를 창출하고 이를 통해 수익을 만들어낸다는 공통점이 있다.

▍양면 시장과 네트워크 효과

최근 들어 비즈니스 활용이 디지털 플랫폼을 중심으로 이루어지면서, 공급자와 수요자 모두가 이 플랫폼의 영향력과 지배력을 더 크게 받는 양면 시장(Two-Sided Market) 특징이 더 짙어지고 있다. 여기에서 양면 시장이란 단면 시장(One-Sided Market)과 대비되는 개념으로, 서로 다른 두 이용자 집단이 플랫폼을 통해 상호작용하여 각자 창출되는 가치를 받으며 함께 성장할 수 있는 시장을 의미한다. 예를 들어 음식 배달 앱인 '배달의 민족'에서는 이 앱을 통해 음식의 배달을 주문하는 수요자인 소비자와 이 배달을 공급하는 공급자인 음식점이 각각 존재한다. 이들은 각각 '배달의 민족'이라는 앱을 통해 거래하고 양쪽 모두에서 플랫폼은 수수료를 받아 이익을 취하는 구조를 갖는다.

<그림 1-21> 양면 시장의 구조와 예시

양면 시장에 있어서 두 집단의 상호작용을 통해 창출되는 가치는 네트워크 효과의 영향을 받게 된다. 여기에서 네트워크 효과(Network effect)란 플랫폼을 통해 한 집단이 얻는 효용이 다른 집단 이용자의 수나 소비량 등에 의해 직접적인 영향을 받게 되는 현상을 의미한다. 앞서 예로 들었던 '배달의 민족'으로 설명하면, 더 많은 음식점이 '배달의 민족'에 더 많이 입점하면 할수록 배달음식을 시켜 먹는 소비자(집단 A) 입장에서는 선택의 폭이 넓어지고 배달 서비스를 이용할 수 있는 음식 수가 많아져 그 효용이 늘어나게 된다.

결국 플랫폼은 다양한 이용자들이 거래와 상호작용을 원활하게 할 수 있도록 만드는 환경이며 네트워크 효과를 기반으로 제공되는 환경 제공의 대가로 양측으로부터 플랫폼 이용료를 받는 형식으로 구성된 비즈니스 모델이다.

③ 디지털 비즈니스 개요

1) 디지털 비즈니스의 이해

4차 산업혁명이라는 커다란 흐름의 변화, 그리고 그에 따른 디지털 트랜스포메이션의 활성화와 디지털 플랫폼 주도의 산업생태계로의 전환은 비즈니스의 주도권을 온라인 기반의 디지털 분야로 가져오게 하였다. 특히 디지털 기술에 기반을 둔 비즈니스 생태계인 디지털 비즈니스는 이러한 변화에 가장 큰 영향을 받으며 역동적으로 진화하며 성장을 거듭하고 있다. 본 절에서는 이러한 디지털 비즈니스는 무엇이고, 그 특징은 무엇인지 구체적으로 살펴보고자 한다.

▌디지털 비즈니스의 정의

디지털 비즈니스는 디지털 기반의 비즈니스 환경을 의미한다. 디지털 비즈니스를 더 깊이 이해하기 위해서는 디지털 경제라는 경제 체제에 대한 이해가 먼저 필요하다. 디지털 경제라는 용어는 1996년 Tap-Scott에 의해 소개된 후 다양한 주체에서 다양한 정의를 내려온 용어이다. 이 용어가 처음 나타난 초기에는 인터넷의 높은 영향력을 반영하여 인터넷 영역에 국한하여 정의하고 다뤄졌으나, 최근 들어서는 모바일 기술, 사물인터넷(IoT), 빅데이터 등 다른 디지털 기술을 포괄하여 광범위하게 영역이 확장되어 사용되고 있다.

▌〈표 1-3〉 디지털 경제의 다양한 정의

정의 주체	디지털 경제의 정의
OECD(2012)	디지털 경제는 전자상거래를 통한 재화와 용역의 거래를 촉진하는 디지털 기술을 기반으로 한 시장으로 구성된다.
Rouse(2016)	디지털 경제는 정보통신기술(ICT)을 통해 가능해진 경제활동의 세계적 네트워크이다. 보다 간단하게는 디지털 기술을 기반으로 한 경제라고 정의할 수 있다.
Dahlman et al. (2016)	디지털 경제는 일반적인 기술과 인터넷 및 관련기술을 통한 경제적/사회적 활동의 융합이다.
UNCTAD(2017)	인터넷 기반 디지털 기술을 재화와 용역의 생산 및 거래에 적용하는 것을 의미한다.

자료: 한국조세재정연구원(2018)

▌경제 체제의 발전 과정

경제 체제의 역사를 살펴보면 농업 경제에서 산업 경제를 거쳐 디지털 경제 시대로 패러다임이 바뀌고 있다. 농업 경제 체제 내에서는 주요 에너지와 자원의 원동력은 바람, 태양, 비, 눈과 같은 자연력에 의지했다. 기반구조 역시 농토와 농기구에 의존하였다. 따라서 물리력이 가장 주요한 변화의 수단이었다. 하지만 산업혁명을 계기로 산업 경제를 맞이하게 되자 주된 원동력은 기계를 통한 동력으로 바뀌게 되었다. 기반구조 역시 산업 엔진과 석탄과 석유로 대표되는 연료를 의지하게 되었다. 변화의 주도 역시 자본이라는 경제력이 좌시하는 시대였다. 이 시기의 특징은 토지, 노동, 자본을 요소로 재화와 서비스를 생산하는 구조로 생산하기만 하면 소비가 되는 대량 생산과 대량 소비의 체제를 갖추고 있었다는 것이다. 하지만 2000년대를 기점으로 디지털 혁명으로 판도가 변화하여, 기존 경제에서 ICT 기술이 결합됨으로써 디지털 경제 체제 내에서는 '정보'가 가장 중요한 비즈니스 원천이 되었다. 따라서 변화의 주도 축 역시 이를 수집하고 분석할 수 있는 정보와 지식으로 이동하게 되었고, 일괄적인 대량 생산보다는 각 사람의 빅데이터를 통해 분석하여 취향을 맞추고 이에 따라 생산과 소비가 되는 맞춤형 생산·소비로의 변화를 일으켰다. 이에 따라 토지와 자본 없이도 비즈니스가 가능하게 되었고, 지식과 정보를 생산할 수 있는 노동(고급

인력)의 중요성이 높아졌다. 또 실물보다 정보가 더 빠르게 움직이고, 정보가 기존 비즈니스를 끌고 가는 선도자 역할 수행하게 되었다.

▌〈표 1-4〉 경제 체제의 발전 과정

구분	농업 경제	산업 경제	디지털 경제
원동력	자연력	동력	정보통신기술
기반구조	농토, 농기구	산업 엔진, 연료	컴퓨터, 통신망
변화주도	물리력	경제력	정보와 지식

▌디지털 비즈니스의 범위

앞서 살펴본 바와 같이 디지털 경제 체제 내에서 디지털 기술을 활용하여 창출된 비즈니스 환경이 바로 디지털 비즈니스이다. 즉 디지털 비즈니스란 전통적인 비즈니스의 제약 요인이었던 시간과 공간의 제한을 뛰어넘어 디지털 기술을 활용하여 거래기업과 고객들에게 새로운 부가가치를 제공하면서 기업경영의 효율성을 추구하는 비즈니스 활동인 것이다.

특히 전 세계를 연결하는 네트워크를 통해 정보가 교환되고, 거래와 상호작용이 이루어지며 비즈니스가 형성된다. 주로 인터넷과 모바일 네트워크 기술이 보급되고 발전되는 시점에서 디지털 비즈니스의 영역이 동시에 급격히 확장되고 성장하였기 때문에 디지털 비즈니스를 온라인 비즈니스나 e비즈니스 또는 언택트 비즈니스 등의 용어들과 같은 의미로 혼동하기 쉽다. 하지만 디지털 비즈니스는 온라인으로 이루어지는 온라인 비즈니스를 포괄하는 의미의 용어로 IoT 기술, 클라우드 기술, 빅데이터 기술, 모바일 기술 등 다른 디지털 기술들과의 융합을 통해 발생하는 비즈니스를 포함하는 범위를 지니고 있다.

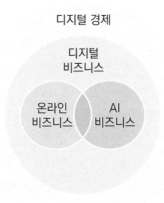

2) 디지털 비즈니스의 등장 배경

디지털 비즈니스의 발전 과정에 대해 다루면서 디지털 기술을 빼고는 그 설명 시작 자체가 어려울 것이다. 이는 디지털 기술의 발전과 진화 때문에 디지털 비즈니스가 나타난 것이며 직접적인 영향을 받으면서 종속적으로 성장해 왔고 그 변천 과정마다 가장 발 빠르게 적응하며 대응해 나간 영역들이 비즈니스 생태계를 주도해 왔기 때문이다. 디지털 기술 자체가 정보를 디지털화시키고 이를 저장과 교환, 처리할 수 있는 디지털 비즈니스의 근간이며 동력 그 자체인 것이다. 특히 인터넷, 모바일 네트워크의 발전과 보급은 새로운 가치를 창출하며 디지털 비즈니스 생태계 자체의 변화를 일으켰다.

▌하드웨어와 컴퓨팅의 발전

컴퓨터 하드웨어의 발전은 무어의 법칙(Moore's Law)으로 설명할 수 있다. 1965년 고든 무어(Gordon Moore)가 고안한 무어의 법칙은 마이크로칩 기술의 발전 속도를 기준으로 기술 수준의 기하급수적 발전을 증명해 보인 것이다. 요약하면 마이크로칩에 가용 저장 데이터 양이 약 18개월마다 2배 정도씩 증가한다는 법칙인데, 전기 기계 컴퓨터(1단계), 계전기 기반 컴퓨터(2단계), 진공관 기반 컴퓨터(3단계), 트랜지스터 기반 컴퓨터(4단계), 집적회로 컴퓨터(5단계) 이렇게 다섯 단계에 걸쳐서 100년 동안 기하급수적 발전을 이루어졌다고 주장했다.

또한 정보처리의 속도를 더 빠르게 하고, 사용자의 용도에 따라 효율성을 더 높일 수 있는 다양한 컴퓨팅 기술이 개발되어 디지털 기반의 비즈니스를 더욱 활성화하였다. 인터넷 기반으로 컴퓨팅할 수 있게 하는 클라우드 컴퓨팅, 사물에 센서나 데이터 취급이 가능한 구조의 인터넷 연결 기술인 사물인터넷(IoT), 다량의 자료를 수집, 저장, 관리, 분석하여 데이터로부터 가치를 창출하는 빅데이터 등이 그 예이다. 즉 디지털 기술의 발전은 디지털 비즈니스가 활용할 재료의 폭을 더 넓게 한 것이다.

〈그림 1-23〉 컴퓨터 하드웨어 기술 발전 과정

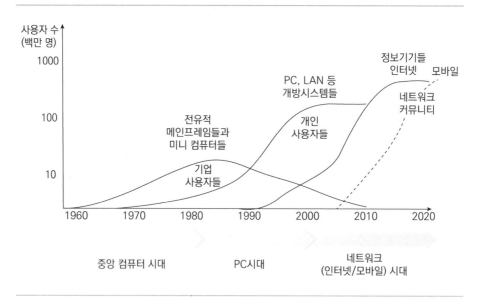

자료: Moschella, David C.(1997), *Waves of Power: Dynamics of Global Technology Leadership, 1964-2010*, New York: AMACOM을 활용하여 재구성

▌ 네트워크 인프라(인터넷/모바일) 확산

인터넷이라는 네트워크 인프라의 발전과 보급은 전 세계의 시장을 한곳으로 연결했고 새로운 기회를 창출하는 기회의 장이 되면서 디지털 기술의 적용을 가속화하였다. 사실 디지털 기술은 1960년대부터 지속해서 발전을 해 왔음에도 불구하고 인터넷이 본격적으로 발달하기 시작한 1980년대 후반에 들어서야 큰 관심을 받게 된 것이 사실이다. 그 이유 중 하나로는 기존에 개별적으로 발전하고 이용해 오던 다양한 디지털 관련 제품이나 서비스들이 인터넷 기술의 발전으로 네트워크를 통해 묶이고, 거래와 상호작용 과정에서 융합하며 다양한 시너지 효과를 나타냈기 때문이다. 즉, 인터넷을 통해 글로벌 비즈니스의 주체나 소비자들이 한곳에 연결되면서 시장이 형성되고 다양한 비즈니스와 비즈니스 모델이 창출된 것이다.

UNCED(2017)에 따르면 선진국과 신흥시장의 인터넷 사용비율은 75%가 넘는 것으로 나타났으며 개발도상국에서도 50%가 넘는 것으로 조사되었다. 또 온라인에서 쇼핑하는 비율 역시 선진국과 신흥시장에서는 이미 60%를 넘기는 등 인터넷을 통한 비즈니스는 이제 일반적인 상황이 되었다.

〈그림 1-24〉 인터넷 이용의 혜택과 활용

여기에 모바일 네트워크의 발달로 개인의 생활뿐만 아니라 사회 구조적으로 많은 변화가 나타났다. 모바일 네트워크는 스마트폰, 태블릿 PC 등 휴대 기기를 이용하여 인터넷에 접속하는 것으로 무선기술의 진화로 인해 장소를 가리지 않고 어느 곳에서나 서비스를 이용할 수 있는 환경을 열었다. 인터넷과 모바일 인프라는 사람들이 어디에 있든지 상호 연결이 가능하므로 비즈니스 가치를 증대시킬 여지를 높였고, 고객, 공급자, 거래 파트너, 근로자, 시장 등을 실시간으로 연계하는 것이 가능하도록 하였다.

3) 디지털 비즈니스의 효과

디지털 비즈니스의 등장과 활성화는 다양한 효율성과 편의성을 창출하였다. 무엇보다도 기존의 전통적 방식의 온라인 거래에서 나타나는 다양한 비용을 줄이는 효과를 만들어내어 소비자와 생산자 모두에게 편익을 제공하였다.

▌〈표 1-5〉 디지털 비즈니스의 비용감소 효과

비용감소 효과	세부 내용	예시
탐색비용 감소	정보를 검색하는 데 드는 비용으로 온라인 검색 등을 통해 탐색비용이 급격히 줄어듦	포털 사이트(네이버, 다음, 구글 등)나 Vlog(유튜브 등) 등의 검색을 통해 구매하고자 하는 상품의 정보를 쉽게 취득
재생산(복제) 비용감소	디지털 재화는 지식재산권과 같은 법적 규제가 없으면 추가적인 비용 없이 얼마든지 재생산이 가능	생산자 관점에서 영화, 웹툰, 사진 등 한번 제작하여 생산한 디지털 콘텐츠들은 추가적인 비용 없이 다양한 플랫폼에 유통이 가능
운송비용 감소	디지털화된 정보를 전달하는 것도 운송비용이 0에 가까우며, 물리적 재화의 디지털 거래에서도 온라인을 통해 배송이 늘면서 그 비용이 감소됨	소프트웨어의 구매는 라이선스를 온라인에서 구매하고 내려받는 방식이 일반적으로 되는 등 법적 소유권만 취득하면 배송 및 운송비용 없이 사용이 가능
확인비용 감소	쉽게 검색하고 확인할 수 있게 되어 신원, 신뢰성, 명성의 확인이 쉬워짐	대부분 사이트나 애플리케이션에 구매후기 및 평점 시스템이 일반화되어 쉽게 해당 상품의 평가를 확인해 볼 수 있음

▌ 탐색비용 감소

탐색비용이란 정보를 얻기 위하여 검색이나 조사를 하는 데 드는 시간, 노력 등의 비용을 의미한다. 인터넷, 모바일과 같은 네트워크 기술의 발달은 언제 어디서나 정보의 검색이 가능하게 만들었고, 관련 사이트와 플랫폼들에서 쉽게 비교를 가능하게 하여 탐색과 조사하는 비용을 비약적으로 감소시킬 수 있었다. 가장 쉬운 예로는 소비자가 구매하고자 하는 제품의 가격을 온라인에서 쉽게 검색하고 비교하는 것이다. 이는 단순히 가격 비교로 인해 합리적인 소비를 유도할 뿐 아니라 롱 테일(long tail)현상[8]과 같이 다양한 연쇄적인 효과를 유발하여 제품의 다양성에도 영향을 미칠 수 있다.

▌ 재생산(복제)비용 감소

다음으로 재생산(복제)비용을 감소시킬 수 있었다. 디지털 비즈니스는 무형의 형태로 유통이 되는 경우가 다수이기 때문에 디지털 재화의 복제비용이 발생하지 않는다는 것이다. 저작권과 같은 법이나 규제, 또는 기술로 이를 저지하는 수단이 없다면 디지털에서 거래되는 재화는 별다른 비용 없이 쉽게 재생산할 수 있다. 대표적으로 디지털 콘텐츠들이 있다. 디지털로 유통되는 영화나 음악 등의 콘텐츠들은 한번 생산하면 그 이후로는 큰 추가비용 없이 영구적으로 재생산 및 유통을 할 수 있다. 이러한 특징은 저작권이 확실히 보장되고 불법복제가 확실하게 차단되면 기업에 있어 장점만이 되는 부분일 것이다. 하지만 재생산과 복제가 자유롭다는 특징은 불법복제와 같은 용도에 쓰일 수 있으므로 위협을 만드는 양날의 검과 같은 요소이기도 하다.

▌ 운송비용 감소

디지털 비즈니스는 운송비용을 급감시켰다. 디지털화된 정보는 비대면이나 온라인으로 거래 및 유통을 할 수 있으므로 운송이나 전송하는 비용은 재생산

---

8) 오프라인 등 기존의 판매 방식에서는 주목받지 못했던 제품이나 서비스가 온라인화되면서 주목받게 되고 판매 점유율이 상승하는 현상

(복제)비용과 마찬가지로 거의 발생하지 않는다. 이는 디지털 제품뿐 아니라 오프라인 재화의 경우까지도 온라인에서 구매를 진행하고 향후 택배 등을 통해 배송을 받는 방식이 보편화하여 운송비용을 감소시키는 효과를 나타냈다. 디지털 비즈니스의 이러한 특징으로 인해 글로벌 비즈니스상에서까지 물리적 거리의 중요성은 점차 축소되고 있는 경향이 나타나고 있다.

▍확인비용 감소

마지막으로 확인비용 역시 감소하였다. 디지털 기술의 발달은 쉽게 검색하고 확인할 수 있음에 따라 거래 당사자들의 정보에 관한 확인비용 역시 확연히 줄었다. 디지털 비즈니스하에서는 거래 관련 정보의 비대칭성 문제를 다수의 사용자 참여 방식을 통해서 완화하고 있다. 실제로 거의 모든 온라인 서비스에서는 평점 및 후기 시스템을 갖추고 있어 상품이나 서비스 구매 이전에 이들을 살펴보는 것은 일반화되었다.

비용감소의 효과 외에도 디지털 비즈니스는 다양한 디지털 기술과의 융합을 시도하여 이전에 없던 새로운 서비스를 창출하며 혁신과 부가가치를 만들어냈다. 디지털 기술과의 융합에 관한 내용은 이어서 다음 절에서 구체적으로 설명하기로 한다.

4) 디지털 비즈니스의 융합을 통한 가치 창출 효과

인터넷, 모바일, 인공지능 등 새로운 기술이 나타날 때마다 비즈니스 구조가 혁신되고 비즈니스의 주도권이 바뀌게 되자 기술을 빠르게 비즈니스상에 받아들이고 이를 통해 시너지 효과를 만들어내는 융합에 관한 관심이 고조되고 있다. 융합이 기존 영역의 성과나 특성으로 해결하기 어려웠던 여러 문제를 전혀 다른 특성의 기술과 연계하여 해결하면서 새로운 가능성을 여는 잠재력을 지녔기 때문이다.

▎융합의 의미와 가치 창출 예시

융합(融合, Convergence)이란 서로 다른 둘을 녹여서 하나가 되게 하는 것을 의미한다. 여기서 녹여서 하나가 된다는 것은 단순히 둘의 특징을 나열하고 합치는 물리적인 결합에 머무르는 것이 아니라 각 특성이 녹여져 조화를 이루어 새로운 차원의 변화가 이루어지는 화학적 결합을 말한다.[9] 물리적인 결합은 연필과 지우개를 합쳐 지우개가 붙어 있는 연필을 만드는 것과 같은 물리적으로 분해가 가능한 결합이며 복합이라는 단어로 쓰이기도 한다. 반면 화학적 결합은 여러 재료를 넣고 끓여 새로운 맛을 낸 요리와 같이 물리적 분해가 되지 않는 결합이다. 융합이란 이렇게 다른 특성이 있는 두 개 이상의 분야가 합쳐져 새로운 특성 및 효과를 나타내는 과정이다. 이들의 차이를 디지털 비즈니스에 적용하여 설명한다면 웹툰과 스캔 만화책의 차이를 예로 들 수 있다. 디지털 기술이 발전하게 되자 만화에서도 이를 적용하고자 하는 시도가 다양하게 나타났었다. 초기에는 만화책 자체를 스캔하여 이를 디지털 형태로 저장하고 판매하는 유통형태가 발생하였다. 이 형식을 굳이 융합과 복합 차원에서 살펴보면 복합에 가까운 결합으로 이루어진 디지털 비즈니스 방식이라고 이야기할 수 있다. 이러한 결합에 한 걸음 더 나아가 만화 자체를 온라인과 모바일에서 편하게 볼 수 있도록 세로로 길게 표현하고 스크롤하여 전개하는 최적화 방식인 세로 스크롤 방식을 적용하는 새로운 만화 문법인 웹툰이 개발되어 시장에 성공적으로 안착하였다. 이렇게 만화에 온라인과 모바일 기술이 정교하게 결합하여 새로운 시너지

▎〈표 1-6〉 융합과 복합의 차이

구분	융합	복합
의미	서로 다른 둘을 녹여서 하나가 되게 하는 것	둘의 특징을 나열하고 합쳐서 하나가 되게 하는 것
결합 방식	화학적 결합	물리적 결합
예시	• 방식 예시: 여러 재료를 합쳐서 끓여 새로운 맛을 창출하는 요리 • 디지털 비즈니스 예시: 온라인·모바일 기술을 활용해 창출한 웹툰	• 방식 예시: 연필과 지우개를 합쳐서 만든 지우개가 달린 연필 • 디지털 비즈니스 예시: 초기 만화책을 직접 스캔해서 올린 스캔 만화책

---

9) 양지훈(2019), 4차 산업혁명 시대, 만화와 기술의 융합

효과를 발생시킨 웹툰이 융합의 대표적인 사례라고 할 수 있다.

5) 디지털 비즈니스 종류

디지털 기술과의 결합이 모든 산업 영역에 동시다발적으로 진행되면서 디지털 비즈니스는 짧은 시간 동안 많은 종류의 산업군들이 탄생했고 그 영향력도 확대되고 있다. 구체적인 디지털 비즈니스 종류는 다음과 같다.

▌ 디지털 콘텐츠 산업

이전의 콘텐츠 산업들은 인쇄를 통한 유통(만화)이나 극장 필름 전달(영화), 전파를 통한 송수신(방송) 등 유통 자체에 매우 큰 비용이 들어 일부 소수의 콘텐츠 제작사 및 유통사들만이 콘텐츠 관련 비즈니스에 참여하는 제약이 많은 구조를 지녔다. 하지만 온라인 기반의 새로운 기술과 결합하게 되자 이전과는 완전히 다른 유통과 소비 방식들이 등장하여 비즈니스 생태계의 변화를 만들어냈다. 예를 들어 웹툰은 대표적인 디지털 콘텐츠 산업이다. 만화산업은 전통적으로 만화작가가 최초에 원고를 그리고 작성하여 만화출판사에 제출하면 출판사에서는 이에 대한 인쇄판을 만들어 인쇄·출판을 진행하는 방식으로 진행되었다. 하지만 웹의 방식과 모바일 방식에 최적화된 웹툰이라는 디지털 콘텐츠가 등장하면서 네이버 웹툰, 다음 웹툰과 같은 플랫폼들에서 언제 어디서나 이용이 가능해졌다. 비즈니스 모델 역시 단순히 판매량에 따른 저작권료뿐 아니라 PPL(일정 광고비를 받고 콘텐츠 내에 광고를 노출하는 광고전략), 혼합 콘텐츠(콘텐츠 내용에 홍보할 회사와 제품에 관한 내용을 삽입하는 광고전략) 등 다양화가 일어났다. 한편 영상산업에서도 넷플릭스와 유튜브와 같은 온라인 기반의 OTT 사업자가 세계적인 성공을 거두며 새로운 비즈니스 모델을 제시하였다. 이전에는 전파를 통한 방송이나 영화관이나 비디오 등을 통해 동영상 콘텐츠를 접했다면 이들 OTT는 온라인 플랫폼상에서 동영상 콘텐츠를 실시간으로 시청할 수 있게 하여 기존의 방송 산업과 영화 산업의 자리를 크게 위협하고 있다.

〈그림 1-25〉 디지털 콘텐츠 사례

▌ 디지털 플랫폼 산업

디지털 플랫폼이란 디지털 환경에서 판매자와 구매자 양쪽을 하나의 장으로 끌어들여 새로운 가치를 창출하는 매개체를 의미한다. 즉 판매자와 구매자 양쪽에 가치를 제공하고 거래가 일어나게 하는 '디지털 장'이며 이러한 서비스를 제공하고 수수료와 같은 서비스 비용을 통해 수익을 창출하는 산업이다. 구글 플레이나 애플 스토어가 대표적인 디지털 플랫폼 사업자들이다. 이들은 애플리케이션을 통해 여러 서비스의 구현이 가능하게 하고 결국 판매자와 구매자를 만나게 하는 역할을 한다. 디지털 시장이 기능하기 위한 기반을 만들어주는 역할을 하는 기초산업이다.

〈그림 1-26〉 디지털 플랫폼 사례

▌그 외 디지털 서비스업

디지털 서비스업은 일반 서비스업에 디지털 기술이 적용되어 새롭게 나타난 서비스 및 산업군을 의미한다. 예를 들어 금융 서비스를 온라인이나 모바일상에서 받도록 하는 디지털 금융, 이러닝이나 온라인 강의와 같은 디지털 교육, 부동산 서비스에 적용되는 디지털 부동산, 거래를 중개하는 디지털 상거래법 등 기존에 있었던 서비스들이 온라인·모바일 플랫폼 및 디지털 기술과 결합하여 다양한 형태로 나타나고 있다. 이들은 단순히 방문해야 하는 번거로움을 온라인상에서 해결하여 방문비용을 줄이는 것은 물론 서비스 제공사업자들의 서비스 인력이나 비용을 줄여 최대의 비즈니스 효과를 창출하는 구조를 지니고 있다. 그뿐만 아니라 오프라인에서 제공하지 못했던 새로운 가치들을 디지털화 과정을 통해 창출하여 새로운 편익을 제공하고 있다. 예를 들어, 디지털로 실시간 정보를 파악할 수 있어 근처에 있는 택시 기사들과의 연결을 통해 쉽게 스마트폰 애플리케이션으로 택시를 잡을 수 있는 '카카오 택시'나, 자신의 근처에 있는 자전거 정보를 파악하여 애플리케이션으로 자전거를 빌릴 수 있는 서울 자전거 대여 서비스 '따릉이' 등은 디지털 기술 적용 이전에는 적용할 수 없는 새로운 서비스들이다.

〈그림 1-27〉 그 외 디지털 서비스 사례: 디지털 금융, 디지털 교육

4 디지털 비즈니스에서 데이터의 중요성

1) 데이터 경제 시대로의 전환

▎ '규모의 경제'의 한계

온라인의 발전과 비대면 사회로의 진입은 규모의 경제 논리가 합리적으로 인식되던 기존 사회 시스템에 균열을 일으키며 수요자 중심의 데이터 경제 사회로의 변화를 더 촉진했다. 2000년대 초를 기점으로 제품들이 생산되면 큰 노력 없이 팔렸던 제조설비 중심의 속도 기반 경제체계는 세계 경제에서 점점 힘을 잃어가며 쇠퇴기에 접어들었는데 이러한 변화의 시기와 맞물려 대부분의 선진국은 노령화가 급격히 진행되기 시작했고 소비가 급감하는 저성장의 국면을 동시다발적으로 맞이하면서 규모의 경제는 급속히 동력을 상실해 나가게 되었다.

절대적 안전 자산으로 인식되었던 자산들의 가치가 급락했고, 환율 장치가 기존 질서와 다르게 작동하는 등 이른바 '굴뚝 경제'라고 불리던 기존의 경제구조는 이미 여러 부분에서 경고음들을 발생시키고 있었으며 전통적인 경제와 금융시스템이 한계에 달하고 있음을 인지한 전문가들은 우려의 신호를 보내며 기존 질서의 붕괴를 알리는 한편 새로운 시스템으로의 전환을 촉구하였다.

▌데이터 경제의 등장과 개인화

전통적인 경제 체제가 당면한 한계를 타개할 방안으로 개별 수요자들의 요구를 분석하여 맞춤형으로 상품이나 서비스를 제공하는 데이터 경제 체제가 주목을 받기 시작했다. 온라인 환경에서 데이터 경제로의 변화가 쉬운 이유는 보통 온라인상에서 모든 정보는 자동으로 저장이 되고 사라지지 않기 때문이다. 예를 들어 온라인 플랫폼을 이용하거나 콘텐츠를 소비할 때마다 각 개인의 정보가 디지털로 입력이 되어 자연스럽게 고객정보의 파악이 가능해진다.

따라서, 개인화(Personalization)를 위한 수단으로 데이터 경제 체제를 적극적으로 활용하며 새로운 비즈니스를 주도하고 있다. 예를 들어, 콘텐츠 소비자들의 선호도 취향, 경향성 등을 파악하여 표적 소비자들이 좋아할 만한 콘텐츠를 사전제작 단계에 정보를 통해 파악하고 맞춤형 콘텐츠를 제작하는 데 활용되고 있다. 즉 콘텐츠를 생산하기 이전단계에서부터 소비자의 취향과 선호도에 맞춰서 콘텐츠를 만드는 방식이다.

▌데이터 경제 사례

최근 나타난 데이터 경제 사례 중 하나는 2016년에 인공지능 연구자 Ross Goodwin과 영화감독 Oscar Sharp가 공동으로 만든 시나리오 집필 프로그램인 'Benjamin'이다. 'Benjamin'의 연구진은 해당 AI가 시나리오를 작업할 수 있도록 'Star Trek', '2001: A SpaceOdyssey', 'X-File' 등 수십 편의 유명 SF 영화의 시나리오를 학습하도록 했다. 그리고 이 학습을 통해 9분 정도의 단편 영화 'Sunspring' 시나리오를 완성했으며 이 시나리오를 기반으로 단편 SF 영화 'It's No Game'을 공개하기도 했다.

<그림 1-28> 시나리오 전문 AI 'Benjamin'이 시나리오를 집필한 영화 'It's No Game'

출처: 한국방송통신전파진흥원(2020)

다음으로, 유통과 소비에서 가장 활발하고 일반적으로 이용되고 있는 서비스는 맞춤형 추천(Curation) 서비스이다. 최근에 거의 모든 콘텐츠 유통 플랫폼에서는 개인마다 콘텐츠 이용 패턴을 분석하여 이에 맞는 장르이거나 비슷한 선호를 가질 확률이 높은 콘텐츠를 추천하고 있다. 음악 스트리밍 플랫폼에서는 맞춤형 음악 추천 서비스를 일반적으로 제공하고 있으며, 넷플릭스나 유튜브와 같은 글로벌 OTT 플랫폼의 성공 뒤에는 개인별 데이터 분석에 기반한 이러한 서비스가 뒷받침되기도 했다. 최근에는 웹툰 플랫폼이나 e−book, 심지어 웹사이트 온라인 광고에 이르기까지 온라인으로 이용하는 모든 콘텐츠 플랫폼에서는 맞춤형 추천 서비스가 필수적으로 내재되어 있다. 이들은 인공지능 알고리즘을 활용하여 콘텐츠 이용 만족도를 높이고, 다른 콘텐츠로 소비를 더 늘려 매출액 증대에 이바지하는 전략에 활용하고 있다. 그뿐만 아니라 콘텐츠 자체도 디지털로 관리되기 때문에 데이터들이 자연스럽게 저장되어 유실되거나 훼손됨 없이 보관되고, 축적 데이터와 콘텐츠가 쌓이면 쌓일수록 그 플랫폼에서 활용할 수 있는 자원이 증가함으로써 소비자들을 더 유치할 수 있는 경쟁력이 높아지는 것이다.

2) 데이터의 개념과 특징

▌데이터의 정의

데이터는 데이터 경제를 구성하는 가장 근본적이고 핵심적인 요소이다. 그렇다면 데이터 경제에서 데이터는 어떤 의미가 있는가? 데이터의 사전적 의미는 옥스퍼드 영어사전에 따르면 참조 또는 분석을 위해 수집된 사실(Facts)과 통계(Statistics)로 정의하고 있다. 철학적인 의미에서 데이터는 추론이나 계산의 근거(Basis)를 이루는 사실로 알려져 있거나 추측된 것으로 정의하고 있으며 컴퓨터 과학적 의미로는 컴퓨터에 의해 수행되는 조작의 양, 문자 또는 기호로 정의하고 있다. 이러한 다양한 정의와 설명을 종합하면, 데이터는 정보(Information)를 설명하는 하위개념으로 자료, 지식 등의 개념과 혼용하여 사용되고 있으며 데이터 – 지식 – 지혜로 구성된 정보 계층구조의 가장 기본적인 단위임을 알 수 있다.

▌데이터의 계층구조

데이터 – 지식 – 정보 – 지혜 간의 계층구조를 살펴보면 데이터는 개별 데이터 그 자체로는 아무런 의미가 없거나 중요하지 않은 객관적 사실에 불과하며 이러

〈그림 1-29〉 데이터의 계층적 구조

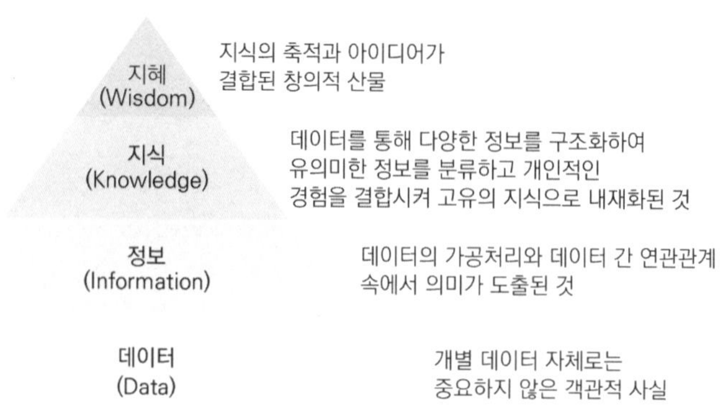

자료: 한국데이터진흥원, 데이터 분석 전문가 가이드(2016)

한 데이터의 가공/처리를 통해 데이터 간 연관 관계를 생성하고 이를 통해 의미가 도출된 것이 정보라 할 수 있다. 지식은 데이터를 활용하여 다양한 정보를 구조화하고 여기에서 의미 있는 정보를 분류하여 개인적인 경험과 결합시켜 얻는 고유의 지식으로 내재화한 것이며 이러한 지식이 축적되고 축적된 지식에 아이디어가 결합하면서 만들어진 창의적 산물이 지혜이다.

▌데이터의 특징

경제적 가치를 지닌 재화로써 데이터가 가지는 주요 특징을 살펴보면 데이터는 크게 비경쟁성, 비대체성, 경험적 재화라는 특징을 지니고 있다. 먼저 데이터는 하나의 데이터를 여러 분야에 동시다발적으로 사용 가능한 비경쟁적 특성이 있으며 실물자본과 달리 무한하게 재이용이 가능한 새로운 자본이다. 각각의 데이터는 서로 다른 내용을 포함하고 있으므로 대체 불가한 비대체성의 특징을 지니며 데이터의 가치는 데이터를 활용(소비)하거나 내용을 파악한 이후 측정이 가능하다는 점에서 경험재의 특성이 있다.

▌〈표 1-7〉 데이터 vs 실물자본 간 주요 특징 비교

데이터 자본	내용 및 특징		실물자본	내용 및 특징
비경쟁성	하나의 데이터를 여러 알고리즘 분석 및 응용프로그램에 동시다발적 사용 가능	⇔	경쟁성	하나의 화폐, 또는 장비는 동시다발적 사용 불가
비대체성	각각의 데이터는 서로 다른 내용을 포함하고 있으므로 대체 불가	⇔	대체성	실물 재화는 대체재 존재
경험적 재화	데이터의 가치는 관련 내용 파악·활용 후 측정 가능	⇔	물리적 재화	상품 가치를 단순히 물리적 소유로 인해 파악 가능

자료: NIA(권영일 외), 데이터 자본의 확충을 위한 빅데이터 네트워크 확산 전략, 2018. 1. 18.(원출처: MIT, Technology Review 보고서, The Rise of Data capital, 2016)

▎ 데이터의 종류

데이터는 그 유형에 따라 빅데이터, 공공부문 정보, 개방된 정부 데이터, 개방된 개인 데이터, 민간부문 정보로 구분할 수 있다. 빅데이터는 비구조화, 비정형화된 데이터를 구조화, 정형화시키고 이를 전자화한 데이터이다. 공공부문 정보(Public Sector Information)는 정부와 공공기관 등 공공부문에서 생성, 수집, 처리, 보존, 유지, 배포하거나 예산을 투입하여 관리하는 정보이다. 정부의 개방 데이터(Open Government Data)는 공공기관이나 정부 관리 기관에 의해 생산, 위탁된 데이터로 누구든지 접근할 수 있고 자유롭게 사용, 재사용 및 재배포할 수 있는 데이터를 의미한다.

개방된 개인 데이터(Open Private Data)는 접근, 재배포, 재사용, 기술적 제약 부재, 귀속, 무결성, 차별 금지의 관점에서 개방된 데이터를 의미하며 정부 개방 데이터의 맥락에서와 같이 라이선스를 통해 사용조건을 명시/관리하고 있다. 민간부문 정보(Private Sector Information)는 민간의 자연인 또는 법인이 수집, 생산 및 소유한 데이터를 뜻한다.

〈그림 1-30〉 데이터의 종류

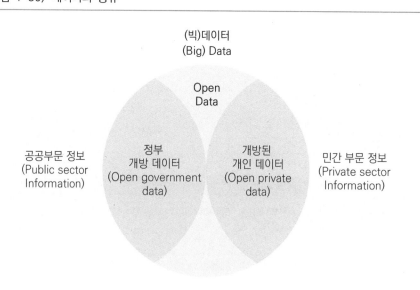

자료 : Europian Data Portal, economic benefits of open data, 2017

3) 데이터 비즈니스의 특성

데이터 비즈니스란 데이터, 데이터 기술, 데이터 제품 및 서비스에 기반한 비즈니스를 의미한다.[10] 데이터의 가치와 활용이 확대되면서 이를 기반으로 하는 데이터 비즈니스가 자연스럽게 대두되고 있다. 물론 이전에도 이미 유사한 개념으로 인터넷 경제(Internet Economy), 정보 경제(Information Economy) 등 인터넷, 정보통신기술 기반 경제활동의 중요성을 강조하는 용어들이 존재해 왔으며, 이들은 '디지털 경제(Digital Economy)'로 수렴되는데 주요한 개념은 다음과 같다.

- 인터넷 경제(Internet Economy): 인터넷으로 재화와 용역을 생산·분배·소비하는 것
- 정보 경제(Information Economy): 정보 활동과 정보 산업에 중점을 둔 경제
- 디지털 경제(Digital Economy): 디지털 기반의 컴퓨팅 기술이 중심이 되는 경제

▌데이터의 비즈니스 창출 과정

데이터 비즈니스는 위에 언급한 개념과 조건에서 더 나아가 다양한 자료를 가공 및 처리하고 이를 분석 및 활용하는 과정을 통해 경쟁우위를 얻게 되는 새로운 비즈니스 활동으로 볼 수 있다. 좀 더 구체적으로는 사실이나 자료를 기반으로 하여 이를 비트(bit)나 바이트(byte) 등의 단위로 디지털화하여 처리한 데이터를 활용하는 시장이다. 즉, 데이터와 이에 대한 분석을 자산으로 새로운 비즈니스 모델과 편익을 창출하는 비즈니스 영역이다.

시장과 생태계 관점에서 데이터 경제는 직접적인 영역과 간접적인 영역으로 구분할 수 있는데 직접적인 영역은 데이터의 수집·생성, 저장·관리, 가공·유통, 분석·활용의 가치사슬을 통해 파생된 다양한 비즈니스 영역이고 간접적인 영역은 데이터 활용으로 인해 기업·공공·개인에게 간접적으로 영향력을 미치는 비즈니스 영역이다. 이를 종합하면 결국 데이터 비즈니스는 데이터와 정보를 활용해 기존 산업 발전의 촉매(Catalyst) 임무를 수행하거나 신규 경쟁우위를 점

---

10) European Commission(2020)

하는 영역을 포괄한다고 볼 수 있다.

▋ 데이터 가치사슬

데이터 비즈니스를 구성하는 '데이터 가치사슬'은 다음의 4단계로 설명할 수 있다.

① 데이터 수집·생성 단계란, 다양한 루트와 출처로부터 데이터를 수집하고 생성하는 단계이다. 이 단계에서는 소매업, 운송업체, 서비스 업체를 통해 고객의 정보를 수집하는 '직접 수집'과 이동통신 회사의 위치정보나 카드 회사의 결제정보 등과 같이 제3자 업체에서 서비스 과정 중 수집한 데이터를 목적에 따라 모으는 등의 '간접 수집' 등의 방법을 활용한다.

② 데이터 저장·통합·관리 단계란, 데이터의 저장과 통합이 이루어지는 단계로 특정 분석에 적합한 공통의 표현으로 결합하도록 준비하는 과정이다. 이질적인 데이터 소스를 같은 표준으로 저장하고 통합하는 것은 새로운 정보를 발견하는 데 매우 중요한 기본적 작업이다.

③ 데이터 분석·가공·판매·유동 단계란, 다양한 루트나 출처를 통해 자료를 일정한 표준의 형태로 통합하고 분석 내용을 기반으로 가치 있는 분석 결과를 제공하는 단계이다. 보통 공공 및 민간 분야의 연구자료 등이 이에 해당하는데 전통적 기업과 기관들이 적절한 기술과 역량을 보유한 경우, 수직 시장(Vertical Market)에서 활동하지만, 그렇지 않으면 외부 데이터 브로커(중개자) 및 제공자들에 의존하게 된다.

④ 데이터의 1차 활용·재사용 단계란, 공공이나 민간 분야의 데이터를 그대로 사용함으로써 서비스를 개선하고 효율성을 증진하는 단계로 '1차적 사용'과 '재사용'으로 구분된다. 1차적 사용은 통신회사에서 고객에게 요금을 부과하기 위해 고객 데이터 중 사용 관련 데이터를 수집하는 것처럼 수집된 목적에 부합된 사용이 이루어질 때를 나타내며 재사용은 데이터 시장에서 기존 데이터에 새로운 부가가치를 부여하는 창출을 의미한다.

<그림 1-31> 데이터 가치사슬

| 수집과 생성 | 저장, 통합 | 분석, 가공, 판매 및 유통 | 1차 활용 / 재사용 |

자료: IDC · The Lisbon Council, First Report on Facts and Figures Updating the European Data
 Market Study Monitoring Tol, 2018 (원출처: IDC, 2017)

▌ 데이터 비즈니스의 주요 구성원

OECD에 따르면, 데이터 비즈니스의 주요 구성원은 ① 인터넷 서비스 제공자, ② IT 인프라 제공자, ③ 데이터 제공자, ④ 분석서비스 제공자, ⑤ 데이터 기반 기업가, 이렇게 다섯 가지로 구성되어 있으며 각 구성원이 담당하는 역할과 기능은 다음과 같다.

① 인터넷 서비스 제공자(ISP Internet Service Provider): 데이터의 교환이 가능하도록 데이터 생태계의 백본(Backbone)을 담당하고 있으며 일반적으로 지역 단위(Regional level)에서 네트워크를 구축하고 운영하며, 사용자들에게 인터넷상에서 콘텐츠 및 서비스에 대한 접속 서비스를 제공한다.

② IT 인프라 제공자(IT Infrastructure Provider): 인터넷 서비스 제공자에 이은 두 번째 계층으로 하드웨어, 소프트웨어 제공자로 구성되며, 데이터 관리와 분석 도구 및 다양한 컴퓨팅 자원을 제공하는데 이들이 제공하는 컴퓨팅 자원들에는 데이터 저장 서버, 데이터베이스 관리 및 분석 SW, 클라우드 컴퓨팅 자원 등을 포함하고 있다.

③ 데이터 제공자: 세 번째 계층으로 데이터 브로커, 정부, 소비자 등 다양한 데이터 제공자로 구성되어 있는데 데이터 시장 내 데이터 브로커(Data broker)가 경제 전반에 걸쳐서 데이터를 거래하고 데이터 개방 전략(Open Data Initiatives)을 기반으로 공공분야뿐만 아니라 소비자들도 적극적으로 자신의 데이터를 활용/거래하며 데이터 생태계에 참여한다.

④ 분석서비스 제공자: 네 번째 계층은 비즈니스 고객에게 데이터 통합과 분석서비스를 제공하는 기업을 지칭하며 데이터 시각화 서비스(Data visualization services)도 포함된다.

⑤ 데이터 기반 창업가: 마지막 계층의 시장 참여자 유형은 데이터 기반 창업자로 제공된 데이터와 분석을 통해 혁신적 비즈니스를 창출하며, 이는 과학과 연구기반, 건강관리, 스마트시티, 공공서비스 등에서 데이터 기반 혁신으로 나타난다. 이들 계층은 다양한 목적으로 데이터 분석을 사용하며, 데이터 탐험가(data explorers), 데이터 생성 플랫폼 기업(Data generating platforms) 등으로 구성되어 있다.

〈그림 1-32〉데이터 가치사슬

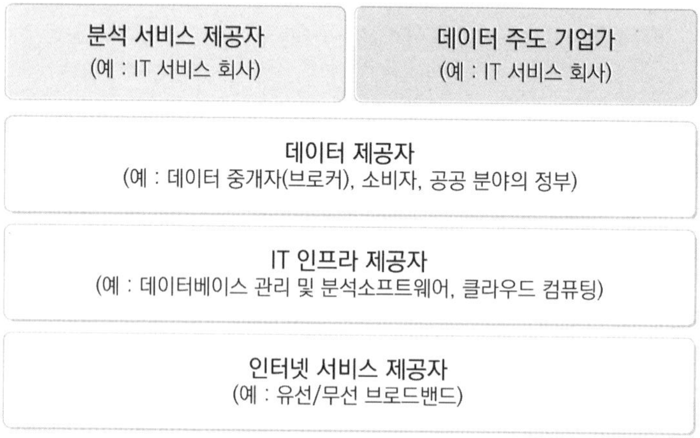

분석 서비스 제공자 (예 : IT 서비스 회사)	데이터 주도 기업가 (예 : IT 서비스 회사)
데이터 제공자 (예 : 데이터 중개자(브로커), 소비자, 공공 분야의 정부)	
IT 인프라 제공자 (예 : 데이터베이스 관리 및 분석소프트웨어, 클라우드 컴퓨팅)	
인터넷 서비스 제공자 (예 : 유선/무선 브로드밴드)	

자료: OECD(2015)

디지털 비즈니스와
과학적 분석

1. 디지털 비즈니스와 데이터 과학

2. 데이터 과학과 머신 러닝

1 디지털 비즈니스와 데이터 과학

1) 데이터 과학과 마케팅

데이터 과학(Data science)이란 다양한 데이터로부터 지식과 인사이트를 추출하는 과학적 방법론이다. 최근, 데이터 과학은 모든 영역에서 활용되고 있으나 디지털 비즈니스의 핵심인 마케팅 분야에서 특히 주목받고 있다. 체계적인 데이터 분석과 표준화된 업무 프로세스에 의해 과학적인 마케팅 전략을 전개하는 일련의 분야를 마케팅 과학(Marketing Science) 또는 마케팅 공학(Marketing Engineering)이라고 한다. 마케팅 과학은 직관과 경험에 의존하는 기존의 개념적 마케팅(Conceptual Marketing)과 대비되는 개념이며 전통적인 마케팅의 한계점을 극복하기 위해 나타난 비즈니스 전략이다. 마케팅 과학은 디지털 비즈니스와 데이터 과학의 한 영역임과 동시에 AI가 등장하면서 활발하게 활용되고 있는 영역이다.

▌ 마케팅에서 데이터 과학의 등장 배경

전통적인 마케팅 전략은 기업의 상품과 서비스를 효과적으로 시장에 공급하기 위한 목적에 주된 초점이 있었다. 대부분 직관과 경험에 의한 마케팅을 기획하였고 주된 마케팅 수단으로 TV, 신문, 라디오 등의 불특정 다수를 대상으로 한 매스마케팅을 주로 활용하곤 했다. 따라서 과학적인 접근보다는 예술적인 마케팅 메시지 개발이 중요할 수밖에 없었다.

이러한 전통적인 마케팅 전략의 한계점을 정리하면 다음과 같다. 먼저, 고객은 더 천편일률적으로 양산해 내는 기업의 상품과 서비스에 무조건 반응하지 않음에도 전통적인 마케팅 전략들은 이러한 수요 다양성에 대응이 힘들다. 또한 과거의 고객들은 메시지에 수동적이었지만 능동적이고 주체적으로 바뀐 현 시장에서는 자신의 요구와 상관없는 광고와 마케팅 메시지에는 반응하지 않는다. 다양하고 능동적으로 진화한 고객의 요구를 만족시키기 위해서는 그들의 실제 이용 및 소비 패턴이나 기록과 같은 데이터 분석에 기반한 마케팅 통찰력을 끌어내는 역량이 중요하게 된 것이다. 이에 단기적 매출 증대보다 고객의 요구에 대응할 수 있는 '데이터 과학'이 필요하게 되었고 그 방법도 정교해지기 시작하였다.

▎ 전통적 마케팅과 과학적 마케팅의 차이점

마케팅의 진정한 가치는 기업을 위한 소득과 이윤을 창출하는 능력에 있다. 따라서 우리는 단순히 마케팅 전략에서 기업이 벌이는 활동 그 자체의 산출량에 집중하는 대신에 마케팅 활동에 대한 투자에서 기업이 무엇을 회수할 수 있는지 그 결과치를 새로운 목표로 삼아야 한다. 모든 마케팅 활동은 고객과 주주, 모두의 가치를 함께 강화하는 것을 목표로 삼아야 하기 때문이다. 이러한 관점에서 마케팅은 기업이 취할 이윤과 편익을 극대화하기 위한 수단이며, 시장의 수요와 변화에 따라 추구하는 방향이 진화해 왔다.

과학적 마케팅은 전통적인 마케팅의 한계점을 보완하기 위해 나타났기 때문에 다음과 같은 특성들에서 확실한 차이가 난다. 그 차이를 살펴보면 다음의 <표 2-1>과 같다.

▎〈표 2-1〉 전통적 마케팅과 과학적 마케팅 비교

구분	전통적 마케팅	과학적 마케팅
가치 중심성	제품 중심	고객 중심
점유율	시장점유율 확대	고객점유율 확대
목적	매출액 중심	수익성 중심
수단	직감 기반 마케팅	근거 기반 마케팅
대상	불특정 다수	개인화 맞춤형

자료: 김형수, Step by Step 파이썬 비즈니스 통계분석.

먼저, 전통적 마케팅은 제품 자체에 가치 중심성을 두는 반면 과학적 마케팅은 고객에게 중심성을 둔다. 예를 들어 이전에는 시장을 분석하는 이유가 얼마나 많은 대중이 이용하는 제품을 만드느냐가 수익성을 최대화할 수 있는 핵심이었다. 따라서 불특정 다수가 만족할 수 있을 자사 제품의 개발에 가장 많은 힘을 쏟았고 시장점유율 확대에 매진하였다. 또, 대부분의 마케팅 방법들은 논리적인 근거에 기반을 두기보다 책임자의 직감에 의존한 마케팅이 일반적이었다.

하지만 고객들의 수요가 다양해지고 다품종 소량생산이 가능해지자 다양한 고객의 수요를 받아들여 맞춤형으로 제품을 생산하는 것이 중요해졌다. 따라서 얼마나 고객의 수요를 분석하는지가 중요해졌고, 고객 점유율을 확대하는 것이 장기적으로 가장 중요한 핵심목표가 되었다. 개인들의 수요를 분석하기 때문에 데이터 등의 근거가 중요하게 되었고 개인화된 맞춤형 서비스가 가능해졌다.

2) 마케팅 과학과 데이터

디지털 비즈니스에서 데이터와 그 분석 방법들에 주목하는 이유는 가장 정확하고 객관적인 분석을 통하여 비즈니스 각 과정에서 가장 효과적인 결과를 만들어낼 수 있기 때문이다. 비즈니스 계획·기획 단계에서는 데이터 분석을 통해 정확한 표적 설정과 목표치 설정이 가능하고 제작·유통 단계에서는 체계적인 데이터 요약과 분류를 최적의 제작과 유통환경을 조성할 수 있다. 또 비즈니스 성과평가 및 문제점 수정 단계에서도 정확한 원인 규명을 통해 문제점 및 기회영역 도출이 가능해 데이터 분석은 최소의 비용으로 최대의 성과를 만드는 데 효과적인 수단으로 활용된다.

▌ 마케팅 과학을 위한 데이터의 역할

앞서 설명한 바와 같이 고객들의 수요가 다양해짐과 동시에 디지털화를 통해 자동으로 데이터가 저장·축적이 가능하고 이를 분석할 수 있는 기술적 토대가 가능해지게 됨에 따라 현재 마케팅에서는 데이터 분석이 매우 중요해지게 되었다. 데이터의 해석에 따라 마케팅 성과가 좌지우지되는 상황이 많아졌기 때문이다. 이에 따라 과학적 접근 방식에 기반한 체계적인 전략 활동으로 발전하기 위해서는 실무자들의 데이터 분석 능력이 중요하게 되었다. 실무자들에게 있어서 깊이 있는 통계 지식까지 섭렵할 필요는 없지만, 통계분석기법의 이해와 활용능력은 필수적으로 요구되고 있으며, 데이터에 기반한 과학적인 의사 결정이 필요한 부서라면 통계분석 정도는 기본적인 전문성으로 점차 필수적인 능력으로 자리매김한 것이다.

　　마케팅 영역에서 통계분석기법은 다양한 역할을 담당하고 있다. 먼저 목표설정에 있어서 유용하게 활용된다. 데이터 분석을 통해 표적이 되는 대상자를 추출할 수 있고 정확한 목표치를 설정하고 마케팅 가설 설정과 검정에 있어서 높은 기여가 가능하다. 다음으로는 최적의 분류에 효과적이다. 데이터 전체를 원하는 기준에 따라 자유롭게 그룹화가 가능하고 분류를 위한 의사 결정에 유용하다. 마지막으로 인과와 요인을 분석할 수 있다. 데이터를 기반으로 성공과 실패 원인 분석은 물론 정확한 마케팅 성과평가에 활용할 수 있다. 또 마케팅 과정의 모니터링은 물론 문제점과 기회 영역이 무엇인지 도출하는 데 효과적이기도 하다.

〈그림 2-1〉 마케팅에서의 통계분석기법의 역할

▌데이터 분석이 주목받게 된 배경

데이터 분석이 마케팅이나 디지털 비즈니스에서 주목받게 된 배경은 기술의 발전과 밀접한 연관성을 가진다. 기술의 발전으로 인해 데이터의 양(Volume)이 급격히 늘어났고 데이터가 생성되는 속도(Velocity) 역시 매우 빨라졌으며, 데이터의 종류는 매우 다양(Variety)해졌다. 그뿐만 아니라 데이터의 정확성이 눈에 띄게 개선되어 진실성(Veracity)까지 확보할 수 있게 되었다. 이렇게 4V라고 할 수 있는 데이터 환경이 동시에 개선되자 데이터 혁신의 기반이 구축되고, 이를 통해 비용이 줄고, 더 빠른 결정을 유도하여 새로운 제품과 서비스를 창출하는 선순환 구조가 만들어졌다.

〈그림 2-2〉 마케팅에서의 통계분석기법의 역할

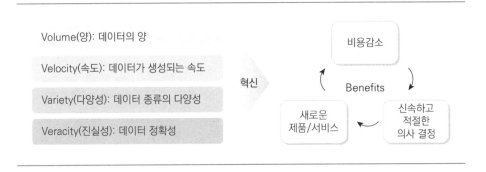

▌디지털 비즈니스에서 데이터 분석의 중요성

데이터 분석이 디지털 비즈니스나 마케팅 환경에서 효과적인 수단으로 활용되는 이유는 다음과 같다. 먼저, 조직이나 상사의 결정에 따라 관습적으로 진행되어 불명확하게 이루어지는 의사 결정 과정을 개선하여 합리적인 선택과 결과를 이끌 수 있다. 상사의 의견에 무조건 추종하는 현상을 Hippo 증후군(Highest Paid Person Opinion)이라고 한다. 전통적인 마케팅에서는 Hippo 증후군 같은 비합리적인 결정이 일반적일 수 있지만, 데이터 기반의 과학적 마케팅은 이러한 문제점들을 자연스럽게 극복할 수 있다. 다음으로 데이터를 위해 협업하는 과정에서 다양한 팀 간 융화와 시너지효과를 일으킬 수 있다. 데이터는 매우 복잡다단하기 때문에 데이터를 만들어내고, 이를 활용하는 과정에서 다양한 팀 간 커뮤니케이션이 활발하게 이루어지기 때문이다. 마지막으로, 데이터를 보고 의사 결정을 하면 실수를 줄일 수 있다. 다양한 지표와 데이터에 대한 분석을 통해 의사 결정 과정에서 일어날 수 있는 오류를 최소화한다.

▌ 디지털 비즈니스에서 마케팅 과학 활용 사례

시장에서는 어떠한 제품이나 서비스가 시장 요구에 들어맞을지 사전에 알기 어려우며 소비자 기호 역시 복잡다단하여 사업자들은 불확실성을 안고서 비즈니스 활동을 하게 된다. 조직이론에서는 이를 조직의 투입 차원과 산출 차원에서의 불확실성(Uncertainty)이라고 부르기도 한다. 이러한 불확실성을 줄이기 위해 가장 많이 활용되는 방법이 마케팅 과학이다. 가장 일반적으로 활용되고 있는 것이 과학적 방법론을 통해 각 수요자의 필요를 분석하여 맞춤형으로 서비스를 제공하는 데이터 시스템이다.

특히 최근 모든 산업에서는 '개인화(Personalization)'를 위한 수단으로 마케팅 과학을 적극적으로 활용하며 가치사슬 전반에 걸쳐 데이터 기반의 새로운 경제를 주도하고 있다. 먼저 제작에서는 콘텐츠 소비자들의 선호도, 취향, 경향성 등을 파악하여 표적 소비자들이 좋아할 만한 콘텐츠를 사전제작 단계에서 정보를 통해 파악하고 맞춤형 콘텐츠를 제작하는 데 활용하고 있다. 즉 콘텐츠를 생산하기 이전단계에서부터 소비자의 취향과 선호도에 맞춰서 콘텐츠를 만드는 방식이다. 가장 대표적인 성공사례가 넷플릭스의 오리지널 콘텐츠 '하우스 오브 카드(House of Cards)'이다. 하우스 오브 카드는 글로벌 온라인 영상 플랫폼인 넷플릭스에서 직접 제작한 드라마로, 제작하는 과정에서부터 넷플릭스를 이용한 이용자의 정보를 과학적으로 분석하여 성공확률이 높은 요소들을 추출하고 이를 적용하여 큰 성공을 거두었다.

다음으로, 유통과 소비에서 가장 활발하고 일반적으로 이용되고 있는 서비스는 맞춤형 추천(Curation) 서비스이다. 최근에 거의 모든 콘텐츠 관련 온라인 서비스에서는 개인마다 서비스 이용 패턴을 분석하여 이에 맞는 장르이거나 비슷한 선호를 가질 확률이 높은 콘텐츠를 추천하고 있다. 음악 스트리밍 플랫폼에서는 맞춤형 음악 추천 서비스를 일반적으로 제공하고 있으며, 넷플릭스나 유튜브와 같은 글로벌 OTT 플랫폼의 성공 뒤에는 이러한 서비스가 뒷받침되기도 했다. 최근에는 웹툰 플랫폼이나 e-book, 심지어 웹사이트 온라인 광고에 이르기까지 온라인으로 이용하는 모든 콘텐츠 플랫폼에서는 맞춤형 추천 서비스가 필수적으로 내재되어 있다. 이들은 인공지능 알고리즘을 활용하여 콘텐츠 이용

〈그림 2-3〉 Youtube의 '다음 동영상 추천 서비스'와 멜론의 '나만의 음악 추천 서비스'

만족도를 높이고, 다른 콘텐츠로 소비를 더 늘려 매출액 증대에 이바지하는 전략에 활용하고 있다.

현대에 들어 마케팅 과학의 적용이 더 쉬워진 이유는 대부분 서비스가 애플리케이션이나 홈페이지를 이용하면서 온라인상에서 모든 정보가 자동으로 저장이 되고 사라지지 않기 때문이다. 콘텐츠 플랫폼을 이용하거나 콘텐츠를 소비할 때마다 각 개인의 정보가 디지털로 입력이 되어 자연스럽게 고객정보를 파악할 수 있게 되는 것이다. 그뿐만 아니라 콘텐츠 자체도 디지털로 관리되기 때문에 데이터들이 자연스럽게 보존 및 유지되어 유실되거나 훼손됨 없이 다양한 자료를 저장하고 축적할 수 있다. 데이터와 콘텐츠가 쌓이면 쌓일수록 그 플랫폼에서 활용할 수 있는 자원이 증가함으로써 소비자들을 더 유치할 수 있는 경쟁력이 높아지는 것이다.

3) 마케팅 과학의 문제해결 과정

마케팅 과학은 디지털 비즈니스에서 발생하는 다양한 문제들을 해결하는 데 활용된다. 그 수행과정은 문제의 파악 및 가설수립 단계, 유의수준 및 임계치 설정 단계, 분석 및 검정 통계량 산출 단계, 결과해석 및 가설검증 단계로 이루어진다.(본 문제해결 과정은 "Step by Step 파이썬 비즈니스 통계분석"(김형수 지음)을 참고하였다.)

▎ 문제의 파악 및 가설수립

당면한 문제를 해결하기 위해 마케팅 과학에서 가장 먼저 필요한 단계는 문제를 명확하게 파악하고 이에 맞는 가설을 수립하는 것이다. 문제를 파악하는 것은 시작점이기 때문에 문제의 속성과 방향에 대해 처음부터 잘못 파악하게 되면 분석하는 과정과 결과 모두 잘못될 수 있다. 따라서 주어진 문제의 핵심과 이를 해결하기 위한 방향성이 무엇인지 신중하게 파악하여 규정하여야 한다. 이어서 규정한 문제를 한 문장으로 정리하여 대상에 대한 예상, 주장, 추측들 또는 그 이상의 변수들 사이에 관계에 대한 연구자의 기대를 진술하는 것이 가설이다.

특히 가설은 보통 귀무가설과 연구가설로 구분되는데 연구자가 분석결과를 통해 주장하고자 하는 내용을 연구가설로 설정한다. 귀무가설과 연구가설에 대한 구체적인 내용은 다음 장에서 구체적으로 다루기로 한다.

> **예제 1**
>
> 동영상 콘텐츠를 제공하는 동영상 플랫폼 업체 Y에서는 오전과 오후에 따라 콘텐츠를 시청하는 시간이 다른지를 판단하고자 한다. 이때, 문제와 연구가설은 무엇일까?

<예제 1>에서 해결해야 할 문제의 핵심은 각 이용자에 대해 오전과 오후, 즉 0시에서 12시 사이에 보는 콘텐츠 시청시간과 13시에서 24시 사이에 보는 콘텐츠 시청시간이 서로 차이가 있는지를 밝히는 것으로 규정할 수 있다. 따라서 이렇게 파악한 문제점을 바탕으로 마케팅 담당자는 기대하는 예상을 다음과 같은 가설을 통해 표현할 수 있다.

H1: 오전과 오후에 따라 동영상 플랫폼 Y의 이용자들은
시청하는 시간이 차이가 있을 것이다.

유의수준 및 임계치 설정

가설을 설정한 후에는 해당 마케팅 가설을 채택 혹은 기각하기 위해서 일종의 기준값을 설정해야 한다. 이를 통계학에서 임계치라고 하며 통계분석기법과 유의수준에 따라 그 값이 달라진다.

앞서 설정한 가설을 기각할지 채택할지 정하게 되는 이 기준은 조사자가 마음대로 설정하기보다는 통상 해당하는 분석 방법에서 일반적으로 이용하는 기준을 활용한다. 그래야 분석결과를 보는 수용자들에게 보편적인 인정을 받을 수 있기 때문이다. 예를 들어 사회과학 분야에서 통계상 오차수준(유의수준)이 보통 5% 정도가 일반적으로 통용되고 있다면, 해당 조사 분석에서는 5%를 기준으로 가설채택 여부를 결정하는 것이 합리적일 것이다. 다만 통계 활용 목적상 더 보수적으로 기준을 잡아야 할 필요가 있으면 이보다 유의수준을 낮추어 기준을 설정하는 것과 같이 일정 수준에서 기준을 다르게 잡을 수도 있다. 다만 모든 경우 유의수준의 기준을 밝혀야 하며, 그 기준을 설정하게 된 이유에 대해서도 밝혀야 한다.

〈그림 2-4〉 유의수준에 따른 가설 채택 영역

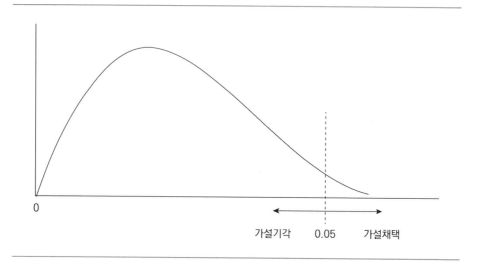

▎분석 및 검정 통계량 산출

가설수립 후, 해당 가설을 검정하기 위한 기준값(임계치)이 설정되었다면 본격적으로 통계분석을 수행하여 검정 통계량을 산출해야 한다. 검정 통계량 산출은 대상이 되는 변수들의 특징과 범위, 조사하고자 하는 내용에 따라 다른 방법론을 적용한다. 이를 산출하는 방법도 수식을 직접 해당 계산식을 적용하여 계산할 수도 있겠지만 최근에는 다양한 통계 패키지가 개발되어 이를 활용하여 통계분석 결과를 도출할 수 있다.

▍결과해석 및 가설검증

검정 통계량을 산출한 후에는 분석결과를 해석하고, 연구자의 가설에 대해 최종 판단을 내리는 순서만이 남는다. 최종 판단을 내릴 때에는 결과를 숫자 그대로 놓기보다는 숫자를 조사 및 연구 목적에 따라 해석하는 것이 중요하다. 해석은 크게 기술적인 해석과 실무적인 해석으로 나누어진다. 기술적인 해석은 분석결과 각종 지표 및 검정 통계량의 의미를 정확하게 이해하는 것을 의미한다. 한편, 실무적인 해석은 지표의 단순 해석 수준을 넘어 가설의 최종 채택 여부의 판단과 분석결과에 따라 유추할 수 있는 마케팅 실무관점의 통찰력을 도출하는 것을 의미한다. 앞선 <예제 1>에 대한 기술적 해석과 실무적 해석의 예시는 아래와 같다.

기술적 해석:

집단 차이를 검증해 본 결과, 통계적으로 유의($p-value < 0.001$)하므로 유튜브 시청시간은 오전/오후에 따라 차이가 있다는 연구가설을 채택한다.

실무적 해석:

분석 결과를 바탕으로 이 기업이 기존에 시간대와 상관없이 새로운 콘텐츠를 업로드했다면 새로운 콘텐츠 업로드 시간을 이용자들이 더 많이 보는 시간대로 재편성해야 할 필요성이 있다.

데이터 과학과 머신 러닝

1) 데이터 분석 기초

2000년대 초를 기점으로 제품들이 생산되면 큰 노력 없이 팔렸던 제조설비 중심의 속도 기반 경제체계는 비즈니스 환경에서 점점 힘을 잃어갔다. 대부분의 선진국은 노령화가 급격히 진행되기 시작했고 소비는 급감하여 저성장의 국면을 동시다발적으로 맞이하면서 규모의 경제 동력을 상실하게 된 것이다. 이러한 한계를 타계할 방안으로 각 수요자의 필요를 분석하여 맞춤형으로 서비스를 제공하는 데이터 경제 체제가 주목을 받기 시작하였다. 데이터 경제란 데이터, 데이터 기술, 데이터 제품 및 서비스에 기반한 경제를 의미한다(European Commission, 2020). 이 데이터 경제의 핵심이 되는 동력이 데이터 분석이며, 정교한 데이터 분석이 가능해지고 활용이 보급되면서 비즈니스 생태계가 대중 소비에서 나를 위한 맞춤형 소비로 변화하게 되었다.

▌ 연구에서의 데이터 분석

데이터 분석은 활용하고자 하는 목적에 따라서 그 방향성과 성격이 완전히 달라진다. 특히 데이터 분석을 학술적인 차원으로 활용할지, 산업적인 이윤 창출을 위해 활용할지에 따라 극명한 차이를 보이게 된다.

학술적인 활용을 살펴보면 최근 들어 여러 논문이나 연구에서 다양한 데이터 분석이 널리 활용되고 있다. 이는 기존의 이론을 증명하거나 새로운 지식을 발견, 해석, 정정, 재확인하는 과정에서 데이터 분석이 비용 측면에서 효과적이며 과학적 증명의 설득력이 높기 때문이다. 대표적으로 연구에서는 설문지를 만들어 다수의 사람에게 설문조사를 하고 그 결과를 데이터 분석을 통해 도출한다. 예를 들어 코로나19 이전과 이후의 콘텐츠 관련 시설 이용 정도가 얼마나 달라질 것인지를 알아보기 위한 연구에서 데이터 분석의 재료로 활용될 수 있는 설문 예시는 아래와 같다.

문5. **코로나19 확산이 종결된다면,** 다음의 콘텐츠 시설 이용을 **코로나19 발생 전과 비교해서** 얼마나 이용하실 것으로 예상됩니까?	
콘텐츠 관련 시설 구분	**방문 및 이용 정도**
공연시설(뮤지컬, 대중음악, 클래식 공연 등)	① 매우 늘 것이다 ② 조금 늘 것이다 ③ 유지할 것이다 ④ 조금 감소할 것이다 ⑤ 매우 감소할 것이다
영화관	① 매우 늘 것이다 ② 조금 늘 것이다 ③ 유지할 것이다 ④ 조금 감소할 것이다 ⑤ 매우 감소할 것이다
서점	① 매우 늘 것이다 ② 조금 늘 것이다 ③ 유지할 것이다 ④ 조금 감소할 것이다 ⑤ 매우 감소할 것이다
만화방, 만화까페	① 매우 늘 것이다 ② 조금 늘 것이다 ③ 유지할 것이다 ④ 조금 감소할 것이다 ⑤ 매우 감소할 것이다

설문연구뿐 아니라 실험연구에서도 데이터 분석은 유용하게 활용되고 있다. 대표적으로 아이트래킹 실험연구에서 데이터 분석은 필수적으로 활용되고 있다. 연구 대상자의 의중을 명확하게 파악하기 위해서는 설문조사나 인터뷰만으로는 분명 한계가 있다. 인터뷰나 설문 대상자가 질문자를 속이고 자기 생각과 다른 답을 제공할 경우 연구 결과는 완전히 왜곡될 수 있기 때문이다. 이러한 문제를 해결하기 위해 실험환경 가운데 실험을 받는 대상자의 눈을 추적하는 기기를 착용하게 하는 아이트래킹은 효과적이다. 여기에서 연구를 통해 확인해 보고 싶은 실험환경을 만들어놓고 아이트래킹 기기를 실험자가 착용하여 실험 결과를 살펴볼 때 착용자가 눈을 몇 번 어디에 두었는지를 양적인 숫자로만 파악할 수 있으므로 실험 결과에 관한 확인은 데이터 분석을 통해서만 가능하다.

〈그림 2-5〉 아이트래킹을 통한 실험

자료: brunch(https://brunch.co.kr/@kiwon4321/17)

▌비즈니스에서의 데이터 분석

전통적 비즈니스 환경에서는 데이터의 가치를 단순히 비즈니스 활동의 기본 적인 기초자료 정도로 여기며 방대한 고객정보가 축적된 거대 업체들조차도 이 를 잘 활용하지 못했다. 하지만 기술의 발전으로 데이터를 정교하게 분석할 수 있는 컴퓨팅 환경과 다양한 데이터 분서 소프트웨어들이 나타나자 데이터는 점 점 기업의 경쟁력이 되기 시작했고 이제는 더 많고 유용한 데이터를 확보하는 것이 기업의 생존과 직결되는 핵심요인으로 주목받고 있다. 재화와 서비스를 제 공하는 기업들이 활동 속에서 발생하는 데이터의 루프를 만들어 소비자들의 수 요를 분석하고 맞춤형으로 제품들을 제공하게 되었기 때문이다. 비즈니스상에서

〈그림 2-6〉 비즈니스에서의 데이터 분석 주체별 역할

자료: 4차산업혁명위원회(2018)

데이터 분석 주체별 역할을 구체적으로 살펴보면 <그림 2-6>과 같다.

데이터 생산자는 비즈니스 활동에서 나타난 데이터를 수집하고 저장하여 데이터 서비스 제공자에게 전달한다. 데이터 서비스 제공자는 이 데이터를 정제하고 가공하여 활용 가능한 형태로 만들어 비즈니스 수요자에게 전달한다. 그리고 비즈니스 수요자라고 할 수 있는 기업에서는 받은 데이터를 활용하여 신제품이나 서비스를 개발하고 이 생산성이나 효율성이 개선된 결과물들을 최종 사용자인 소비자들이 받게 된다.

최근에는 더 정교하고 명확한 데이터 분석이 이루어질 수 있도록 다양한 기술들이 개발되어 디지털 비즈니스에서 활용되고 있다. 대표적인 예가 빅데이터와 인공지능이다. 다음 절에서는 이 빅데이터와 인공지능 기술에 대해 구체적으로 다루기로 한다.

2) 빅데이터

빅데이터(Big Data)란 기존의 관리체계나 분석체계로 수용하기 어려울 정도의 큰 데이터의 집합으로, 엄청난 양의 데이터 세트와 이 데이터로부터 추출한 가치 있는 결과를 분석하는 기술이다. '크다'라는 의미의 'Big'과 데이터(Data)를 합쳐 만든 합성어라는 점에서 알 수 있듯이 데이터 분석의 일종으로 크고 방대한 데이터를 다루고 분석하는 영역이다. 기업의 고객정보 등과 같이 정형화된 정보뿐만 아니라 소셜 데이터, 실시간 센서 데이터 등 정리되지 않은 비정형화된 정보까지 복합적으로 구성되어 있다.

▌빅데이터의 의의

빅데이터는 범람하는 정보 속에서 새로운 가치 창출을 하고자 데이터를 저장하고 분석하는 기술이다. 단순히 범람하는 정보를 처리·삭제하는 과정이 아니며 큰 대용량 데이터를 보관하기 위해 체계적인 시스템을 갖추는 것이지 단순히 용량을 줄이는 것만을 의미하는 것도 아니다. 결국, 분석결과를 가지고 목표했던 문제해결을 위해 자유롭게 이용할 수 있도록 가장 체계적이고 효과적인 구성으로 정리하여 이를 활용하는 것이다.

▌ 빅데이터의 레벨 구분

서비스 레벨 차원으로 살펴보면 빅데이터에서 데이터를 저장할 수 있는 인프라 공급 차원은 하드웨어 레벨이며 이를 분석하는 것은 소프트웨어 레벨이다. 하지만 실제 데이터를 사용하는 이용자가 만나게 되는 영역은 커뮤니케이션 레벨이며 보통 현대에서는 애플리케이션이 이 역할을 담당한다. 따라서 빅데이터 서비스의 구성요소는 하드웨어, 소프트웨어, 애플리케이션으로 이루어진다.

▌〈표 2-2〉 서비스 레벨에 따른 빅데이터 구분

구분	내용
하드웨어(인프라) 레벨	• 데이터를 저장, 처리 등 빅데이터를 위한 기초자원을 담당하는 하드웨어 및 운영체제를 제공함 • 자체 인프라를 구축하거나 클라우드 컴퓨팅 인프라를 구축
소프트웨어 레벨	• 빅데이터를 위한 클라우드 컴퓨팅 서비스와 하드웨어 종속되지 않은 처리 소프트웨어, 분석 소프트웨어를 공급
커뮤니케이션 레벨	• 사용자가 주로 웹브라우저나 애플리케이션을 통해 빅데이터와 소통하는 메커니즘을 제공 • 빅데이터로 처리한 결과를 바탕으로 데이터의 소비자가 요구한 분석결과를 시각화하여 제공

▌ 빅데이터의 특징

빅데이터의 특징은 3V로 표현할 수 있다. 먼저 대용량(Volume)이라는 특징을 갖는다. 여러 개별 요소들의 방대한 원자료(Raw Data)의 집합으로 이루어져 있다. 다음으로 다양성(Variety)의 특성이 있다. 빅데이터에서는 정형적 데이터뿐 아니라 소셜미디어 데이터, 위치정보 데이터 등 각종 로그 기록이나 미디어 등을 통해 얻은 비정형 데이터까지 다양한 형태의 구조화되지 않은 영역까지 포괄

한다. 마지막 특징으로는 실시간성(Velocity)이 있다. 빅데이터는 데이터를 수집, 가공, 분석하는 모든 단계에 있어서 처리하는 속도가 매우 중요하다. 데이터 결과를 효과적으로 활용하기 위해서 분석결과를 실시간으로 활용하는 것을 추구하기 때문이다. 실시간으로 유의미한 결과를 바로 도출할 수 있다는 것이 빅데이터가 지니는 차별화된 특징이라 할 수 있다.

〈그림 2-7〉 빅데이터의 3대 특징: 3V

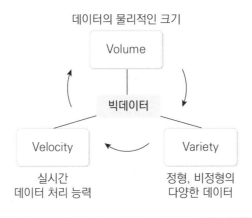

▎ 빅데이터의 비즈니스적 가치

디지털 비즈니스에서 빅데이터를 주목하는 가장 큰 이유는 비즈니스 환경에 효율성과 이익을 증대시킬 수 있기 때문이다. 이러한 빅데이터의 효과를 살펴보면 다음과 같다. 먼저 산업의 투명성을 증대시키는 효과를 지닌다. 빅데이터를 적재적소에 제공하는 것만으로도 검색이나 처리 시간을 절감할 수 있고 이용자들은 다양한 선택군을 편리하게 비교할 수 있으므로 시장 전체에 있어서 속이거나 불공정한 가격책정 및 거래를 방지할 수 있다. 다음으로 수익을 극대화할 수 있는 최적점을 제공한다. 명확한 소비자들의 요구와 트렌드를 예측하여 기업의 서비스와 제품의 품질을 증가시켜 소비자들의 구매를 더 크게 유도할 수 있다. 또 각 개인의 취향과 기호를 고려한 맞춤형 서비스 제공이 가능하게 되어 새로운 서비스와 시장을 창출하는 효과를 만들어내기도 한다. 마지막으로 정교한 분석은 의사 결정 향상, 위험 최소화, 인사이트 발굴과 같은 의사 결정을 지원하는 임무를 수행한다.

┃〈표 2-3〉 빅데이터의 효과성

구분	내용
산업의 투명성 증대	• 빅데이터를 적재적소에 제공하는 것만으로도 검색이나 처리 시간의 절감이 가능
수익 창출 및 극대화	• 명확한 소비자들의 요구와 트렌드를 예측하여 기업의 서비스와 제품의 품질을 증가시켜 소비자들의 구매를 더 크게 유도 • 맞춤형 서비스 제공이 가능하게 되어 새로운 제품 및 서비스와 시장을 창출
의사 결정 지원	• 정교한 분석은 의사 결정 향상, 위험 최소화, 인사이트 발굴과 같은 의사 결정을 지원하는 임무를 수행

┃ 빅데이터의 과정

빅데이터 기술은 데이터의 양이 아무리 많더라도 엄청난 용량의 데이터 세트를 수집 및 가공하고 목적에 맞게 분석할 수 있다. 이러한 빅데이터를 처리하는 전 과정은 빅데이터 수집, 정제, 저장, 처리 및 분석, 사용 및 시각화 이렇게 다섯 가지로 나눌 수 있다.

먼저 수집은 빅데이터 과정에서 가장 초기에 직면하는 문제로 트랜잭션이나 로그, 모바일 디바이스 등 원시 데이터들을 모으는 일이다. 이 단계를 효과적으로 수행하기 위해서 신속하게 정형뿐 아니라 비정형 데이터까지 다양한 데이터를 수집할 수 있는 실질적 방안을 마련해야 한다. 다음으로 원하는 데이터를 얻기 위해 수집된 데이터를 원하는 방식으로 변환, 교정, 통합하는 정제의 단계로 이어진다. 정제가 제대로 이루어지지 않으면 데이터 구성이 제각각으로 퍼져 있기 때문에 빅데이터의 분석 자체가 불가능해진다. 이후 이어지는 단계는 저장으로 정제된 데이터들이 사라지지 않게 보관하는 과정이다. 데이터 처리 작업 전이든 후든 데이터를 안전하게 저장할 수 있도록 확장성이 있고, 내구력을 갖춘 안정적 저장소가 필요하다. 또한 빅데이터는 다양한 요구 때문에 정교한 요구사항이 존재하기 때문에 다양한 전송 데이터를 처리하기 위한 임시 저장소도 필요하다. 이러한 과정이 완료되면 본격적으로 빅데이터의 처리 및 분석 단계를 거치게 된다. 빅데이터의 주된 목적 중 하나는 현상에 대한 일정한 패턴과 데이터 간의 연관성을 발견하고 이를 바탕으로 비즈니스 의사 결정을 하는 것이다. 따라서 이러한 목적에 맞는 분석기법을 활용하여 분석결과를 도출하는 단계이다. 분석기법에는 수치형 데이터를 확률 기반으로 현상을 추정하고 예측을 검정하는 통계적 분석, 데이터 간 상호 관련성을 도출하고 유용 정보를 추출하는 데이터 마이닝, 텍스트 기반의 데이터를 분석하고 처리하는 텍스트 마이닝 등 다양한 방법들이 있다.

▌〈표 2-4〉 빅데이터 분석기법의 종류

구분	내용	종류
통계적 분석	전통적인 분석 방법으로 주로 수치형 데이터에 대해 확률을 기반으로 어떤 현상의 추정, 예측을 검정하는 기법	• 상관분석 • 회귀분석 • 분산분석 • 주성분 분석
데이터 마이닝	대용량의 데이터로부터 패턴인식, 인공지능 기법 등을 이용하여 숨겨져 있는 데이터 간의 상호 관련성 및 유용한 정보를 추출하는 기술	• 예측 • 분류 • 군집화 • 패턴 분석 • 순차 패턴 분석
텍스트 마이닝	텍스트 기반의 데이터로부터 새로운 정보를 파악할 수 있도록 하는 Text-processing 기술	• 텍스트 전처리 • 텍스트 의미 변환 • 텍스트 의미정보 추출 • 텍스트 패턴 및 경향 분석

자료: 소프트웨어공학센터(2016)

빅데이터 분석의 마지막 단계는 사용 및 시각화이다. 빅데이터의 최종 사용자는 분석 목적과 유형에 따라 이를 쉽게 이해하고 표현하기 위한 효과적인 방법을 고안하게 된다. 이때 분석결과를 그래프, 도표 등 이해하기 편하고 한눈에 들어오도록 표현하고 정리하는 것이 시각화이다.

3) 머신러닝

▌기계의 학습 시작, 머신러닝

머신러닝(Machine Learning)은 데이터를 통해서 컴퓨터 스스로 능력을 향상하는 기법이다. 즉, 머신러닝은 인공지능의 하위 분야로 기계가 직접 데이터를 학습함으로써 그 속에 숨겨진 일련의 규칙성을 찾고, 이를 기반으로 새 데이터를 평가, 예측하여 이를 활용할 수 있게 하는 기술을 의미한다. 여기에서 중요한 것은 '학습'이다. 머신러닝은 의사 결정이나 그 기준에 관련한 구체적 지침을 직접 코딩해 넣는 방식이 아닌, 알고리즘을 통해 그 자체를 '학습'시키고 의사 결정 과정 자체를 익히는 학습의 패러다임으로 인공지능을 진화시켰다. 알고리즘 방식에는 의사 결정 트리 학습, 클러스터링, 강화 학습, 베이지안(Bayesian) 네트워크, 귀납 논리 프로그래밍 등 다양한 종류가 개발되어 발전이 이루어졌다.

하지만 여전히 현재의 단계에서 인공지능을 구현하기 위해서는 일정량의 코딩 작업을 필요로 한다는 한계가 뚜렷하게 있어 완전한 형태의 인공지능으로 평가받고 있지는 못하다. 예를 들어, 머신러닝이 이미지로 된 정지 표지판을 인식할 때, 컴퓨터에 사물을 식별하는 감지 필터나 문자를 인식하고 해석하는 분류기 등을 코딩 작업을 통해 만들어야 한다. 머신러닝은 현재 발전수준에서는 코딩을 통해 입력한 정보의 분류기로 이미지를 인식 및 식별하고, 알고리즘을 활용해 정지라는 표지판을 학습하는 작동방식을 취한다.

4) 머신러닝 모형의 분류

머신러닝의 학습 모형은 크게 지도학습 모형과 비지도학습 모형 두 가지로 나뉜다. 지도학습 모형은 답이 있는 지도(Supervision)를 통해 학습하는 모형으로서, 학습 데이터에 정답 레이블(Label)이 주어진 상태에서 시스템을 학습시키는 것을 의미한다. 세부적으로는 대상을 목적에 따라 구분하는 분류(Classification) 모형과 특정 값을 예측하는 수치 예측(Regression) 모형으로 구분된다.

반면, 비지도학습 모형은 명확한 정답이 없는 학습을 하는 모형으로, 학습 데이터에 정답 레이블에 해당하는 종속변수가 존재하지 않아 학습 과정에서 어떠한 지도 메커니즘도 발생하지 않는 모형을 의미한다. 따라서 주로 군집 발견, 유사 패턴파악, 상품추천, 의미 추출 등 다양한 분석 목적에 활용된다.

▌〈표 2-5〉 전통적 마케팅과 과학적 마케팅 비교

구분	지도학습	비지도학습
학습 시 답 존재 여부	답이 있는 지도(Supervision)를 통해 학습하는 모형	명확한 정답이 없는 학습하는 모형
원리	학습 데이터에 정답 레이블(Label)이 주어진 상태에서 시스템을 학습시킴	정답 레이블에 해당하는 종속변수가 존재하지 않아 학습 과정에서 어떠한 지도 메커니즘도 발생하지 않음
활용	대상을 목적에 따라 구분하는 분류, 특정 값을 예측하는 수치 예측	군집 발견, 유사 패턴파악, 상품추천, 의미 추출 등

이 밖에도, 머신러닝 학습 모형 중에 강화 학습이 있다. 강화 학습은 바람직한 행동 패턴을 학습하는 알고리즘이다. 강화 학습은 컴퓨터가 선택지에 바람직한 행동이 있다는 점에서 지도학습 모형 중 하나로 분류하기도 한다. 그러나 강화 학습은 훈련 데이터를 통해 미리 학습하지 않고, 처한 상태에서 선택에 따른 보상이 있다는 점은 지도학습과 다르다. 강화 학습은 인공지능이 게임을 학습하는 데 많이 활용된다. 예를 들어 슈퍼 마리오가 시작 지점에서 종료까지 죽지 않고 도착하게 학습시키는 데 강화 학습이 활용된다.

5) 머신러닝 과정

머신러닝은 문제 정의, 데이터 수집, 데이터 처리, 모형 학습, 성능 평가의 단계를 거치며 데이터를 분석 및 처리한다.

〈그림 2-8〉 머신러닝 과정

▎문제 정의

먼저, 문제 정의는 머신러닝으로 해결하고자 하는 문제가 무엇인지 정의하는
단계이다. 해결하려는 문제는 무엇인지, 어떤 형태의 결론이 이에 대한 답이 되
는지, 그 결론이 파급하는 효과는 무엇일지 등 명확하게 표출되어야 하는 명료
함이 요구된다.

〈문제 정의 필수 요소〉
① 분석의 배경, 목적을 명확히 규정한다.
② 분석에 대한 가설을 구체적으로 서술한다.
③ 분석결과를 바탕으로 적용 계획을 작성한다.

〈문제 정의 예시〉
• 문제 요약
  → OTT 플랫폼의 신규 이용자를 높일 계획을 도출하라.

• 배경
  → OTT 플랫폼 이용자 수가 급증하고 있다.
  → 그러나 AAA사의 서비스의 신규 이용자 수는 떨어지고 있다.
  → 신규 이용자를 높일 새로운 마케팅 계획이 필요하다.

• 가설
  → 디지털 마케팅이 신규 이용자 유입에 효과적이다. 가장 최적의 마케팅 계획을 데이터

분석으로 세울 수 있다.

• 적용 계획
  → 데이터 분석을 통해 매체 선정하고 광고 집행을 한다.

▌데이터 수집

다음으로 데이터 수집은 정의한 문제를 해결하는 데 필요한 데이터를 수집하는 단계이다. CRM과 마케팅 목적에서 수행하는 머신러닝 프로젝트의 주요 데이터 원천, 즉 주재료를 모으는 역할을 하는 과정이다.

〈데이터 수집 방식〉
① 고객 마스터 DB
② 고객 구매이력 DB(매출 데이터)
③ 고객 커뮤니케이션 이력 DB(마케팅, 영업, 서비스 이력 데이터)
④ SNS 커뮤니티 DB(SNS 고객정보, 게시판, 후기 등 고객 커뮤니티 데이터)
⑤ 로그 데이터(웹, 모바일 등 접촉 정보)

〈외부 데이터 예시〉
① Kaggle(Kaggle.com): 다양한 기업의 실제 데이터와 분석 사례 제공
② 네이버 데이터랩(datalab.naver.com): 검색어 통계 등 제공
③ SKT 빅데이터 허브(bigdatahub.co.kr): 통화량 데이터 제공
④ 공공 데이터 포털(data.go.kr): 국내 공공 데이터 및 API 제공
⑤ 통계청(mdis.kostat.go.kr): 통계 자료 원본 데이터 제공

▌데이터 처리

한편, 데이터 처리는 원천 데이터를 머신러닝 목적에 맞도록 적절히 처리 또는 전처리해 주는 단계이다. 구체적인 과정은 아래와 같다.

〈데이터 처리 과정〉
① 레코드 및 필드 추출
② 파일의 병합 및 분리
③ 데이터의 변환
④ 파생변수의 생성
⑤ 결측치/오류값의 처리

또한 데이터처리에서 위 작업에 이어 표본 추출 및 데이터 나누는 단계를 거치는데 머신러닝 과정에서 반드시 거치게 되는 데이터 처리 작업으로, 머신러닝 모형 학습과 평가 과정에서 사용될 데이터를 추출 나누는 작업을 진행해야 한다. 구체적으로 머신러닝에서의 표본 추출은 학습용 데이터 세트(Training−data set), 검증용 데이터 세트(Validation Data Set), 평가용 데이터 세트(Test−data set)로 나누며 보통 비율을 70 : 20 : 10 정도로 나누어 분석에 사용한다.

〈그림 2-9〉 머신러닝 표본 추출

▍모형 학습

모형 학습 단계에서는 말 그대로 모형에 데이터를 학습시키는 과정을 거친다. 구체적으로 분석모형을 결정하고, 인자를 지정한 후 학습 및 인자를 조절한다. 이때, 데이터에 대한 학습 정도는 모형의 복잡성과 밀접한 관계를 갖게 되며, 모형이 과잉적합(Over Fitting)이나 과소적합(Under Fitting)이 되지 않도록 유의해야 한다. 따라서 양극단 간의 적절한 최적점을 찾는 것이 모형 학습에서의 관건이 된다.

〈그림 2-10〉 최적점 모델 학습

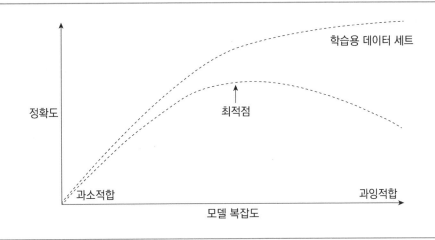

▌성능 평가

마지막으로 성능 평가는 개별 머신러닝 모형들의 성능을 비교하여 최적의 성능을 갖는 모형을 선택하는 단계이다. 모형을 선택하기 위해서는 다양한 지표를 통해 확인이 필요한데 지도학습 모형에서 분류 모형의 경우에는 정확도, 정밀도, 재현율, F1 스코어 등을 통해 최적의 성능을 파악하고, 수치 예측 모형의 경우에는 결정계수, RMSE 등을 확인해 보아야 한다. 한편 비지도학습 모형의 경우에는 정확한 정답이 존재하지 않으며 탐색적으로 결론을 유도하는 목적으로 수행되므로 모형의 성능을 평가한다는 개념 자체가 성립되지 않는다. 다만 사후적으로 살펴보는 성과평가 방식으로 모형의 우수성을 가늠해 볼 수는 있다.

▌〈표 2-6〉 성능 평가 방법

구분		지도학습 모형	비지도학습 모형
성능 평가 지표 및 방법	분류 모형	정확도, 정밀도, 재현율, F1 스코어 등	모형의 성능을 평가한다는 개념 자체가 성립되지 않음
	수치 예측 모형	결정계수, RMSE, MSE, MAPE 등	

통계적 가설검증의
이해

1. 가설 검정의 이해와 검정 통계량의 의미

2. 빈도와 중심화 경향

3. 통계분석 방법

1 가설 검정의 이해와 검정 통계량의 의미

1) 데이터 분석을 위한 통계 기초

▌모집단과 표본

모집단(population)이란 데이터 분석을 통해 정보를 얻고자 하는 관심 대상의 전체집합을 의미한다. 쉽게 말해, 연구자가 조사해서 알고 싶은 실제 대상이라 할 수 있다. 예를 들어, 유튜브에 콘텐츠를 제작하는 제작자가 다음의 문제를 해결해야 한다고 가정해 보자.

예제 2

한국인의 하루 유튜브 시청시간과 미국인의 하루 유튜브 시청시간은 서로 다를까?

여기서 <예제 2>의 모집단은 한국인과 미국인 전체가 된다. 그리고 이 문제를 가장 정확하게 확인할 방법은 하루 동안 유튜브를 이용하는 전체 한국인 각각의 시청시간과 전체 미국인 각각의 시청시간을 알아내 이를 비교해 보는 방법일 것이다. 이를 위해서는 유튜브 본사에 의뢰해 한국과 미국의 유튜브 시청시간 자료 전체를 받아서 확인하거나 일일이 한국 사람 전체와 미국 사람 모두에게 유튜브 시청시간을 물어보고 답을 얻는 것이다. 하지만 유튜브 본사에 요청해도 기업정보를 순순히 제공할 가능성은 희박하며, 수천만 명인 한국인과 수억 명인 미국인 모두에게 설문하는 것 또한 매우 어려울 것이다.

이렇게 모집단 전체를 대상으로 조사하는 것은 불가능에 가깝거나 비용과 시간이 엄청나게 소비되기 때문에 모집단에서 일부를 추출하여 조사를 진행할 수 있다. 이때 모집단에서 추출된 부분 집합을 표본(Sample 또는 표본집단)이라고 한다. 만일 한국과 미국 두 모집단에서 각각 1,000명 정도만 뽑아 각각의 유튜브 시청시간을 알아낸 결과와 한국인과 미국인 전체를 대상으로 한 모집단 전체를 통해 나온 결과가 같다면 전체 조사를 대체할 수 있을 것이다. 결국, 표본은 모집단을 대표하는 부분의 집합이라고 할 수 있으며 100% 정확도는 불가능하지만 설계의 정교성에 따라 모집단의 특성을 거의 비슷한 수준의 신뢰도를 가지고 추정할 수 있다.

〈그림 3-1〉 모집단과 표본 예시

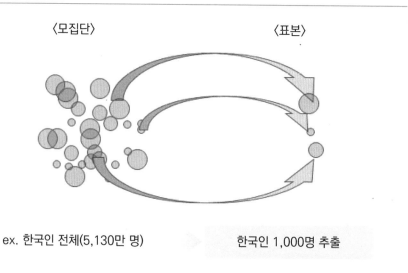

ex. 한국인 전체(5,130만 명)   한국인 1,000명 추출

우리 일상에서 가장 쉽게 찾아볼 수 있는 모집단과 표본 사례는 선거투표이다. 대통령선거를 위해 투표에 참석한 투표자 모두는 모집단이다. 하지만 선거 이전에 각 후보자의 지지율을 미리 살펴보고자 할 때, 일일이 투표자 모두에게 물어볼 수는 없으므로 리서치 업체에서는 약 500명에서 2,000명 정도의 투표 대상자를

표본으로 선정하여 이들의 지지율을 기반으로 전체 대통령선거 결과를 예측한다.

▌모수와 표본 통계량

모수(Parameter)는 모집단의 특성을 나타내는 수치로 연구자가 실질적으로 알아보고자 하는 수치이다. 이는 매우 중요하다. 왜냐하면, 우리가 실제로 알고 싶어 하는 것은 모집단의 데이터가 아니라 모집단 특성을 설명하는 모수이기 때문이다. 예를 들어, 우리는 조사할 때 유튜브 시청시간 데이터 전체를 알고 싶은 것이 아니라 전체 유튜브 시청시간의 평균(또는 필요에 따라 표준편차)을 알고 싶어 하는 것이다. 결국, 모수는 모집단의 특성을 요약하고 간략하게 설명해 주는 수치이다.

하지만 앞서 설명한 바와 같이 모집단을 대상으로 조사하여 모수를 알아내는 것은 경제적, 시간적 제약으로 인해 거의 불가능하다. 그렇다면 어떻게 모집단의 모수를 알 수 있을까? 가장 좋은 방법의 하나는 표본을 추출하여 모집단의 모수를 추정하는 것이다. 모수가 모집단 분포 특성을 설명하는 값인 것처럼 표본의 특성을 설명하는 값이 표본 통계량(Sample statistics)이다. 따라서 표본 통계량을 모수 추정치(Parameter estimate)라고 부르기도 한다.

〈그림 3-2〉 모수와 표본 통계량과의 관계

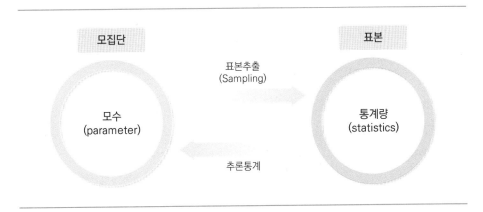

2) 가설과 가설 검정

▌가설의 정의

가설(Hypothesis)은 연구자나 조사자가 어떤 현상에 대해 진실이라고 주장하지는 못해도 '아마도 그럴 것이다'라는 추측과 잠정적인 주장을 의미한다. 연구자들은 연구 대상에 대한 현상 관찰 후, 그 관찰한 현상에 관해 설명하는 가설을 설정한다. 그리고 그 가설을 통계적인 방식으로 검정(Testing)한다. 이를 통계적 가설 검정(Hypothesis testing)이라고 부른다. 통계나 데이터 분석에서의 가설은 연구자가 알고 싶어 하는 어떤 모집단의 모수에 대한 잠정적인 주장인 것이다. 가설은 추상적인 주장이 아니라 합리적인 근거나 경험, 또는 관찰과 같은 기본 토대 위에 설정되어야 한다. 그렇지 않고 연구자가 전적으로 마음대로 설정한 가설은 아무런 의미가 없는 추정일 뿐이다.

▌귀무가설과 대립가설

가설은 일정한 형식을 따라야 한다. 그 형식이 바로 귀무가설과 대립가설이다. 통계적 가설 검정을 하기 위해서는 두 가지 종류의 가설을 설정해야 한다. 그리고 어떤 가설을 채택할지를 확률적으로 따져보고 둘 중 하나를 채택한다.

먼저 귀무가설(Null Hypothesis: H0)은 영가설이라고도 불리기도 하는데, 모집단이 나타내는 일정 특성이 옳다고 주장하는 잠정적 주장을 의미한다. 쉽게 풀어서 설명하면 귀무가설은 "모집단의 모수는 ○○과 같다" 또는 "모집단의 모수는 ○○과 차이가 없다"라고 가정하는 것을 말한다. 즉 귀무가설은 "−와 같다", "−의 효과는 없다", "−와 차이가 없다"라는 형식으로 설정된다.

반면, 대립가설은 귀무가설이 거짓이라면 대안적으로 참이 되는 가설을 의미한다. 쉽게 설명하면 귀무가설이 틀렸다고 판단되었을 때(기각되었을 때), 대안적으로 선택(채택)되는 가설을 말한다. 즉 "모집단의 모수는 ○○과 다르다" 또는 "모집단의 모수는 ○○과 차이가 있다"라고 가정하는 것이다. 즉 대립가설은 "−와 다르다", "−의 효과는 있다", "−와 차이가 있다"라는 형식으로 이루어진다.

통계적으로 가설 검정을 통해 귀무가설은 기각(Reject)되거나 혹은 기각되지 않는다(Not Reject). 만약 귀무가설이 기각되면 연구가설은 지지가 되지만(Supported), 기각되지 않으면 연구가설은 지지가 되지 못하게 된다(Not Supported). 즉 통계적 가설 검정에서 귀무가설은 기각되거나 혹은 기각되지 않지만, 이때의 해석은 "연구가설이 지지되었다" 혹은 "연구가설이 지지되지 않았다"라고 표현한다. 위의 <예제 2>를 귀무가설(H0)과 대립가설(H1)로 표현하면 다음과 같다.

H0: 한국인의 하루 유튜브 시청시간 = 미국인의 하루 유튜브 시청시간

H1: 한국인의 하루 유튜브 시청시간 > 미국인의 하루 유튜브 시청시간

(혹은 한국인의 하루 유튜브 시청시간 < 미국인의 하루 유튜브 시청시간)

위의 경우, 연구자의 생각, 즉 "한국인의 하루 유튜브 시청시간과 미국인의 하루 유튜브 시청시간은 다르다"라는 것이 연구가설이며 대립가설로 설정된다. 이 경우 귀무가설은 "한국인의 하루 유튜브 시청시간과 미국인의 하루 유튜브 시청시간은 같다"로 표현된다. 통계에서는 보통 무엇이든지 두 대상의 크기를 비교할 경우 이 둘이 서로 차이가 없는 것을 보수적인 입장으로 보며, 이러한 보수적인 입장(혹은 기존의 주장)이 바로 귀무가설로 설정되는 것이다.

▍유의수준

연구자가 만약 자신의 가설을 검증한다면 그 결과에서 귀무가설을 기각하고 연구가설을 지지가 될 것이라고 얼마나 확신할 수 있을까? 그리고 이 결과를 접한 다른 사람들은 그 주장을 어느 정도 받아들일 수 있을 것인가? 이를 이해하기 위해 <예제 2>를 다시 살펴보자. 그리고 한국과 미국의 하루 평균 유튜브 시청시간이 다르다고 주장한 연구자가 이를 뒷받침하기 위해 한국인 30명과 미국인 30명을 대상으로 시청시간을 측정했다고 하자. 그 결과 한국인과 미국인의 평균 시청시간의 차이가 2시간 난 경우와 차이가 30분 난 경우 어느 경우에 연구자가 더 확신을 가질 수 있을까? 아마 통계학을 모르는 사람이더라도 전자의 경우가 더 확신을 가질 수 있을 것으로 판단할 것이다. 여기에서 중요한 개념인 유의수준이 나타난다. 유의수준(Significance Level)이란 귀무가설이 맞았는데 이를 틀렸다고 결론을 내릴 확률, 즉 귀무가설의 기각을 잘못할 확률을 의미한다.

따라서 가설검증의 결과에서 얻게 된 유의수준은 낮으면 낮을수록 연구자의 귀무가설을 기각하고 동시에 연구가설, 즉 자신의 주장에 더 확신을 가질 수 있게 되는 것이다.

유의수준은 0과 1 사이의 값을 확률인 p-value로 나타낸다. 가령 p-value 가 .08인 경우에 귀무가설을 기각한다면, 잘못 기각되었을 확률이 8%가 되고, 만약에 p-value가 .05일 때 귀무가설을 기각하면 이때 잘못 기각되었을 확률이 5%가 되는 것이다. 따라서 p-value가 0.8일 때보다 0.5일 때 잘못기각될 확률이 적기 때문에, 귀무가설을 더 자신 있게 기각할 것이다. 연구자는 자신의 연구가설이 지지되기를(귀무가설이 기각되기를) 원하므로 일반적으로 낮은 p-value 를 얻기 원한다고 할 수 있다.

그렇다면 p-value가 어느 수준일 때 귀무가설을 기각할 것인가? 이에 대한 기준치로서 통계학자들은 허용 유의수준을 제시하였다. 따라서 p-value가 이러한 허용수준보다 작을 경우에는 귀무가설에 대해 기각하는 결정을 내릴 수 있다. 여기에서 허용 유의수준은 α(alpha)의 값으로 나타낸다. 결국, 귀무가설에 대한 기각 여부는 p-value와 α의 값과 그 크기에 따라 달라진다. 즉 p-value 값이 작으면 작을수록, 반면 α값은 크면 클수록 귀무가설을 기각할 수 있게 되는 것이다.

허용 유의수준, 즉 α의 크기는 흔히 .05로 정해지지만, 상황에 따라서 .01 혹은 .1을 사용할 수 있다. 만약에 α값의 허용범위를 작게 설정한다면 그 연구자는 아주 충분한 증거가 없을 경우에는 귀무가설을 기각하지 않으려 하는, 보수적 입장으로 연구를 진행하고 있다고 볼 수 있다.

▌척도

척도는 관측하려고 하는 대상에 대한 속성을 숫자로 측정할 수 있도록 임의의 규칙을 정하여 활용하는 도구를 의미한다. 좀 더 쉽게 설명하면 조사하는 대상인 사람 또는 사물 관련 특성을 수치화하기 위해 일정 단위를 가지고 그 특성에 따라 수치를 부여한 것이다. 문자나 특성으로만 기재되어 있는 것들을 통계적으로 확인하기 위해 인위적으로 수치로 바꿔 좀 더 쉽게 다루고자 활용하는 도구이다. 예를 들어 a라는 제품을 선호한다-선호하지 않는다를 통계에서 활용할 수 없으므로 이를 인위적으로 수치화하여 선호하면 1로 표시하고 선호하지 않으면 0으로 표시하는 식이다.

척도의 종류는 범주형 자료를 나타내는 명목 척도와 순위 척도, 연속형 자료를 나타내는 동간척도와 비율척도 이렇게 모두 네 가지의 척도로 이루어진다. 이 네 가지 척도는 또 범주형 자료와 연속형 자료로 구분되는데, 범주형 자료는 수치들의 크기 차이가 계산되지 않는 척도들이고 연속형 자료는 수치들의 크기 차이의 계산이 가능한 척도이다.

〈그림 3-3〉 척도의 종류

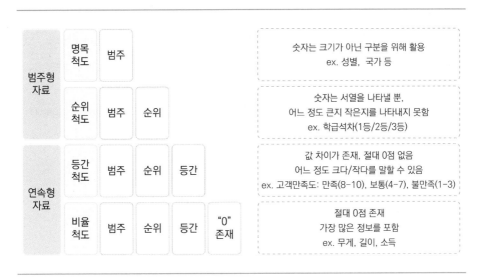

각 세부적 척도에 대한 설명은 다음과 같다. 먼저, 명목 척도는 관찰하고자 하는 대상의 속성에 임의의 수치를 표기하는 것으로 숫자의 크기 자체가 의미를 지니지 않는 것이다. 수치는 그저 라벨링 역할만 하는, 즉 다른 특성이라는 구분의 역할만 하는 것이다. 남자는 1, 여자는 2로 표시하는 것이 대표적인 예이다. 다음으로, 서열척도는 관찰하고자 하는 대상의 특성을 측정해서 그 값을 순위로 나타내는 척도이다. 서열척도는 부여된 수치가 더 크면 더 큰 특성을 가진다는 의미를 지닌다. 서열척도에서는 수치가 크면 더 큰 특성을 보인다고 표현할 수 있으며, 대상 간 높고 낮음의 서열 평가는 가능하지만, 그 차이 정도가 어느 정도인지는 알 수가 없다. 예를 들어, 기말고사 성적 1등과 2등으로 구분을 할 때,

1등인 학생이 2등인 학생보다 성적 자체는 높다고 할 수 있지만, 점수가 얼마나 더 높은지 등에 대한 구체적 정보는 알 수 없다.

한편, 동간척도는 관찰대상의 속성을 상대적인 크기로 나타내는 것이다. 순위 부여뿐 아니라 대상 간 어느 정도 특성이 큰지를 수치 차이로 파악할 수 있다. 대표적인 동간척도로는 아래의 리커트 척도가 있다.

① 매우 선호한다 / ② 조금 선호한다 / ③ 보통이다.
④ 조금 선호하지 않는다 / ⑤ 매우 선호하지 않는다.

설문에서 응답자가 제시된 문장에 대해 얼마나 동의하는지를 답변하는 응답 척도를 리커트 척도라고 한다. A 제품에 대해 추상적인 개념인 선호한다는 정도를 같은 크기의 정도로 표시하게 한 것이다. 마지막으로, 비율척도는 동간척도와 마찬가지로 같은 크기로 순서와 크기를 비교할 수 있으며 절대적인 기준이 있는 영점이 존재한다는 것에서 다른 척도와 차이가 있는 도구이다. 따라서 덧셈, 뺄셈, 곱셈, 나눗셈 등 사칙연산이 모두 가능하며 대상들 각각의 특성 정도에 대한 비교가 명확히 가능하다.

② 빈도와 중심화 경향

▎ 대푯값

대푯값은 말 그대로 그 집단을 대표하는 값들을 의미한다. 엄청난 양의 데이터가 있어도 하나하나 모두 다 확인해 볼 게 아니라면, 중요한 것은 결국 이 데이터 전체를 대표해서 설명할 수치가 필요하며, 대푯값은 이를 효과적으로 요약하는 수치이다. 가령 학교에서 내가 속한 반이 전체 학년에서 어느 정도의 성적을 가졌는지 상대적으로 평가할 때 보통 사용하는 것이 반 전체의 평균이다. 또 <예제 2>에서도 한국인의 유튜브 시청시간과 미국인의 유튜브 시청시간을 비교하기 위해서는 한국인 유튜브 1인당 평균 시청시간과 미국인 평균 시청시간을 대푯값으로 정하였다.

대푯값으로 가장 자주 사용하는 평균 외에도 최빈값, 중앙값이 평균을 대체할 수도 있다. 일반적으로 알고 있듯이 표본 전체를 더하고 이를 표본의 수로 나누는 값이 평균이라면 최빈값은 표본에서 가장 자주 발생하는 값, 즉 가장 많은 빈도가 나타난 값이다. 또 중앙값은 표본 전체를 나열하고 그 중앙에 위치한 값을 의미한다.

한국인 10명을 대상으로 하루 중 유튜브 시청시간을 조사해 보았더니 다음과 같이 나타났다.

조사대상	A	B	C	D	E	F	G	H	I	J
시간	1	1	2	3	3	4	6	6	6	7

이 경우, 최빈값, 중앙값, 평균값은 어떻게 되는가?

<예제 3>에서 10명의 조사 대상자 중 3명이 하루에 6시간 유튜브를 시청하는 것으로 나타났다. 즉, 가장 많은 사람 수가 6시간을 시청하고 있었다. 따라서 6이 최빈값이다. 중앙값은 시청하는 시간이 1시간에서 7시간까지로 분포되어 있어서 1에서 7 사이의 중간인 4가 중앙값이다. 평균값은 3.9시간이다.

결국, 데이터 분석에서 대푯값은 그 집단의 방대한 데이터 수치를 요약하여 해당 집단의 대표하는 수치를 만들어 분석을 쉽게 만드는 목적을 지닌다.

▌ 산포도(분산과 표준편차)

평균은 해당 자료 전체에 대한 특징을 나타내는 대푯값으로 가장 흔히 사용되고 유용하지만, 극단 값이 포함된 경우에는 대푯값으로의 의미를 잃을 수 있다. 따라서 자료에 대한 명확한 분포 특성을 알아보기 위해서는 대푯값인 중심 위치와 함께 흩어져 있는 정도를 파악하는 산포도가 필요하다. 산포도 역시 대푯값의 일종이며 변량이 흩어져 있는 정도를 하나의 수로 나타낸 값이다. 다음 그림은 이러한 평균의 함정과 산포도에 대해 잘 보여주는 그림이다.

〈그림 3-4〉 평균의 함정과 산포도의 필요성

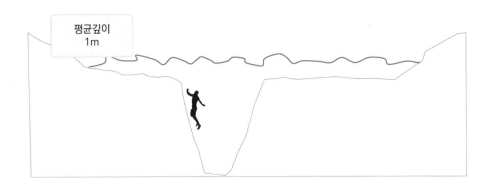

그림에서는 전체 강의 평균 깊이만 생각하여 강을 건널 경우가 얼마나 위험한지 잘 보여주고 있다. 즉, 자료의 특성에 대한 분포 상태를 요약하는 대푯값으로 평균과 더불어 그 얼마나 흩어져 있는가를 파악할 수 있는 측도인 산포도 역시 알아야 그 특성을 명확히 파악할 수 있다. 이러한 산포도를 측정하는 방법이 편차와 표준편차이다. 편차(Deviation)란 각 변량이 평균에서부터 얼마나 떨어져 있는지를 파악하기 위해 각각의 변량 값에서 평균을 뺀 값을 의미한다.[11] 이때 편차의 합은 항상 0이 되어야 한다.

예제 4

한국인 5명을 대상으로 하루 중 유튜브 시청시간을 조사해 보았더니 다음과 같이 나타났다.

조사대상	A	B	C	D	E
시간	2	4	6	8	10

이 경우, 편차, 분산, 표준편차는 각각 어떻게 되는가?

---

11) (편차) = (변량) − (평균)

<예제 4>의 평균값은 (2+4+6+8+10)/5로 6이다. 이때 편차의 절댓값이 크면 클수록 해당 변량은 평균에서 멀리 떨어져 있음을 의미하며 A의 편차는 −4, B의 편차는 −2, C의 편차는 0, D의 편차는 2, E의 편차는 4이다.[12] 다만 편차는 각각의 변량이 평균에 대해 얼마나 떨어져 있는지는 나타낼 수 있지만, 모든 변량에 대해 평균에서 얼마나 떨어져 있는지 나타내지 못한다. 이는 편차의 합이 0이므로 편차의 평균을 구하지 못하기 때문이다. 산포도로서 편차의 평균을 사용하면 좋을 것 같지만 편차의 합이 0이라 편차 평균도 항상 0이 되기 때문에 흩어진 정도의 파악에는 적합하지 않다는 것이다.

　흩어진 정도의 측정은 그 자료가 평균에 대해 어느 정도나 멀리 떨어져 있는지를 파악하기 위한 것으로 그저 편차 크기가 중요할 뿐 편차의 양수/음수 여부는 크게 중요하지 않다. 그렇기 때문에 편차 합이 0이 되는 문제의 해결을 위해 편차에 대해 음의 부호를 없애는 과정이 필요하게 되는데, 그 방법은 절댓값과 제곱이다. 여기서 보통 절댓값은 기호 사용의 불편함과 식의 변형이 어려운 한계가 있다. 따라서 제곱을 사용하여 편차의 제곱을 구하고 이들을 합한 뒤 변량의 개수로 나눈 값, 즉 편차 제곱의 평균이 흩어진 정도를 보기에 가장 합당한데 이 값이 바로 분산이다. 또, 분산이 제곱하여 만든 값이기 때문에 이 분산에 다시 양의 제곱근을 씌워 계산한 값이 표준편차이다.

---

12) 2−6=−4, 4−6=−2, 6−6=0, 8−6=2, 10−6=4

3 통계분석 방법

1) 상관관계 분석(Correlation analysis)

상관관계 분석의 의미

디지털 비즈니스에서는 관련된 변수 간의 상호 관련성을 알아봐야 하는 일이 흔하게 나타난다. 예를 들어 의류를 판매하는 업체의 마케팅 담당자가 온라인 판매를 활성화하기 위해서는 온라인상에서 제품 관련 댓글 수와 제품 판매량은 연관성이 있는지, 연간 세일 수에 따라 연간 수익이 달라지는지 등의 관계를 명확히 알아둘 필요가 있다. 판매량과 수익을 높이기 위한 관련성 있는 요인들을 찾아낼 수 있기 때문이다.

이렇게 상관관계는 측정된 변수 간의 관련성 정도를 의미한다. 즉 두 변수 간의 선형관계가 있는지 없는지를 알아보는 것이다. 따라서 상관관계 분석은 한 변수가 다른 변수와 얼마나 밀접한 관련성을 지니고 변화하는지를 파악하기 위해 사용하는 변수 간의 선형성 강도에 대한 통계적 분석이다.

공분산(Covariance)

만약 두 변수가 독립적이지 않다면 변수 간에 연관성(association)이 있을 것이고, 이 연관성은 높을 수도 혹은 낮을 수도 있을 것이다. 또 두 변수의 연관성은 일정 방향을 갖게 되는데, 만약 어떤 변수 값이 커졌을 때 다른 변수도 거기에 상응하여 값이 커지거나, 반대로 어떤 변수가 작아질 때 다른 변수가 작아지는 경우, 두 변수는 같은 방향으로 움직이며 정(+)의 연관성을 갖는다고 표현한다. 반대로 한 변수의 값이 커질 때 다른 변수의 값이 작아지거나, 작아질 때 커지는 경우에는 다른 방향으로 움직이며 두 변수는 부(−)의 연관성을 지닌다고 표현한다. 예를 들어 보통 사람의 키와 몸무게는 정(+)의 연관성을 지니며, 흡연량과 기대수명은 부(−)의 연관성을 지닌다.

이러한 연관성 정도는 다양한 방법에 따라 측정할 수 있다. 그중 하나가 공분산(covariance)이다. 공분산은 두 변수인 X, Y가 서로 간에 어떠한 패턴(pattern)을 나타내는지를 보여준다.

- *공분산 > 0이면 X가 증가(감소)할 때 Y도 증가(감소)*
- *공분산 < 0이면 X가 증가(감소)할 때 Y는 감소(증가)*
- *공분산 = 0이면 두 변수는 아무런 상관이 없음*

이를 그래프로 나타내면 <그림 3-5>와 같다. 공분산이 만약 정(+)의 값을 가지는 경우(0보다 클 경우) 많은 관측값이 값들은 1사분면과 3사분면에 분포하고, 공분산이 반대로 부(−)의 값을 가지는 경우(0보다 작을 경우) 많은 관측값은 2사분면과 4사분면에 분포하게 된다. 또한 공분산이 0의 값, 즉 관측값들이 4개 면에 균일하게 분포되어 있으면 어떤 선형관계도 존재하지 않고 서로 독립적임을 뜻하게 된다.

하지만 공분산은 X와 Y값의 크기에 영향을 받는다는 한 가지 치명적인 문제점을 지닌다. 예를 들어 1,000점이 만점인 두 스포츠 종목의 점수 공분산은 상관성이 부족할지라도 높은 점수인 1,000점이 만점이기 때문에 큰 값이 나오고, 10점이 만점인 두 종목 점수의 공분산은 상관성이 매우 높더라도 10점이 만점이기 때문에 작은 값이 나온다.

〈그림 3-5〉 공분산 그래프

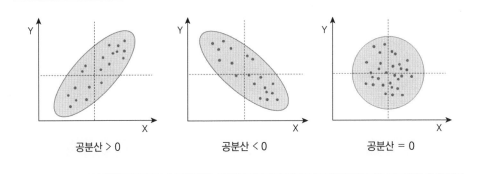

공분산 > 0　　　　　　공분산 < 0　　　　　　공분산 = 0

▌상관계수(Correlation coefficient)

앞서 설명한 것처럼 공분산은 두 변수 간에 관계 방향은 알 수 있을지 모르지만, 관계의 정도와 크기는 알 수 없다. 이러한 문제를 해결하기 위해 측정단위와 관계없이 관계 정도를 비교할 수 있도록 표준화를 한 것이 상관계수이다. 상관계수(Correlation coefficient)란 변수 간에 관계 정도와 방향을 일정 수치로 요약해 나타내는 지수를 의미한다. 상관관계 정도는 수치의 0에서 ±1 사이의 절댓값으로 나타내기 때문에 상관계수는 −1에서 0, 0에서 1 사이의 값을 취한다. 여기에서 0에 가까워지면 가까워질수록 상관관계는 낮아지는 것이며, 반대로 1에 가까워지면 가까워질수록 상관관계는 높아지는 것을 의미하게 된다. 변수의 관계 방향은 +나 −로 각각 표현하고, 증감의 방향이 같은 경우 양(+)적인 상관관계가 있는 것이며, 반대로 증감 방향이 반대이면 음(−)의 상관관계가 있는 것으로 해석한다. 이를 앞서 공분산에서 봤던 그림에 적용해 보면 아래와 같다.

〈그림 3-6〉 상관계수 그래프

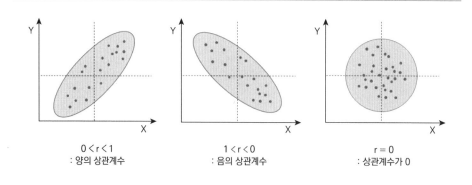

0 < r < 1	1 < r < 0	r = 0
: 양의 상관계수	: 음의 상관계수	: 상관계수가 0

상관관계 분석

상관계수를 구하는 방법은 많이 있지만 가장 많이 사용되는 상관계수는 피어슨 상관계수이다. 피어슨(Pearson) 상관계수는 상관분석에서 가장 기본적으로 사용되는 상관계수로, 정규분포를 따른다는 가정하에 적용하는 상관계수이다. −1부터 +1까지 상관계수의 범위를 지닌다. 상관계수의 상관관계 정도의 해석은 아래 <표 3−1>과 같다. 실무나 연구에서는 상관계수 중 피어슨 상관계수가 가장 일반적으로 활용되고 있기 때문에 보통 상관계수를 구했다고 하면 피어슨 상관계수를 구한 것으로 통용된다.

〈표 3-1〉 상관계수의 상관관계 정도 해석

r 값	상관관계 정도
+0.7 ~ +1.0	강한 양의 상관관계
+0.3 ~ +0.7	뚜렷한 양의 상관관계
+0.1 ~ +0.3	약한 양의 상관관계
−0.1 ~ +0.1	상관관계 거의 없음
−0.1 ~ −0.3	약한 음의 상관관계
−0.7 ~ −0.3	뚜렷한 음의 상관관계
−1.0 ~ −0.7	강한 음의 상관관계

다음 <예제 5>를 통해 상관관계 분석과 해석에 대해 살펴보자.

예제 5

온라인광고비 지출과 매출액 간의 관계를 조사하기 위해 최근 10개월의 자료를 수집한 결과 아래의 표와 같이 나타났다.

(단위: 억 원)

월	1	2	3	4	5	6	7	8	9	10
온라인 광고비	1.2	0.8	1.0	1.3	0.7	0.8	1.0	0.6	0.9	1.1
매출액	101	92	110	120	90	82	93	75	91	105

이 경우, 온라인 광고비와 매출액 간에는 상관관계가 있는가?

파이썬을 통한 상관관계 분석과 실습은 뒤에 이어질 7장에서 구체적으로 다루고자 한다. 따라서 본 절에서는 통계분석 결과를 바탕으로 이 계수를 통해 상관관계 분석의 결과를 어떻게 해석해 보는지 살펴보기로 한다. 위 예제의 온라인 광고비의 평균값은 0.94억 원이고, 매출액은 95.9억 원이며 상관계수와 p 값은 아래와 같이 산출된다.

$$(0.875, \ 0.001)$$

이는 상관계수가 0.875라는 것이고 p값은 0.001을 의미한다. 이에 따르면 유의수준 0.001에서 귀무가설은 기각되며 연구가설은 지지가 된다. 또 상관계수가 양수로 0.8을 넘기 때문에 강한 양의 상관관계를 지녔다고 해석할 수 있다. 결론적으로 온라인 광고비 지출이 많을수록 매출이 향상된다는 의미로 해석할 수 있다.

2) 군집 분석(Cluster analysis)

▌군집 분석의 의미

군집 분석은 주어진 데이터들의 특성을 고려해 그룹을 정의하고 그룹의 특징을 찾아내는 데이터 마이닝의 한 방법이다. 여기서 군집(cluster)이란 비슷한 특성을 보인 데이터들의 집단을 의미한다. 즉 다수의 대상자를 그들이 소유한 특성을 토대로 유사한 대상자들끼리 그룹화하는 통계기법이다. 더 쉽게 설명하면 아무런 사전 정보를 제공하지 않고 자료만 컴퓨터로 제공한 이후, 알아서 유사한 것끼리 묶어보라고 하는 분석 방법인 것이다. 군집 분석에서는 어떤 변수를 컴퓨터에 입력하느냐가 중요하다. 예를 들어 <그림 3-7>을 살펴보자.

〈그림 3-7〉 클러스터링 과정

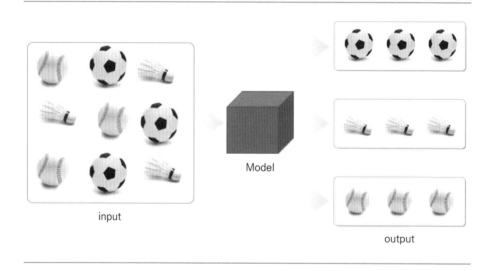

input

Model

output

군집 분석을 하기 이전에 입력상태에서는 특성이 고려되지 않은 상태로 무작위로 공들이 섞여져 있다. 이러한 공들의 성격과 특성의 패턴을 찾아 묶으면 공의 용도와 색, 모양 등의 기준을 통해 야구공들은 야구공 집단으로, 축구공들은 축구공 집단으로, 농구공들은 농구공 집단으로 묶을 수 있을 것이다. 물론 본 예시는 그 숫자도 적고 직관적으로도 확연히 차이가 나 쉽게 그룹화가 가능하지만 조사 대상자의 수가 많고 기준을 찾기 어려울 때는 직관적으로 그룹화하기 쉽지 않다. 이때, 군집 분석을 진행하면 유사성에 따라 자동으로 분류가 되는 것이다.

다른 예로, 어떤 게임 사용자들의 일주일 동안의 획득한 경험치 양과 플레이 시간을 집계하였더니 아래 <그림 3−8>과 같이 나타났다고 하자. 이때 군집 분석을 이용하면 오른쪽처럼 '경험치도 낮고 플레이 시간도 낮은 유형', '경험치는 높지만, 플레이 시간은 낮은 유형', '경험치는 낮지만 플레이 시간은 높은 유형', '경험치도 높고 플레이 시간도 높은 유형'을 묶을 수 있다.

〈그림 3-8〉 클러스터링 예시

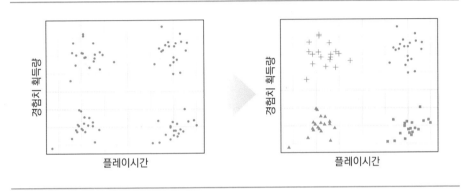

▌군집 분석의 목적 및 효과성

그렇다면 군집 분석을 하는 이유는 무엇일까? 군집 분석을 하면 전체 데이터들의 속성이 비슷한 개체끼리 분류가 가능해진다. 그리고 이렇게 군집별로 잘 분류하면 관리 효율성이 좋아진다. 물건을 정리할 때를 생각해 보면 이러한 방식의 효율성을 느끼기 더 쉬울 것이다. <그림 3−9>의 왼쪽 그림처럼 물건을 정리할 때, 비슷한 유형의 물건끼리 정리하면 그 물건을 찾거나 활용할 때 유용성이 높아진다. 마찬가지로 어떤 온라인 쇼핑몰에서 이용자들을 비슷한 유형으로 잘 분류해 놓고 정보를 정리한 데이터베이스를 만들어놓으면 상품이나 서비스를 추천할 때 비슷한 유형의 고객에 대해서 적절한 추천이나 서비스 제공이 가능해진다.

<그림 3-9> 분류 및 그룹화의 효과

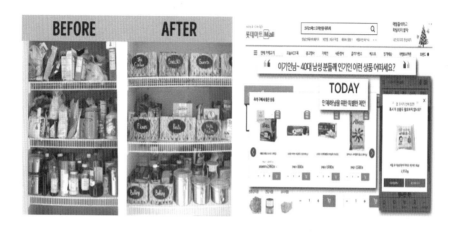

자료: 롯데마트몰 홈페이지

군집 분석은 이렇게 디지털 비즈니스에서 여러 가지 방식으로 활용할 수 있다. 예를 들어 소비자들의 제품에 대한 태도나 의견 등에 관한 데이터나 설문자료를 이용하여 소비자들을 몇 개의 군집으로 나누는 시장세분화가 가능하다. 또, 같은 제품군 내에서 자사 브랜드와 경쟁 브랜드들을 두고 그룹화함으로써 어떤 브랜드들이 더욱 직접적인 경쟁 관계에 있는지도 알 수 있다.

▌유사성 측정

앞서 설명한 것처럼 군집 분석은 동질한 성질로 군집(cluster)을 묶어주는 것이다. 여기에서 동질하다(Similarity) 혹은 동질하지 않다(Dis-similarity)를 어떻게 측정할 수 있을까? 데이터 간의 유사성은 거리(Distance)를 가지고 주로 측정한다. 두 점의 값에 대한 최단 거리인 유클리드 거리, 표준편차로 척도를 변환해 최단 거리를 측정하는 표준화 거리 등 다양한 방법이 있다. 거리 말고 상관계수를 유사성을 판단하는 데 사용하기도 한다.

〈그림 3-10〉 유사성 측정: 데이터 거리, 상관계수

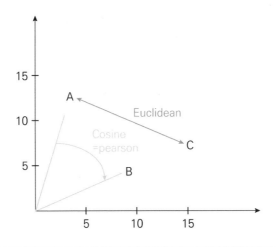

K-Means 클러스터링

데이터 분석에서 군집 분석 방법으로 가장 많이 사용하는 방법론은 K−Means 클러스터링이다. K−Means 클러스터링이란 데이터를 k개의 클러스터로 분류하여 묶어내는 알고리즘이며, 각 클러스터(묶음)와 거리 차이 분산을 최소화해 나가는 방식으로 이루어지는 분석 방법이다.

〈그림 3-11〉 K-Means 클러스터링

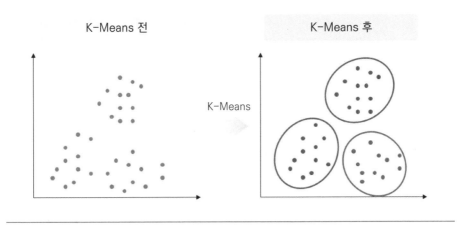

K-Means 클러스터링이 이루어지는 과정은 다음과 같다. 먼저, 군집의 개수를 k개로 정한다. 그리고 k개의 초기 centroid(클러스터의 중심)를 랜덤하게 선택한 후에 각각의 데이터에 가까운 centroid에 할당한다. 이후 centroid에 할당된 object들의 평균을 구하고, 여기에서 평균을 구한 값을 중심으로 다시 클러스터링을 구성한다. 이러한 작업을 반복하여 결국 군집을 분류한다.

〈그림 3-12〉 K-Means 과정

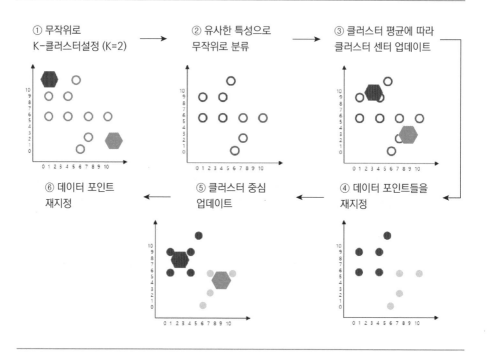

3) 회귀 분석(Regression analysis)

▌회귀 분석의 의미

앞서 살펴봤던 상관관계 분석은 두 변수의 연관 관계성이 있는지 살펴보는 분석 방법이었다. 하지만 상관관계 분석은 단순히 양의 방향인지 음의 방향인지 변수의 관계만을 살피는 것이지 인과관계를 명확히 파악할 수 있는 것은 아니다. 가령 몸무게와 키 간의 상관관계를 살펴본다면 '몸무게가 많으면 키가 크다' 또는 '키가 크면 몸무게가 많다'라고 두 변수 간의 원인과 결과를 단정 짓기 어렵다는 것이다. 그보다는 '두 변수 간에 양적인 관계성이 있다'라는 정도로 해석할 수 있다. 그에 비해 회귀 분석(Regression Analysis)은 어떤 변수가 다른 변수에 어떠한 영향을 미치는지, 그 인과관계를 분석해 내는 방법론이다. 여기에서 만약 변수 a의 값이 변수 b에 영향을 미치는 경우 변수 a는 독립변수라 하고, 변수 b는 종속변수라고 한다. 예를 들어 온라인 광고가 매출액에 미치는 영향을 알아보기 위해서 회귀 분석을 살펴본다면 독립변수(원인)는 온라인 광고가 되고 종속변수(결과)는 매출액으로 설정하는 것이다.

회귀 분석에는 독립변수와 종속변수가 각각 1개일 때, 독립변수가 종속변수에 미치는 인과관계를 분석하는 단순 회귀 분석과 여러 개 독립변수가 1개의 종속변수에 미치는 인과관계를 분석하는 다중 회귀 분석이 있다.

▌선형 회귀방정식

회귀 분석은 종속변수에 대해 영향을 미치는 원인 변수를 규명하고, 독립변수와 종속변수 간에 관련성 정도(강도)를 파악하는 방법론이다. 이를 위해 '선형 회귀방정식(1차 함수)'을 도출하여 회귀선을 추정하는데, 이 방정식을 통해 독립변수 변화에 따른 종속변수의 변화를 파악한다. 선형 회귀방정식을 식으로 나타내면 아래와 같다.

$$Y = aX + b \ (Y: \ 종속변수, \ X: \ 독립변수, \ a: \ 기울기 = 회귀계수, \ b: \ 절편)$$

수식에서 Y는 도출하고자 하는 결과인 종속변수이고, X는 영향을 미치는 요인인 독립변수이다. a는 방정식에서의 기울기로 방정식 선의 방향과 선의 기울어진 정도를 나타내며 회귀계수라고 부른다. b는 절편으로 독립변수가 0일 때, 종속변수의 값이다. 결국, 회귀 분석은 회귀방정식에 의해서 그려진 y의 추세선이며 산포도에서 각 점 위치를 기준으로 중앙을 통과하는 회귀선의 추정 방법이라고 할 수 있다.

〈그림 3-13〉 회귀방정식을 그래프로 표현한 회귀선

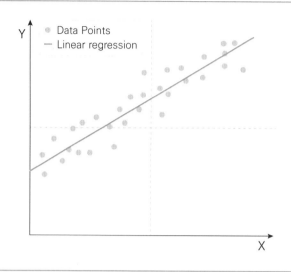

선형 회귀 분석은 가장 오래되고 널리 쓰이는 알고리즘인데, 이는 <그림 3-13>처럼 모형의 내용을 직관적으로 이해하기 쉽기 때문이다.

▌회귀 분석을 통해 알 수 있는 것

회귀 분석을 통해 얻을 수 있는 결과는 독립변수가 종속변수에 영향을 미쳤는지 아닌지뿐 아니라 독립변수의 변화가 종속변수를 얼마나 변화시키는지와 회귀 모형이 데이터에 얼마나 잘 맞는지까지 살펴볼 수 있다.

먼저 독립변수가 종속변수에 영향을 미쳤는지는 앞서 상관관계 분석에서와 마찬가지로 통계적 유의성(Statistical Significance), 즉 p-value 값을 통해 살펴볼 수 있다. 절대적인 기준은 없지만 보통 0.05보다 p값이 작으면 통계적으로 유의미하게 보기 때문에 분석결과에서 p값을 확인하여 독립변수가 종속변수에 영향을 미치는지 아닌지를 판단해 볼 수 있다. 가령 '온라인 광고비는 매출액에 영향을 미칠 것이다'라는 가설을 세웠을 때 회귀 분석 결과 p값이 0.05보다 작았다면 온라인 광고비는 매출에 영향을 미치는 요인이라고 이야기할 수 있는 것이다.

다음으로 회귀계수를 통해서는 독립변수의 변화가 종속변수에 어떠한 방향으로 얼마나 변화시키는지를 살펴볼 수 있다. 회귀계수는 회귀방정식에서 변수에 곱하는 기울기를 말한다. 예를 들어, 온라인 광고의 매출액 영향에 대한 회귀방정식이 $Y = 5X + 3$이라면 변수 X(온라인 광고)에 곱하는 숫자 5가 회귀계수가 되어 온라인 광고 1이 증가할수록 양의 방향으로 5만큼 매출액이 증가한다고 해석할 수 있다. 반대로 회귀방정식이 $Y = -5X + 3$이라면, 온라인 광고 1이 증가할수록 음의 방향으로 5만큼 매출액이 감소한다고 해석할 수 있다.

〈그림 3-14〉 회귀계수 a에 따른 회귀선의 방향성

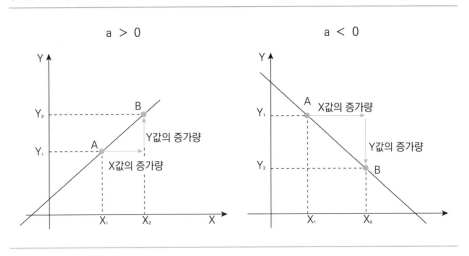

한편, 회귀 모형이 데이터에 얼마나 잘 맞는지, 즉 독립변수의 변화가 종속변수의 변화를 얼마나 잘 설명하고 예측하는지를 알기 위해서는 R 제곱(R−squared, 결정계수)을 살펴보면 된다. R 제곱은 0에서 1까지의 값을 가지며, 1이면 X로 설명할 수 있는 Y 변화량의 크기를 100% 설명한다는 이야기가 된다.

데이터 시각화

1. 데이터 시각화란?

2. 데이터 시각화 작성 순서와 도구

3. 차트 종류

4. 데이터 시각화 기본요소

5. 차트 종류별 작성원칙

6. 데이터 시각화를 활용한 분석기법

1 데이터 시각화란?

데이터 시각화(Data Visualization)는 데이터를 쉽게 이해할 수 있도록 시각적으로 표현하고 전달하는 방식(예: 점, 선, 막대, 색상, 크기 등)을 말한다. 빅데이터 시대가 도래하면서 이전보다 데이터가 많아지고, 복잡해졌다. 데이터가 커지고 복잡해질수록, 전달하고자 하는 바를 정확하게 전달하기 위해서는 누구나 이해할 수 있도록 데이터를 분석해야 한다. 다양한 전달 방식 중에서 데이터 시각화는 가장 좋은 방법이다. 왜냐하면, 사람들은 단순히 숫자로 나열된 형태보다 이미지 형태로 현상을 파악하는 것을 더 쉽게 느끼기 때문이다.

데이터 시각화는 특히 데이터 분석 초기 단계(Skimming Stage)와 최종 단계(Reporting Stage)에 많이 활용된다. 먼저 초기 단계에는 데이터를 수집하고 나서 데이터 분석에 앞서 데이터를 이해하는 용도로 데이터 시각화를 사용한다. 데이터를 이해해야만 그다음에 어떤 방식으로 데이터를 분석해야 할지도 알 수 있다. 예를 들어 히스토그램(Histogram)을 통해 데이터 분포를 알아보거나, 데이터 변수 간의 관계를 보기 위해 산점도(Scatter Plot)를 보는 등의 작업이 초기에 수행된다. 또한 최종 단계에서는 데이터 분석이 끝나고 최종 리포트를 만들 때 데이터 시각화를 한다. 데이터 분석결과는 분석 자체로 끝나면 안 되고, 실제 서비스나 전략에 적용되어야 한다. 데이터에 대해 정확한 이해를 하기 위해 데이터 시각화가 필요하다. 특히 통계적 지식이 부족한 사람들도 시각화를 통해 문제점이나 해결방안을 자연스럽게 이해할 수 있다.

일반적으로 사람들은 숫자나 글자를 이해하기 위해서는 상대적으로 복잡한 처리 과정이 요구되지만, 시각화는 별다른 노력을 기울이지 않아도 금세 이해할 수 있다. 하지만 다른 한편으로 데이터 시각화는 눈속임이나 오류, 왜곡 등에 쉽게 속을 수 있다. <그림 4-1>을 보자. 얼핏 보기에는 문제없어 보이는 차트이지만 B당 막대 선에 검은색 선 하나를 그리면 문제가 바로 보인다. 오른쪽 끝에 있는 무당층과 B당의 지지도는 19%로 같다. 하지만 차트에서는 B당의 막대그래프가 무당층보다 높아 보인다. 이를 통해 실제 지지도보다도 높아보이는 눈속임을 할 수 있다. 그래서 정확한 그래프나 차트 작성을 배우는 것은 중요하다. 차트를 넘어 데이터의 진실을 찾는 눈을 가질 수 있기 때문이다.

〈그림 4-1〉 정당지지도 그래프

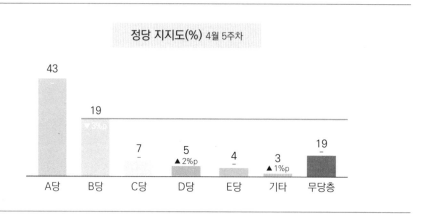

그렇다면 정확한 데이터 시각화란 무엇일까? 정확한 데이터 시각화란 작성자가 전달하고자 하는 바를 정확하게 전달하면서, 명료하고 설득력 있는 도표를 의미한다. 그리고 중요한 정보가 한눈에 들어오는 차트이면 더욱 좋다. 이 절에서는 다양한 시각화 방식과 차트, 수치, 데이터를 표현할 때 지켜야 할 원칙에 관해 설명하고자 한다.

② 데이터 시각화 작성 순서와 도구

실무에서 일하다 보면 생각보다 차트나 그래프를 그려야 할 일이 많다. 이때 활용할 수 있는 차트 작성 순서와 활용 도구를 알아보자. 차트 작성 순서만 지키고 도구만 바꿔도 디자인 시각화의 수준이 크게 향상될 것이다. 데이터 시각화 작성 순서는 다음과 같다.

〈그림 4-2〉 데이터 시각화 작성 순서

목표 세우기 ➡ 데이터 이해하기 ➡ 시각화 방법 선택하기 ➡ 디자인 시각화 ➡ 검토하기

▌1단계: 목표 세우기

디자인 시각화의 1단계는 목표를 세우는 것이다. 예를 들어 A 제품의 2020년 도 현황을 디자인 시각화하는 상황이라고 가정해 보자. 이 경우 A 제품 담당자라면 A 제품의 긍정적 메시지 위주로 전달하려고 할 것이고, 경쟁사 B 담당자라면 B 제품의 장점을 중심으로 A 제품과 비교하는 메시지를 전달하는 게 목표가 될 수 있다. 또한 디자인 시각화를 소비하는 사람이 누구인지에 따라 목표가 수정되어야 한다. 임원 보고용인지 같은 팀 공유용인지 외부에 공개되는 용도인지에 따라 목표는 수정되어야 한다. 그 목표에 따라 어떤 메시지부터 전달할지, 어

떤 부분을 차트나 그래프로 만들지 정한다.

2단계: 데이터 이해하고 가공하기

목표에 따라 데이터를 수집하고 정리하는 단계이다. 데이터의 형태는 어떻게 되는지, 결측치는 없는지, 필요한 데이터는 모두 수집되었는지 확인한다. 같은 데이터를 가지고 어떻게 가공하느냐에 따라서 결과물이 달라질 수 있으므로 두 번째 단계는 데이터 시각화에 있어 중요하다. 가공에는 데이터 필터링과 변형 등이 있다. 데이터 필터링은 핵심적인 정보를 빠르고 효과적으로 전달하기 위해, 목표에 맞는 데이터를 선별하는 것이다. 필요 없는 데이터는 과감하게 버려야 메시지 전달이 쉬워진다. 데이터 변형은 변수를 조합해서 새로운 변수를 만든다거나 데이터의 표현 방식을 바꾸는 것을 말한다. 예를 들어 일자 변수를 가지고 요일 변수를 새롭게 만든다든지, 원화 기준의 변수를 달러 변수로 바꿔서 숫자 단위를 줄이는 일 등이다.

3단계: 시각화 방법 선택하기

데이터의 종류와 성격 그리고 목표에 맞춰 차트나 그래프를 선택해야 한다. 시간 경과에 따른 데이터 변화를 보여줄 것인지, 각 항목이 전체에서 차지하는 비율을 보여줄 것인지, 항목 간의 순위를 보여줄 것인지, 항목 간의 관계를 보여줄 것인지, 항목 간 비교를 할 것인지에 따라 선택할 차트나 그래프는 달라진다. 이 부분은 다음 절에서 자세하게 설명하겠다.

4단계: 디자인 시각화하기

최근 디자인 시각화의 중요성이 대두되면서, 디자인 시각화 도구가 많아졌다. 게다가 무료로 사용할 수 있는 도구도 있으므로 조금만 사용법을 익히면 훌륭한 디자인 시각화를 할 수 있다. 이 책에서 몇 가지 도구를 추천하고자 한다. 이 도구에서 제공하는 기본 차트나 그래프는 디자인 시각화할 때 지켜야 할 원칙을 잘 준수하고 있어 편리하다.

파워포인트는 버전이 높아지면서 기본으로 제공하는 차트도 훌륭해졌지만, 예전 버전의 경우에는 제대로 된 차트를 만들기 위해서는 여러 번 수정 작업을 해야 한다.

〈그림 4-3〉 구글 데이터 스튜디오: 무료이며 다양한 템플릿을 제공한다.

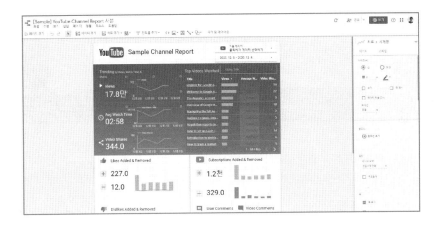

출처: https://datastudio.google.com

〈그림 4-4〉 VISME: 무료이며 도구 사용법을 배우기 쉽다.

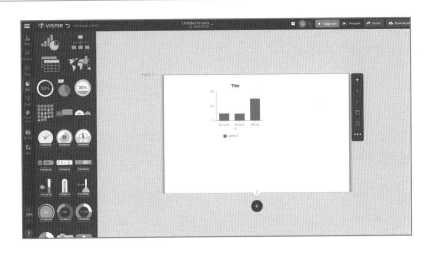

출처: https://www.visme.co

〈그림 4-5〉 태블로: 실무에서 많이 활용되며 유료/무료 버전이 있다.

출처: https://www.tableau.com

▌5단계: 검토하기

데이터 디자인이 작성자 시각이 아닌, 독자 관점에서 메시지가 잘 전달되는지 확인해야 한다. 차트의 요소에 맞게 잘 입력되었는지, 각 차트나 그래프가 가지고 있는 시각화 규칙을 잘 지키고 있는지 한 번 더 확인해야 한다. 관련된 주요 규칙에 대해서는 <데이터 시각화 기본요소>와 <차트 종류별 작성원칙> 절에서 자세하게 안내하겠다.

데이터를 시각화할 때 주로 사용되는 그래프와 차트의 유형을 정리해 보자. 그리고 데이터를 표현할 때 어떤 그래프와 차트를 사용하는 것이 효과적인지 알아보자.

ⓘ 참고

차트는 도형이나 선을 이용해 순서나 흐름을 보여줄 때 주로 사용되고, 그래프는 변화와 움직임을 나타내는 요소가 있을 때 쓰인다. 하지만 이 책에서는 편의상 차트와 그래프의 구분을 하지 않고 사용되었다.

1) 막대그래프

막대그래프(Bar Graph)는 수량 또는 몇 개 범주의 숫자 값을 시각화하는 대표적인 방식이다. 막대그래프는 세로막대 그래프와 가로막대 그래프로 나뉜다. 세로막대 그래프는 시각의 변화에 따른 매출 또는 거래액 등의 '추세 변화'를 표현하기에 적합하다. 특히 과거와 현재의 '비교'가 필요할 때 사용된다.

〈그림 4-6〉 세로막대 그래프

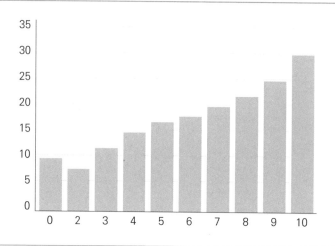

반면, 가로막대 그래프는 서로 다른 범주나 그룹 간의 수치 차이를 표현하기에 적합한 그래프이다. 특히, 가로막대 그래프는 그룹 순위를 표현하는 데 탁월하다. 〈그림 4-7〉처럼 순위를 정렬해서 그래프를 그리면 한눈에 A 그룹이 가장 수치가 높고 E 그룹이 가장 수치가 낮다는 것을 알 수 있다. 또한 세로 막대를 그릴 때 각 막대에 붙은 이름(항목 이름)이 가로로 자리를 많이 차지해서 이름이 겹쳐질 때 '가로막대 그래프'를 사용하는 것을 추천한다.

〈그림 4-7〉 가로막대 그래프

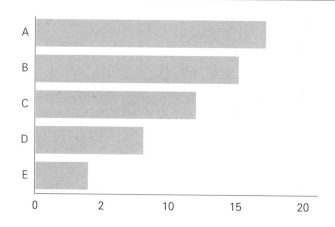

2) 누적 막대그래프

누적 막대그래프(Stacked Bar Graph)는 추세와 범주 간의 기여를 동시에 표현할 때 사용된다. 누적 막대그래프도 누적 세로막대 그래프와 누적 가로막대 그래프로 나뉜다. 누적 세로막대 그래프는 시간의 변화에 따른 지표의 변화와 각 범주나 그룹이 전체 지표에서 차지하는 기여도를 동시에 표현하기에 적합한 그래프이다. <그림 4-8>은 A팀과 B팀의 월간 매출 추세를 나타낸 누적 세로막대 그래프이다.

〈그림 4-8〉 누적 세로막대 그래프

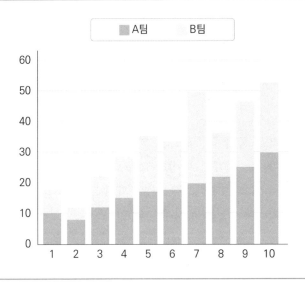

누적 가로막대 그래프는 각 범주나 그룹별 지표의 차이와 전체 지표에 이바지한 그룹별 기여도를 동시에 표현하기에 적합한 그래프이다. <그림 4-9>는 A팀과 B팀의 지역별 매출 추세를 나타낸 누적 가로막대 그래프이다.

<그림 4-9> 누적 가로막대 그래프

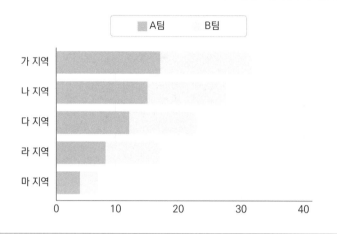

3) 선형 그래프

　선형 그래프(Line Graph)는 데이터 포인트 하나하나에 대한 구체적 정보보다
는 연속적인 데이터 흐름이나 추세를 표현할 때 사용된다. 선형 그래프기 기장
많이 활용되는 데이터는 시계열 데이터(Time Series Data)이다. 시계열 데이터는
일정 기간에 대해 수치를 표현한 데이터로, 과거 5년간의 연도/월별 매출액, 시
간당 광고 인벤토리 추이 등을 예로 들 수 있다.

<그림 4-10> 선형 그래프

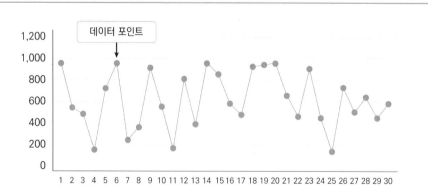

4) 원형 차트

원형 차트(Pie Chart)는 어떤 집단을 개개의 조각으로 나누었을 때 전체에서 차지하는 비율을 표현할 때 사용된다. 파이 차트는 보통 집단이 개수가 적을 때 활용되며, 특히 데이터 세트가 매우 적거나 단순할 때 시각적으로 보기 좋다. 팀별 매출 기여도나 정당별 득표율, 시장점유율 등을 표현할 때 사용된다. 단, 원형 그래프는 제대로 작성하지 않으면 잘못 읽을 가능성이 있으니 주의하자.(작성 방법은 <차트 종류별 작성원칙> 절에서 확인할 수 있다.)

〈그림 4-11〉 원형 그래프

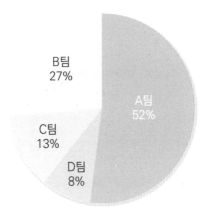

5) 산점도

산점도(Scatter Graph)는 데이터가 흩어져 있는 정도를 표현할 때 사용된다. 특히, 두 지표 x와 y 간 상관관계를 알고자 할 때 효과적으로 사용할 수 있다. 예를 들어 매출과 광고 비용 간에 상관관계를 쉽게 확인하고 싶다면 매출과 광고를 각각 x와 y로 설정하고 산점도를 보면 쉽게 파악이 가능하다. 데이터 분석에서 가장 많이 활용되는 그래프 중 하나이다.

〈그림 4-12〉 산점도 그래프

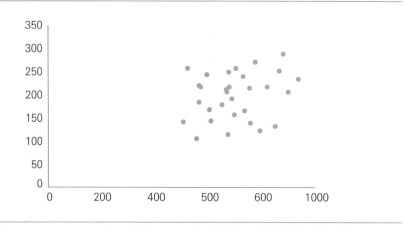

6) 폭포형 그래프

폭포형 그래프(Waterfall Graph)는 항목별 수익－지출 등을 표현할 때 사용된다. <그림 4－13>은 A사의 2017년도 수익과 지출 그래프이다. 이 그래프를 보면, 이익으로 120억이 나고 지출로 70억을 사용해서 영업이익이 50억이라는 것을 한눈에 볼 수 있다.

〈그림 4-13〉 폭포형 그래프

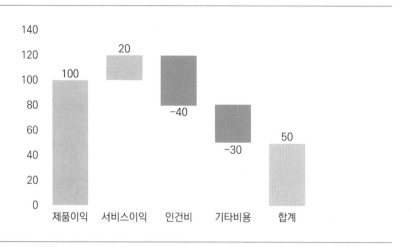

7) 트리맵 그래프

트리맵(Tree-map Graph)은 그룹별 기여도를 표현할 때 사용된다. 상자의 크기가 해당 그룹의 기여도 크기를 뜻한다. <그림 4-14>는 A 회사의 팀별 매출 기여도를 그래프로 표현한 것이다. 원형 그래프보다 트리맵이 직관적이라는 장점이 있어서 많이 사용되는 그래프이다.

〈그림 4-14〉 트리맵 그래프

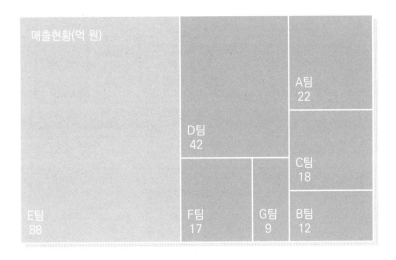

8) 시각화 방법 선택하는 방법

이 책에서 소개한 차트나 그래프 외에도 정말 다양한 차트나 그래프 방식이 있다. 그렇다면 분석 목적이나 데이터에 알맞은 시각화 방법은 어떻게 찾을 수 있을까? <그림 4-15>에 있는 '데이터 시각화 선택하는 방법'을 참고해 보자. 시각화하는 목적은 '비교', '관계', '분포', '구성'으로 나눈다. 먼저 비교는 그룹 간의 비교를 시각화하는 것을 목적으로 하며, 변수의 개수와 시간 기준에 따라 사용되는 그래프가 달라진다. 관계는 변수 간의 관계를 표현하는 것을 목적으로 하며, 2개 변수, 3개 변수에 따라 사용되는 그래프가 달라진다. 참고 변수가 4개 이상이면 2개 변수 간의 조합을 통해 여러 개의 그래프를 보여주는 게 일반적이다. 분포는 데이터의 분산 정도를 보여주는 것이 목적이다. 이 경우 변수가 1개 인지 2개인지에 따라 사용되는 그래프가 달라진다. 마지막으로 구성은 전체 데이터의 기여 또는 비율을 보여주는 것이 목적인 경우이다. 이 경우는 시간이 고정되어 있는지, 짧은 기간인지, 또는 긴 기간인지에 따라 사용되는 그래프가 달라진다.

〈그림 4-15〉 데이터 시각화 선택하는 방법

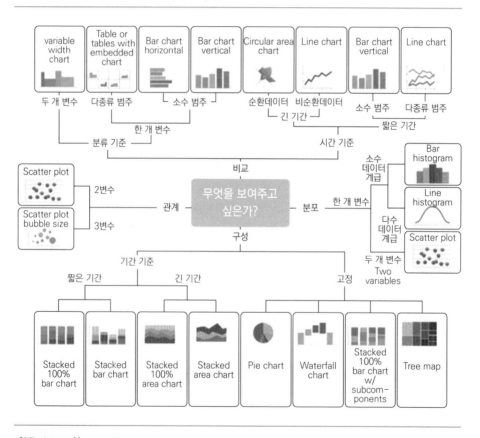

참고: https://www.qlik.com

데이터 시각화 기본요소

데이터 시각화는 숫자, 글자, 색깔, 차트 요소가 조합되어 만들어진다. 구성요소별로 사용방법과 이름을 정확하게 알아야만 좋은 데이터 시각화가 이루어질 수 있다.

1) 숫자

숫자는 데이터 시각화(data visualization)의 시작과 끝이라고 할 수 있다. 이미지가 경향을 보여준다면 숫자는 사실(fact)을 전달한다. 그러므로 시각화에서도 숫자를 다룰 때 유의할 내용이 있다. 먼저 숫자의 끝 처리는 가장 나중에 해야 한다. 소수점이 길어져 반올림할 때도 계산을 한 후에 처리해야 한다. 그렇지 않으면 아래 표처럼 실제 증감률(+33.1%)에 비해 큰 것(+41.7%)처럼 보일 위험이 있다.

	실제 값	반올림 후
2019년	12.4	12
2020년	16.5	17
증감률	+33.1%	+41.7%

숫자를 표현할 때는 참조 대상을 제시해야 메시지 전달이 가능해진다. <그림 4-16(오른쪽 그림)>처럼 올해 A 제품의 '매출액이 5억 원이다'라고 표기하는 것은 메시지의 모호성이 있다. A 제품에 대한 사전지식이 없다면 이 매출액이 큰 것인지 또는 작은 것인지 알 수가 없다. 이 경우에는 최근 A 제품의 5년치 매출액 추이를 제공하면 명확한 메시지 전달이 가능하다. <그림 4-16(왼쪽 그림)>을 보면 3년 전 10억에 비해 올해 매출이 5억으로 50% 감소했다는 메시지가 바로 전달된다. 참조 대상을 제시하는 방법은 분석 대상이 되는 과거 데이터를 보는 것뿐만 아니라 다른 대상과 비교를 통해서도 가능하다. 예를 들어 경쟁사와 비교, 제품별 매출 비중 등이 있다.

〈그림 4-16〉 A 제품 매출액 현황

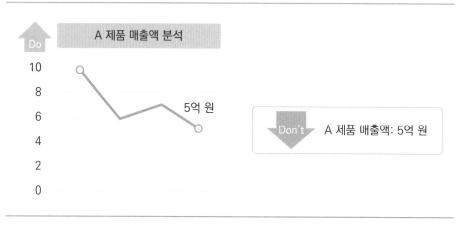

숫자 중에서 백분율을 표현할 때 특히 주의해야 한다. 특히, 백분율 계산은 일반 숫자 계산과는 차이가 있다. 예를 들어 10%에서 20%로 올라갔다면, 10% 상승이 아니라 10%p(10% 포인트) 상승 또는 100% 상승으로 표현해야 한다. 그리고 같은 백분율 숫자여도 모집단의 규모에 따라서 실제 값은 차이가 크게 날 수 있으므로 주의해야 한다. <그림 4-17>에서 보면 중국과 일본에서 A 제품의 매출 비중이 60%로 같다. 하지만 오른쪽 그림처럼 제시하면 실제 값을 가늠하기 어렵다. 이 경우에는 왼쪽 그림처럼 모집단의 규모를 표현하면, A 제품의 매출이 중국은 120억, 일본은 60억으로 차이가 있다고 인식할 수 있다.

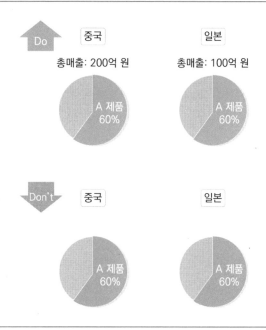

데이터 시각화에서 숫자가 중요한 이유는 같은 숫자로도 다른 메시지 전달이 가능하기 때문이다. 예제를 보면 유튜브 채널별 조회 수와 이용자 수가 있다. 왼쪽 표만 잠깐 보면 '가장 좋은 채널은 A이다'라는 메시지가 전달된다. 왜냐하면, 조회 수와 이용자 수가 가장 높기 때문이다. 그러나 같은 숫자이지만 1인당 시청한 동영상 수(조회 수/이용자 수)라는 새로운 지표를 만들면 결과가 달라진다. 채널 B가 4.0개로 가장 높게 나타난다. 즉, 채널 B는 인당 시청한 동영상 수가 높은, 즉 시청자 충성도 높은 유튜브 채널이라는 메시지로 전달할 수 있다.

<그림 4-18> 유튜브 채널별 조회 수와 이용자 수

유튜브 채널	조회 수	이용자 수
A	240	100
B	160	40
C	140	70

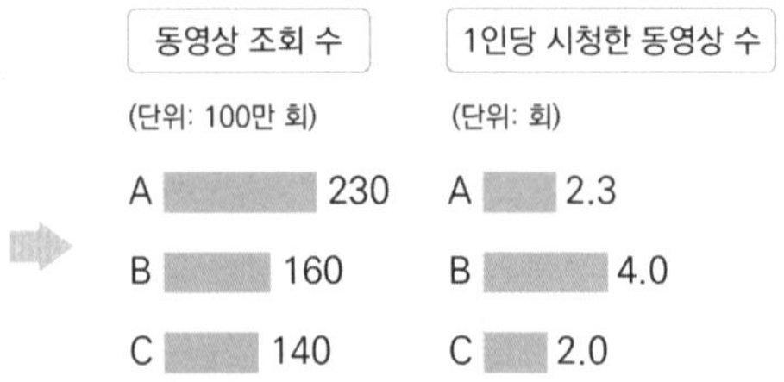

동영상 조회 수 (단위: 100만 회)		1인당 시청한 동영상 수 (단위: 회)	
A	230	A	2.3
B	160	B	4.0
C	140	C	2.0

같은 숫자로 다른 메시지를 전달한 또 다른 방법은 <그림 4-19>와 같다. 그림은 영화 카테고리 내 유튜브 채널별 조회 수를 보여주고 있다. 오른쪽 그림을 보면 8월과 9월에 변화가 잘 두드러져서 보이지 않고 메시지가 모호하다. 하지만 왼쪽 그림에서 보면 A 채널이 8월에 약 20%에서 9월 약 30%로 10%p 성장한 걸 한눈에 볼 수 있다. 즉, 데이터 시각화는 전달하고자 하는 메시지를 생각해서 편집해야 설득력이 강해진다. 그리고 작성자의 의도에 따라, 같은 숫자도 다르게 표현될 수 있으므로 유의해야 한다.

<그림 4-19> 월별 유튜브 채널별 재생수 비교

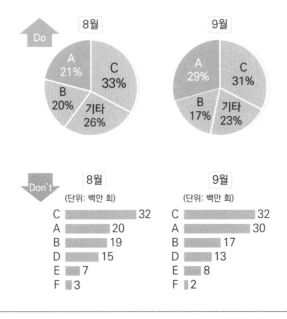

2) 글자

데이터 시각화에 있어 표나 차트를 설명하는 글자는 꼭 들어가야 하는 요소이다. 글자는 가장 정확한 정보 전달 요소이기 때문에 글자와 관련된 글자 모양을 고르는 일은 중요하다. 데이터 시각화를 할 때 글자 모양을 선택하는 기준은 '가독성'이다. 아무리 예쁘더라도 글자 모양이 어울리지 않으면 완성도가 떨어지고 메시지 전달력도 낮아진다. 다시 한번 강조하지만, 글자 모양의 선택은 순수하게 가독성만을 고려해야 한다. 가능한 한 단순하면서 스타일은 간결해야 한다. 글자 모양과 관련된 몇 가지 규칙은 다음과 같다.

- 가독성이 좋은 폰트와 크기를 고른다.
- 한 차트에 들어가는 폰트는 1개면 충분하다.
- 축의 숫자는 굵게 표시하지 않는다.
- 글꼴을 기울인다면 폰트 크기를 줄이거나 다른 차트로 변경하라.
- 검은 배경에 흰 글씨는 쓰지 않는다.
- 볼드체와 이탤릭체를 동시에 중복해서 사용하지 않는다.

위 규칙에 근거해 아래 예제를 작성해 보았다. 한눈에 봐도 아래의 디자인 시각화보다 위의 디자인 시각화의 가독성이 높은 것을 알 수 있다.

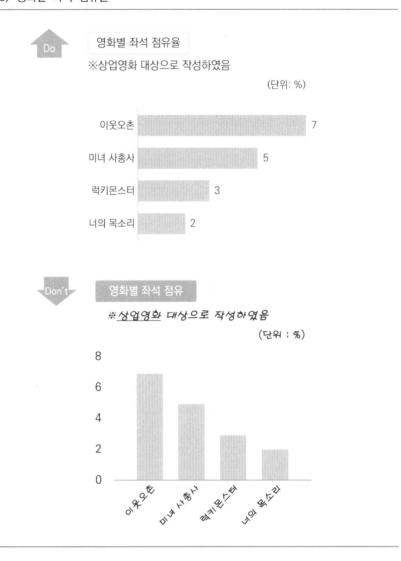

3) 색깔

색은 형태를 아름답게 할 뿐 아니라, 의미를 전달하는 데 사용된다. 디자인 시각화에서도 색은 중요한 정보 역할을 한다. 그렇기에 색을 선택하는 과정에서, 모두가 만족하는 색깔을 고르는 건 쉽지 않은 작업이다. 사람마다 색깔에 따라 느끼는 감정 또는 호감이 조금씩 다르기 때문이다. 다행히, 디자인 시각화에서는 색깔 선택 기준과 가이드가 있으므로 색 선택이 비교적 명확하다. 디자인 시각화에서 색깔 기준과 가이드를 이해하기 위해서는 먼저 색의 3요소를 이해해야 한다. 색의 3요소는 색상, 명도, 채도이다.

〈그림 4-21〉 색의 3요소

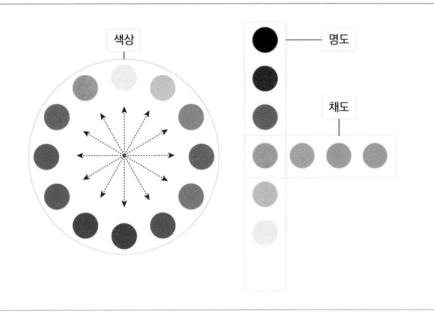

　첫 번째로 색상은 빨간색, 파란색, 보라색처럼 색 자체가 갖는 고유의 특성을 말한다. 그리고 색상의 위치와 변화를 쉽게 이해할 수 있도록 둥근 도넛 형태로 색을 배치한 것을 색상환이라고 한다. 색상환에서 가까울수록 유사 색이며, 점점 멀어져서 서로 마주 보게 되면 보색이라고 한다. 유사 색을 사용하면 비슷한 메시지를 전달할 수 있고 보색을 사용하면 메시지를 강조할 수 있다. 두 번째로 명도는 밝고 어두운 정도를 나타낸다. 명도가 100이 되면 하얀색이 되고, 명도가 0이 되면 검정이 된다. 세 번째로 채도는 진하고 옅은 정도를 나타낸다. 채도가 높아지면 색상이 선명해지고 채도가 낮아지면 회색이 된다. 색깔을 선택할 때도 글자처럼 몇 가지 중요한 규칙이 있다.

▌같은 항목은 같은 색상을 사용한다.

아래 예제의 왼쪽 그래프처럼 막대나 파이마다 색을 다르게 적용하면, 시각이 색깔에 주목하고 메시지 전달이 잘 안 된다. 가능한 한 색상은 최소한으로 사용하는 것이 좋다.

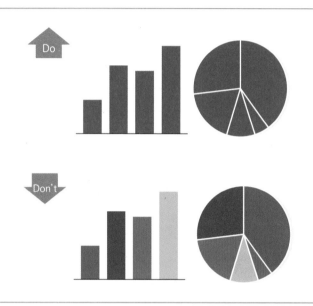

▌더 짙은 색상이나 보색을 사용하여 핵심을 강조할 수 있다.

강조할 데이터가 한두 개가 있다면 색상 차이를 이용하는 것이 좋다. 특히, 보색을 사용하면 더욱 강하게 강조할 수 있다. 다른 방법으로는 강조할 데이터만 유채색을 쓰고 나머지는 무채색(회색)을 쓰는 것도 좋은 방법이다.

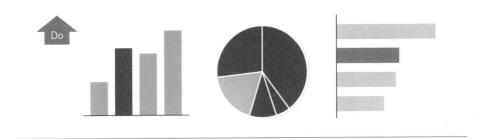

▌ 항목이 여러 개면 명도를 다르게 하거나 유사 색을 사용하라.

여러 항목은 색상환이 가까운 쪽에 있는 색상을 써서 같은 톤을 유지하면 좋다. 또는 명도 변화를 이용해서 배색하면 그래프가 안정적으로 보여 메시지 전달에 효과적이다.

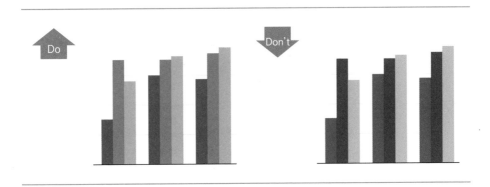

▌ 색깔 고유의 상징을 활용하라.

색깔은 각 색깔이 가지는 고유의 의미가 있다. 빨간색은 정열적인 색으로 평가받는다. 파란색은 보수적이며 신뢰감을 높이는 색이다. 노란색은 서양에서는 쾌활함을 드러내는 색인 반면 아시아권에서는 성스러운 색으로 쓰인다. 색깔 의미와 함께 관습적인 사용방법도 있다. 대표적으로 디자인 시각화에서 빨간색은 음수를 표현할 때 사용한다. 관습적인 방법으로 색깔을 선택하면 메시지 전달이 쉬워진다.

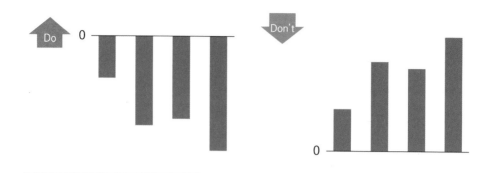

추가로, 브랜드는 저마다 고유의 색깔이 있다. 유튜브는 빨간색, 네이버는 초록색, 카카오는 노란색 등이 있다. 브랜드와 관련된 디자인을 시각화할 때는 브랜드의 고유 색깔을 고려하여 디자인해야 한다. <그림 4-22>처럼 막대의 색깔을 브랜드 고유 색깔을 쓰게 되면 사람은 비교 대상이 무엇인지 혼란이 올 수 있다.

〈그림 4-22〉 한국인이 오래 사용하는 앱

출처: 와이즈앱

4) 차트 요소

차트를 구성하는 요소에 대한 이름도 알아둘 필요가 있다. 차트는 기본적으로 '가로축'과 '세로축'으로 구성된다. 축을 쉽게 보기 위해 '눈금선'이나 '축제목'을 이용하기도 한다. 축을 통해 차트의 바탕을 만들었다면, 측정기준(Dimension)과 측정항목(Metric)으로 내용을 채운다. 측정기준은 데이터의 속성이다. 예를 들어 연도별 국가 매출액 비교를 한다면 연도가 첫 번째 측정기준이고 국가가 두 번째 측정기준이 된다. 차트에서는 이를 각각 '항목'과 '계열'이라고 부른다. 항목과 계열을 정리해서 보여주는 것을 '범례'라고 부른다. 측정항목은 정량적 측정 요소이다. 연도별 국가 매출액이라는 예에서는 매출액이 측정항목이 된다. 이를 디자인 시각화에서 숫자로 표현한다면 이를 '데이터 레이블'이라고 부른다.

〈그림 4-23〉 차트 요소 정리

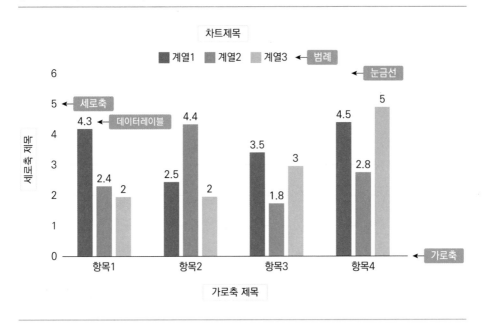

5 차트 종류별 작성원칙

이번 절에서는 주요 차트/그래프별 작성원칙에 대해 알아보도록 하자. 이 책은 "월스트리트저널 인포그래픽 가이드(도나 M. 웡 지음)"를 참고했음을 밝힌다.

1) 세로막대 그래프 작성원칙

▎Y축은 자연스러운 증가분 단위를 사용한다.

Y축의 단위는 2, 5, 10단위가 일반적이다. 3, 7, 9같이 복잡한 단위는 선 사이의 숫자를 인식하기 어렵다. 아래 예제의 오른쪽 그래프처럼 Y축을 7단위로 하면 막대의 숫자를 인식하기 어렵다.

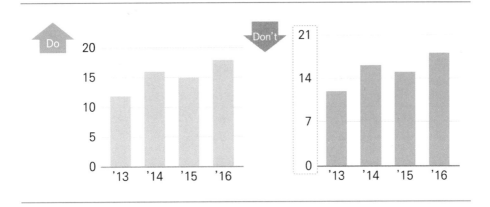

▌기준선은 반드시 '0'에서 시작한다.

　세로막대 그래프는 막대 길이로 항목을 비교하므로 기준선 설정이 중요하다. 기준선의 시작이 0이 아니게 되면 정보가 왜곡될 수 있다. 아래 예시도 오른쪽과 왼쪽 그래프는 같은 데이터이지만 왼쪽보다 오른쪽이 연도별 변화가 심해 보인다.

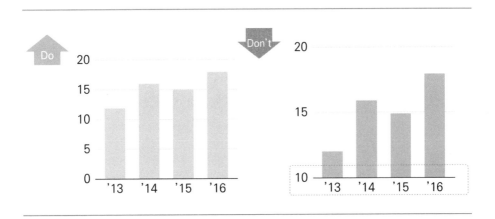

▎막대 패턴은 정확한 정보를 주는 형태로 작성해야 한다.

막대에 다양한 패턴이 있으면 데이터값을 한눈에 파악하는 데 어려움을 준다. 가능한 한 막대 패턴은 일정하게 유지하는 것이 좋고 강조하는 항목에 한두 개만 색을 다르게 해서 강조하는 것이 좋다. 또한 3D 수직 막대, 그림자 효과는 데이터를 읽기 매우 어려워지니 사용하지 말자.

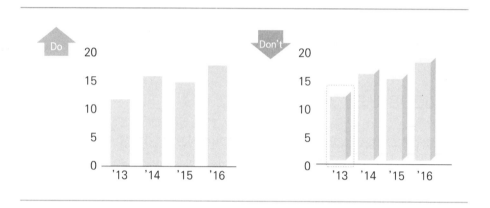

▎막대 색깔과 범례 순서를 읽기 쉽게 작성한다.

막대 색깔을 지정할 때는 옅은 색에서 짙은 색 순서로 명도를 다르게 해서 한다. 명도 순서와 막대 순서가 섞이게 되면 얼룩말 무늬가 되어서 항목 간 비교를 어렵게 한다. 또한 범례 순서도 막대 순서와 반드시 같게 지정한다.

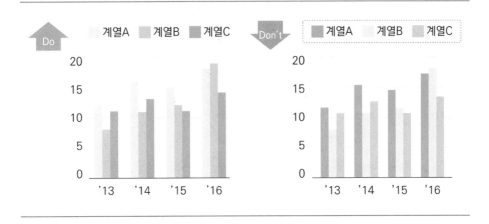

2) 가로막대 그래프 작성원칙

▌ 순위별로 배치한다.

 가로 막대그래프는 같은 속성에 따른 순위로 정렬을 한다. 임의로 배열하면 가로 막대그래프의 본래 목적을 훼손하게 된다. 참고로 정렬을 일반적으로는 내림차순(1위부터 차례순으로)으로 배치하는 것이 데이터를 해석하는 데 쉽다.

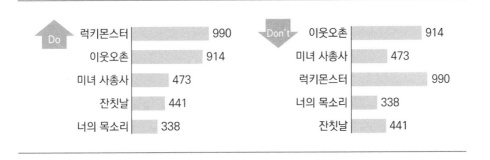

▌눈금 선과 가로축은 생략한다.

가로막대 그래프는 세로막대 그래프보다 항목 간 비교가 쉽지가 않다. 차트 요소를 간결하게 해서 항목 간 순위에 집중하게 하는 것이 시각적으로 효과적이다.

▌음수는 왼쪽에 배치한다.

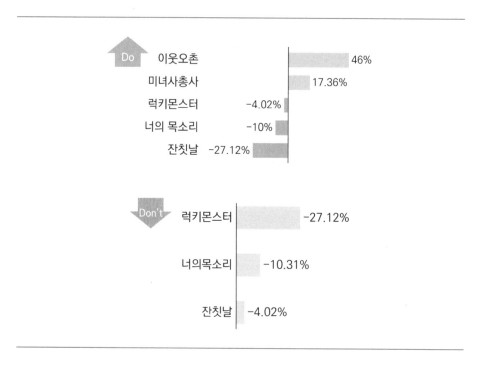

데이터 중에 음수가 있는 0 기준선의 왼쪽에 배치해야 한다. 오른쪽에 배치하면 양수로 오해하기 쉽다.

3) 선형 그래프 작성원칙

▌세로축 척도는 선 그래프가 2/3 영역을 차지하도록 작성한다.

선형 그래프는 기울기가 너무 평평하면 메시지가 분명하지 않고 가파르면 과장되기 쉽다. 세로축의 최댓값과 최솟값은 선 그래프가 2/3 영역을 차지하도록 설정한다.

ⓘ 참고

선형 그래프의 기준선은 0일 필요가 없다!

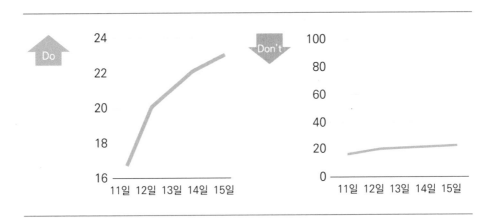

▌선 바로 옆에 항목명을 보여줘라.

범례가 선과 떨어져 있으면 선 사이의 관계에 집중하기 어렵다. 선을 한번 보고 다시 범례를 확인하는 수고가 생기지 않도록 선 바로 옆에 항목명을 보여주면 독자가 이해하기 쉽다.

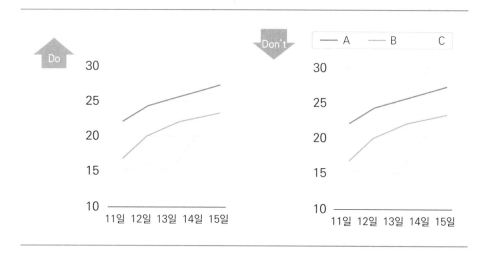

▌같은 세로축 척도 증감률을 사용해라.

　서로 비교하는 데이터의 숫자의 차이가 있으면 세로축 척도의 증가를 절댓값이 아닌 비율로 해야 한다. 아래 예시 오른쪽 그림처럼 Y축 척도 단위를 2로 하면 B의 증가가 실제보다 가파르게 보일 수 있다. 이때는 왼쪽 그림처럼 중앙값 기준 비율을 같이 하면 좋다. A는 중앙값 20 기준 10%인 2단위, B는 중앙값 100 기준 10%인 10단위로 세로축 척도 증감을 하면 비교가 쉬워진다.

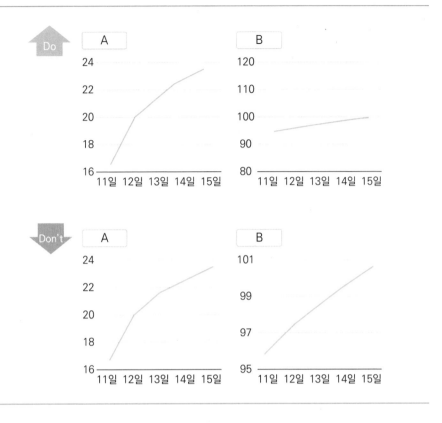

4) 원형 차트 작성원칙

▌가장 큰 조각은 오른쪽, 나머지는 크기 순서대로 왼쪽에 배치한다.

원형 차트는 많이 사용되지만, 작성이 간단하지 않은 차트이다. 특히 조각의 순서를 지정하는 것은 쉽지 않다. 가장 큰 조각을 12시 정각 기준 오른쪽에 배치한 다음, 두 번째 큰 조각부터는 12시 정각 기준 왼쪽에서부터 시계 반대 방향으로 배치한다. 12시 기준으로 오른쪽과 왼쪽에 큰 조각들이 있어야 데이터가 차지하는 비중을 보는 데 효과적이다.(작성이 쉽지 않다면 최소한 12시 정각 기준으로 가장 큰 조각을 오른쪽에 배치하고 시계방향으로 조각을 순서대로 배치해야 한다.)

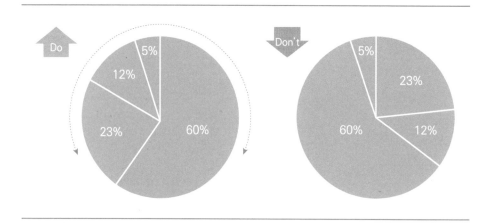

비교할 때는 반지름이 아닌 면적을 사용해야 한다.

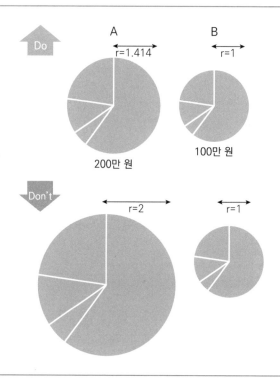

두 원형 그래프를 비교할 때 시장 규모가 다르다면 원 면적을 이용해야 한다. 예시처럼 A와 B의 차이를 표현하기 위해 반지름의 차이를 2배를 하면 실제 면적의 차이는 4배 차이가 난다. 반지름이 1인 원의 2배를 표현하고 싶다면 반지름이 약 1.414인 원을 그려야 한다.

(i) 참고

원의 넓이를 구하는 공식 $S = \pi r^2$

데이터 시각화를 활용한 분석기법

이번 절에서는 데이터 시각화(data visualization)를 활용한 분석기법을 소개하고자 한다. 대표적인 분석기법으로 퍼널 분석(Funnel Analysis)과 코호트 분석(Cohort Analysis)이 있다. 이 기법들은 스타트업이나 퍼포먼스 마케팅(Performance Marketing)을 하는 회사에서 널리 사용되고 있다.

〈그림 4-24〉 퍼널 분석(좌)과 코호트 분석(우)

1) 퍼널 분석

퍼널 분석은 깔때기 분석이라고도 불리는데 그 이유는 시각화했을 때 형상이 깔때기 모양이기 때문이다. 퍼널 분석은 특정 목표 달성을 위한 사용자 행동을 단계별로 분석하는 데이터 분석 방법이다. 일반적으로 퍼널 분석은 AARRR 구조 기반으로 분석을 한다. AARRR 프레임은 미국의 스타트업을 지원하는 회사인 500 Startups 설립자 데이브 매클루어(Dave McClure)가 개발하였다. 스타트업이나 서비스 회사는 서비스를 효과적으로 사람들에게 알리고 사용자를 꾸준히 확보해 수익을 내는 것이 목표이다. AARRR는 각 회사나 서비스의 현시점에서 가장 핵심적인 지표가 무엇인지 바로 알 수 있으므로, 분석할 인력이나 시간이 충분하지 않은 회사에 널리 사용되고 있다. 핵심 지표는 5단계로 Acquisition, Activation, Retention, Referral, Revenue로 구분한다. 각 단계에 대한 설명과 참고 지표는 다음과 같다.

단계	설명	참고 지표
Acquisition	이용자들을 얼마나 획득했는가?	DAU, MAU
Activation	이용자들이 우리 서비스를 이용하는가?	Duration Time
Retention	첫 방문 후 재방문을 하는가?	Retention Rate
Referral	자발적인 공유나 서비스 추천이 일어나는가?	Share Rate
Revenue	최종 목적으로 전환되는가?	Conversion

〈그림 4-25〉 AARRR 구조

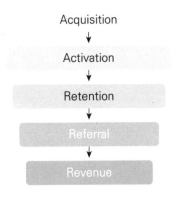

AARRR 구조 기반의 퍼널 분석 방법은 다음과 같다. 우리 서비스가 특정 기간 획득한 이용자를 100%로 설정하고 단계별로 이탈률을 측정하면 된다. 예를 들어 12월 첫 번째 동안에 A 모바일 애플리케이션에 100명의 이용자가 설치했는데, 그중에서 실제 서비스를 이용한 사람은 60명이고, 첫 방문 이후 재방문한 이용자가 40명, 그리고 서비스 내 콘텐츠를 공유나 앱스토어 리뷰를 남긴 이용자는 30명, 마지막으로 결제까지 한 사람은 25명이라고 하자. 이를 퍼널 분석을 하게 되면 아래와 같다.

〈그림 4-26〉 퍼널 분석 예시

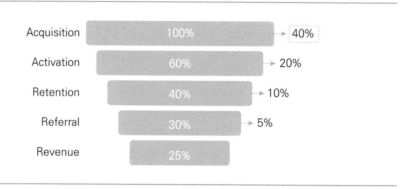

예시처럼 시각화하고 나면 A 서비스의 문제점이 바로 보인다. 다시 말해, 가장 이탈률이 높은 단계부터 개선 방안을 도출하는 것이다. 예시에서는 Activation 단계에서 40%나 이탈하는 것을 알 수 있다. 이 경우에는 애플리케이션을 설치하고 실제 서비스를 이용자가 적기 때문에 초기 이용자에게 쿠폰이나 이벤트를 진행해서 이탈률을 줄이는 것을 고민할 수 있다. 퍼널 분석의 시각화 방법은 아래와 같이 매우 다양하지만, 분석 방법은 같다.

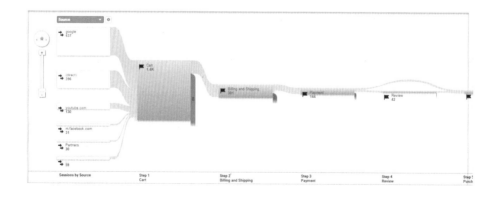

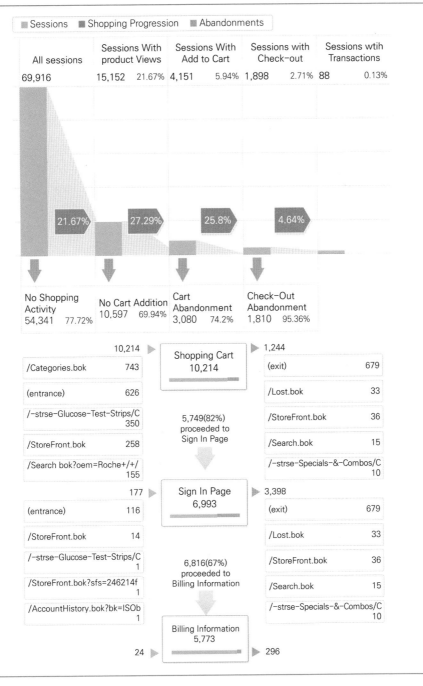

출처: 구글 이미지

2) 코호트 분석

코호트 분석은 특정 기간 동안 같은 특성을 가진 사용자를 그룹으로 나눠서 분석하는 방법이다. 코호트 분석을 나누는 기준은 매우 다양하다. 지역, 연령, 성별, 검색 경로, 구매 여부 등이 있다. 그러나 디지털 비즈니스에서는 주로 가입일 기준으로 코호트 분석이 시행된다. 여기서 가입일 기준은 주간(Weekly) 또는 월간(Monthly)으로 하고 일간(Daily)으로는 분석을 잘 하지 않는다. 그 이유는 사용자들이 요일별(또는 평일과 주말)로 사용 패턴이 다르기 때문이다. 코호트 분석을 통해 1) 사용자 유지율(Retention Rate)이나 2) 코호트 간 행동 패턴을 파악해 인사이트를 도출한다.

〈그림 4-28〉 코호트 분석

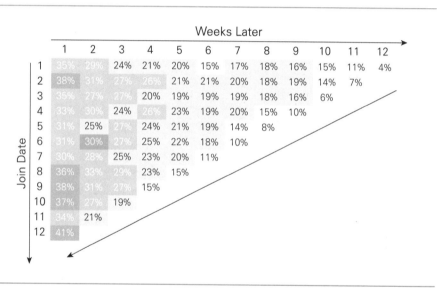

출처: 구글 이미지

코호트 분석을 하는 방법은 다음과 같다. 먼저 시간의 추이에 따라 코호트를 구성한다(예: 1월 가입자 코호트, 2월 가입자 코호트 등). 그리고 지표를 지정한다. 예시에서는 시간에 따른 월별 이용자 유지율로 정했다. 코호트 분석에서는 주로 절댓값이 아닌 백분율로 표현하는데 그 이유는 가입 월별 n개월 유지비율을 비교하기 쉽기 때문이다. 마지막으로 각 코호트 간의 차이를 비교한다. 예시에서는 4월 가입자들이 다른 달에 비해 시간이 지남에 따라 유지율이 급속하게 낮아지는 것을 볼 수 있다. 이 경우에는 4월 가입자 대상의 이벤트나 프로모션 등을 통해 유지율을 높이는 전략을 세워볼 수 있다.

〈그림 4-29〉 코호트 분석 예시

		이용월								
		M+0	M+1	M+2	M+3	M+4	M+5	M+6	M+7	M+8
가입월	1월	100%	80%	68%	61%	58%	56%	55%	54%	53%
	2월	100%	85%	77%	73%	71%	70%	68%	67%	
	3월	100%	75%	60%	51%	45%	40%	36%		
	4월	100%	60%	42%	34%	27%	23%			
	5월	100%	80%	68%	63%	60%				
	6월	100%	85%	77%	73%					

프로그래밍 기초

1. 프로그래밍과 파이썬

2. 비전공자도 프로그래밍을 배워야 하는 이유

3. 실습환경 구성하기

4. 프로그래밍 연산

5. 기초 문법

6. 조건문

7. 반복문

8. 함수와 라이브러리

프로그래밍과 파이썬

프로그래밍의 사전적 의미는 주어진 명령을 컴퓨터가 이해할 수 있는 언어로 입력하는 것이다. 컴퓨터는 기초 지식이나 편견이 없는 상태로 주어진 명령을 논리적으로 수행한다. 즉, 컴퓨터의 명령 수행 방식을 이해하기 위해서는 논리적인 사고가 필수적이다. 이 책은 이러한 사고 체계에 대해 소개하고 프로그래밍 기반 데이터 분석 방법을 알려주고자 한다.

프로그래밍은 언어(Language)이다. 일반적으로 언어라고 하면 다른 사람과 대화하기 위해 사용하는 방법이라고 생각한다. 그런데 언어는 컴퓨터와 대화하기 위해서도 필요하다. 특히 전 세계적으로 인공지능(AI), 사물인터넷을 비롯해 4차 산업혁명과 관련된 핵심 기술이 전 세계를 휩쓸고 있는 상황에서 인공지능을 생활 일부로 받아들이기 위해서는 컴퓨터와 소통하는 방법을 배워야 한다. 컴퓨터와 대화할 수 있는 언어 능력, 이것이 바로 프로그래밍이다.

즉 프로그래밍은 컴퓨터와 대화하는 행위이다. 컴퓨터는 오직 0과 1로 이루어진 이진 코드 언어만 이해한다. 인간의 언어는 한국어, 영어, 중국어, 일본어 등 다양하지만, 대표 언어로 영어가 존재한다. 인간은 영어 기반으로 컴퓨터와 대화하기 위해서 프로그램 언어(Programming language)를 만들었다. 이 프로그램 언어가 통역사 역할을 한다. 즉, 우리가 코드를 작성하면 프로그램 언어가 코드를 컴퓨터가 이해할 수 있게 0과 1로 구성한 컴퓨터 언어로 바꿔서 전달한다.

여기 두 명의 통역사가 있다. 첫 번째 통역사는 비용이 저렴한 대신에 전달할 말을 정확하게 하지 않으면 제대로 통역을 해 주지 못한다. 두 번째 통역사는 비용이 비싼 대신에 대충 말해도 문맥이나 상황을 파악해서 정확하게 통역을 해 준다. 프로그램 언어도 저수준 언어와 고수준 언어로 구분된다. 여기서 저수준 언어는 첫 번째 통역사에 해당하며, C나 어셈블리어가 있다. 고수준 언어는 두 번째 통역사에 해당하며, Python, Ruby, Go 등이 있다. 비용은 컴퓨팅 파워인데, 최근에는 컴퓨터 성능이 좋아져서 컴퓨팅 파워에 대한 부담이 많이 줄었다. 그렇다면 고수준 언어 중에서 어떤 프로그램을 배우면 좋을까? 각기 프로그램 언어마다 장단이 있지만, 초보자가 배운다면 저자는 '파이썬'을 추천한다.

파이썬은 1991년 귀도 반 로선이 발표한 프로그래밍 언어이다. 파이썬은 초보자가 쉽게 배울 수 있으므로, 이를 익히면 다른 프로그램 언어도 쉽게 익힐 수 있다. 파이썬의 장점은 세 가지로 요약할 수 있다. 첫 번째 장점은 무료이고 사용하기 쉽다는 것이다. 두 번째 장점은 데이터 분석에 적합한 다양한 라이브러리(기능)를 제공한다는 점이다. 마지막 장점은 세계적으로 사용자 규모가 가장 크다는 점이다. 사용자 규모가 크기 때문에 프로그래밍 중 문제를 쉽게 파악할 수 있고 훌륭한 프로그래머의 코드도 무료로 사용할 수 있다.

2 비전공자도 프로그래밍을 배워야 하는 이유

코딩은 비전공자를 포함한 모두가 배워야 한다.

코딩을 배우면 세상이 돌아가는 방식을 알 수 있기 때문이다. 21세기 산업을 이끄는 것은 소프트웨어이다. 다시 말해, 현장에서 업무를 담당하기 위해서는 프로그래밍을 전공하지 않더라도 이러한 것들이 동작하는 원리를 배워야 한다. 코딩에 관해 알게 되면 업무를 더 효율적으로 하는 데 도움이 된다. 더 나아가 프로그래밍씽킹을 배우고 나면, 일상생활에서 문제를 더 빠르게 발견할 수 있게 되고 이를 해결하는 능력을 기를 수 있다. 컴퓨터는 컴퓨터 자체를 위해 존재하는 것이 아니라 우리의 생활을 편리하게 해 주고 우리 주변의 현실 문제를 해결하기 위해 존재하는 것이기 때문이다.

코딩은 이제 개발자들만의 소유물이 아니다. 코딩은 이미 데이터 분석, 의학, 마케팅 등 다양한 분야에서 널리 사용되고 있다. 자신이 어떤 분야에 속해 있건 간에 코딩 기술이 있다면 이를 업무에 활용함으로써 자신의 경쟁력을 높일 수 있다. 마케터들도 코딩을 통해 자신에게 꼭 맞는 프로그램을 만들어낸다면, 매체에서 집행된 광고 결과들을 일일이 수작업으로 취합할 필요 없이 키보드를 한 번만 누르면 자동으로 데이터를 취합해서 결과까지 원하는 포맷으로 출력할 수 있다. 그리 복잡하지 않은 코딩만으로도 회사에서 자신의 가치를 인정받을 수 있게 되는 것이다.

특히, 데이터 분석에 있어 비싼 상용 데이터 분석 소프트웨어(예: SPSS, SAS 등)를 사지 않아도 훨씬 다양한 분석을 할 수 있다. 또한 시각화도 주로 사용되는 마이크로소프트사의 파워포인트나 유료 소프트웨어(예: Tableau 등) 없이 복잡한 데이터를 아름답게 표현할 수 있다. 더욱이 전 세계에 훌륭한 데이터 분석가들이 자신이 분석에 활용했던 코드나 알고리즘을 무료로 공개하고 있다. 우리가 할 일은 문제를 잘 정의하고 데이터를 수집해서, 그들이 올린 코드나 알고리즘을 잘 활용하면 된다.

중요한 사실! 프로그래밍 자체를 배우는 데 집중하기보다는 데이터 분석에 활용되는 도구로 프로그래밍을 배운다는 사실을 잊지 말기 바란다. 우리는 훌륭한 프로그래머가 되거나 세상을 바꿀 소프트웨어를 만들고자 하는 것이 아니다. 데이터를 분석하는 방법을 배우고자 한다. 데이터에 맞게 변수명을 변경하고, 분석 시 어떤 알고리즘을 사용하는 것이 효과적일지 판단해서 남이 만든 코드를 잘 활용할 수 있는 수준, 딱 그 수준이면 된다. 이 책의 내용이 여러분의 프로그래밍 기반의 데이터 분석 능력을 획득하는 가이드가 되길 희망한다.

실습환경 구성하기

　이 책의 실습환경은 구글이 교육과 과학 연구를 목적으로 개발한 코랩 (Colab)을 활용하고자 한다. 구글 코랩은 클라우드 기반의 무료 파이썬 개발 환경[13]이다. 사실 실습환경을 준비하는 과정도 프로그래밍을 처음 시작하는 사용자에게는 쉽지 않은 작업이다. 단순히 프로그램을 설치뿐 아니라 경로 설정이나, OS에 맞는 파이썬 설치, 추가 대화형 개발 환경(IDLE) 구성하기 등 머리 아픈 과정이 있다. 이런 어려운 과정을, 코랩은 구글 드라이브, 구글 클라우드 등과 연계하여 개발 환경설정을 손쉽게 할 수 있도록 제공하고 있다.

　코랩의 장단점을 정리하면 다음과 같다. 먼저 첫 번째 장점으로는 무료라는 점이다. 코랩은 구글 계정만 있으면 무료로 사용할 수 있다. 두 번째 장점은 클라우드 기반이기 때문에, 인터넷 브라우저(예: 구글 크롬, 마이크로소프트 엣지 등)만 있으면 언제 어디서든 코랩에 접속하여 개발할 수 있다. 심지어 모바일에서도 작업할 수 있다. 세 번째 장점은 AI 분석을 위한 GPU(Graphics Processing Unit)를 사용할 수 있다. GPU는 그래픽 처리를 위한 고성능의 프로세서이다. GPU는 상대적으로 적은 자원으로 복잡한 계산을 손쉽게 처리할 수 있다. 마지막으로 학습하기 편하다는 장점이 있다. 코랩은 공유가 쉽고, 목차기능을 포함한 강력한 마크다운 기능이 있어서 코드를 찾기 편하고, 오류 발생 시 네이버 지식인과 같은 지식공유 사이트(STACK OVERFLOW)에 비슷한 질문과 답변을 즉각 보여주는 기능 등이 있다. 또한 AI 분석에 필요한 중요한 라이브러리(예:

---

13) 구글에서 2017년에 무료로 공개하였다.

NUMPY, PANDAS 등)가 미리 설치되어 있다. 이런 장점 때문에 프로그래밍을 처음 접하는 초보자에게는 최고의 실습환경이라고 할 수 있다.

하지만 단점도 존재한다. 첫 번째로 코드 작업 중에 아무것도 안 하게 되면 연결이 끊기게 된다. 연결이 끊기게 되면 데이터가 날아간다. 다만 소스 코드는 항상 '.ipynd' 확장자 파일로 구글 드라이브에 안전하게 보관된다. 두 번째로 상대적으로 속도가 느리다. 인터넷 환경을 통해 다른 서버를 빌려서 사용하기 때문에(다시 말해, 클라우드) 고성능 PC에 비해 느리게 느껴진다. 더욱 상세한 내용은 구글 코랩 공식 페이지(https://colab.research.google.com/notebooks/welcome.ipynb)에 접속해서 확인해 보길 추천한다.

1) 구글 코랩 환경 설정하기

구글 코랩을 사용하기 위해서는 구글 계정이 필요하다. 구글 계정으로 로그인 이후 아래와 같이 설정해 보자. 참고로 본 책에서 활용한 구글 코랩은 2020년 12월 기준이다. 향후 구글 코랩이 업데이트할 경우 설정 화면이 조금 변경될 수 있다.

① https://drive.google.com에 접속 후, 우클릭하여 다음과 같이 test 폴더 (또는 디지털 애널리틱스)를 만든다.

② 드라이브 메인화면에서 → 톱니바퀴 모양 버튼 클릭 → 설정을 클릭한다.

③ 팝업의 좌측 메뉴 앱 관리 클릭 → Google Colaboratory 우측의 기본값으로 사용 체크 상자 클릭 → 완료를 클릭한다.

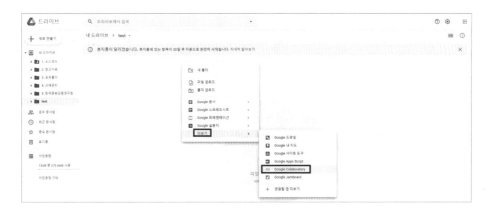

④ Untitled0.ipynb 확장자 파일이 등장했다. 상단 메뉴의 도구 → 설정을 클릭한다.

⑤ 팝업이 등장한다. 원하는 주제(light, dark 등)를 선택 후, 체크 상자들을 클릭한다.

⑥ (좌측) 편집기 탭 클릭 → 글꼴 크기 설정 → 들여쓰기 4 선택 → 체크 상자 5개 체크

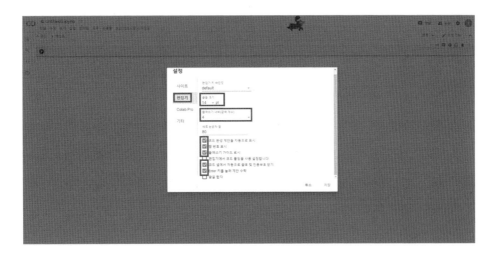

⑦ 아래 그림과 같이 연결 버튼을 클릭한다. '할당 중… → 연결 중… → 초기화 중…'으로 텍스트가 변경되며, 최종 RAM, 디스크 사용량 막대그래프가 나온다.

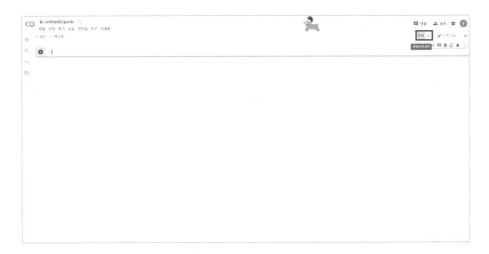

⑧ 파일 이름을 클릭하여 test.ipynb로 이름을 변경하자. 이제 모든 준비는 끝났다.

2) 구글 코랩 둘러보기

구글 코랩에서 주로 많이 활용되는 메뉴는 ① 목차, ② 파일 탐색기, ③ RAM/디스크, ④ 댓글, ⑤ 공유가 있다. 첫 번째 목차에서는 마크다운으로 작업한 '작업 리스트'가 보인다. 마크다운에 대해서는 별도로 설명하겠다. 목차는 내가 원하는 작업의 위치로 바로 이동해서 수정이나 변경을 할 수 있으므로 활용도가 높다. 두 번째 파일 탐색기에서는 분석을 위해 올린 데이터파일, 구글에서 제공하는 샘플 데이터, 내 구글 드라이브 탐색기 연동이 가능하다. 세 번째로 RAM/리스크는 구글 코랩에 접속 직후에는 '연결'이라고 표시된다. 연결 버튼을 누르면 구글이 클라우드 내 수많은 서버 중에 하나와 연결해 그 서버의 RAM과 디스크 상황을 보여준다. 분석하다 보면 RAM과 디스크를 계속 사용하게 되므로 최대치를 넘지 않도록 주의한다. 네 번째와 다섯 번째인 댓글과 공유는 같이 작업하는 작업자를 위한 메뉴이다. 내가 작업한 코드를 다른 작업자에게 공유하고 코드 관련 주요사항들을 댓글로 안내할 때 사용하게 된다. 공유할 때 권한은 뷰어, 댓글 작성자, 편집자로 구분해서 줄 수 있다. 뷰어의 경우에는 코드를 읽을 수만 있고 수정할 수 없다. 댓글 작성자도 코드 수정은 불가능하지만 댓글은 남길 수 있다. 마지막으로 편집자의 경우에는 실제 코드 변경이 가능하다. 즉, 공유받은 사람에게 편집자 권한이 있으면 파일이 수정될 수 있으니 유의해야 한다.

3) 셀의 종류(코드와 텍스트)

이제 코랩으로 본격적인 실습을 시작해 보자. 코랩의 한 줄을 셀이라고 부른다. 셀은 크게 코드셀과 텍스트셀로 나뉘게 된다. 쉽게 설명하면 코드셀은 컴퓨터와 대화하기 위해 사용되고, 텍스트셀은 사람과 대화하기 위해 사용한다. 즉, 코드셀은 코드 실행을 위해 작성되고, 텍스트셀은 코드에 대한 설명을 달기 위해 작성된다. 코드셀은 실행의 단위이며, 실행 순서는 위에서부터 아래로 순차적으로 실행되며 메모리에 기억된다.

구글 코랩에서는 코드셀을 작성 후 실행하면 결과가 바로 나온다. 왼쪽 위에 + 코드를 클릭한 후에 아래와 같이 코드셀을 작성해 보자. 이 셀은 print라는 명령어를 써서 "Hello computer"라고 출력을 명령하는 코드셀이다. 그리고 바로 왼쪽에 있는 실행 버튼(▶)을 클릭하자.

```
[1]    print('Hello Computer!')
```

Hello Computer!

감동적인 순간이다! 드디어 처음으로 컴퓨터와 대화에 성공했다. 컴퓨터에게 "Hello Computer"라고 출력하라고 명령을 내렸고, 컴퓨터는 그 명령을 충실하게 수행했다.

반면 텍스트셀은 사람에게 대화할 때 사용된다. 코드를 설명하거나 다른 사람이 알아두어야 할 내용이 있을 때 사용된다. 사용방법은 왼쪽 위의 +텍스트를 누른 다음 커뮤니티 게시글 작성하듯이 사용하면 된다. 코드셀 바로 위에 있는 메뉴(제목 전환, 굵게, 기울임 꼴, 코드로 형식 시정, 링크, 번호 매기기 등)를 이용하면 풍부한 방식의 텍스트를 작성할 수 있다.

ⓘ 참고

참고로 웹페이지에서 다양한 서식을 작성할 수 있는 문서 편집 문법을 마크다운(Markdown)이라고 부른다.

〈그림 5-1〉 텍스트셀

추가로, 코드셀에서도 사람과 대화하는 방법이 있다. 즉, 코드가 작동할 때 여기부터는 컴퓨터랑 대화하는 것이 아니고 사람과 대화한다고 선언하면 된다. 이를 주석이라고 한다. 주석을 선언하는 방법은 간단하다. 코드셀 내에서 '#'을 입력하고 나서 한 칸 띄어 작성하면 된다. 주석이 작성된 부분은 결과 창에 나타나지 않는다.

```
[2]  # 주석을 쓴 부분은 컴퓨터가 무시합니다!!
[3]  print('Hello Computer!')
```

Hello Computer!

4) 주요 단축키

코랩에서는 다양한 단축키가 존재한다. 이를 모두 외울 수는 없고, 가장 많이 사용되는 단축키를 소개한다. 코딩이라는 작업에서 단축키를 워낙 많이 쓰니 아래에 소개한 단축키는 여러 번 의식적으로 사용하면서 외우기를 추천한다. 아래 단축키는 윈도우 기준이다(MAC인 경우, cmd 버튼을 사용한다.).

- 해당 셀을 실행하기(Ctrl+Enter)
- 해당 셀 실행 후 다음 셀로 이동(Shift+Enter)
- 해당 셀 아래에 코드셀 추가(Ctrl+M B)
- 셀 지우기(Ctrl+M D)
- 텍스트셀을 코드셀로 변경하기(Ctrl+M Y)
- 방금 한 행위 되돌리기(Ctrl+M Z)
- 단축키 변경하기(Ctrl+M H)

프로그래밍 연산

데이터 분석 시에는 더하기, 빼기, 곱하기, 나누기 같은 연산이 필요한 경우가 많다. 프로그래밍은 간단한 기호로 셀 단위, 열 단위, 행 단위 연산이 가능하다. 참고로 프로그래밍 연산은 곱하기와 나누기를, 더하기나 뺄셈보다 먼저하고, 괄호() 안을 우선으로 계산한다.

- 더하기(+)
- 빼기(−)
- 곱하기(*)
- 나누기(/)
- 몫을 나눈 나머지(%): 예를 들어, 2의 배수인지 확인할 때 '몫을 나눈 나머지'를 구해서 0인지 아닌지로 확인
- 나눗셈에 대한 몫을 정수형으로 구함(//): 몫에 소수점이 있는 경우 내림 처리해서 정수로 변경
- 제곱 연산(**)

[1] | 10 + 5 * 4

🎁 실행결과

30

5 기초 문법

1) 변수

주방에 가면 음식 재료들이 각자 통이나 병에 담겨 있다. 소금을 담는 병, 채소를 담은 그릇, 고기를 보관하는 통 등이다. 그리고 통이나 병에는 견출지로 이 안에 뭐가 있는지 적어둔다. "소금", "채소", "고기"라고 적어두면 필요할 때 언제든지 찾아서 쓸 수 있다. 그리고 각 통이나 병에 알맞은 음식 재료가 있다. 소금을 담는 병에 고기를 보관하지 않고 그 반대도 마찬가지이다.

프로그래밍에서 음식 재료는 데이터이고 음식 재료를 담는 통이나 병을 변수라고 부른다. 변수라는 통에 숫자도 담을 수 있고 글자도 담을 수 있다. 그리고 그 변수에다가 이름을 지정해 준다. 그래야 언제든 필요할 때 사용할 수 있기 때문이다. 이름은 알파벳과 숫자를 조합해서 만들되 대소문자를 구별한다.

(i) 참고

변수 이름 사이에는 공백이 있으면 안 된다.

```
[1]  salt  =  10
[2]  Salt  =  20
[3]  print(salt)
```

> 10

변수를 출력할 때는 print() 명령어(함수) 사이에 변수 이름을 집어넣으면 된다. 또는 print() 명령어 사이에 값을 직접 집어넣어서 출력할 수도 있다.

```
[4]    print(10)
```

> 10

```
[5]    a = 10
[6]    print(a)
```

> 10

2) 데이터 타입

음식 재료가 다양하게 있듯이 데이터도 다양한 데이터 타입이 있다. 첫 번째로 정수(int) 타입이 있다. 정수는 소수점이 없는 자연수, 0, 음수를 뜻한다. 참고로 변수의 타입을 확인할 때는 type()이라는 명령어를 쓰면 된다.

```
[7]    a = 1
[8]    type(a)
```

```
int
```

두 번째로 실수(float)는 소수점이 있는 숫자를 뜻한다.

```
[9]   a = 3.14
[10]  type(a)
```

실행결과

```
float
```

세 번째로 문자 타입(str)이 있다.

```
[11]  a = '안녕하세요'
[12]  type(a)
```

실행결과

```
str
```

네 번째로 참 거짓 타입(bool)이 있다. 참 거짓 타입으로 조건문을 사용할 수 있게 된다. 자세한 내용은 <조건문> 절에서 자세하게 설명하겠다.

```
[13]  a = False
[14]  type(a)
```

실행결과

```
bool
```

다섯 번째로 결측 타입(None)이 있다. 값이 없거나 아무 값도 아닌 경우 사용되는 데이터 타입이다.

```
[15]    a = None
[16]    type(a)
```

🔷 실행결과

NoneType

데이터를 2개 이상 모으면 집합을 만들 수 있다. 집합의 타입도 몇 가지로 구별되며 각자 특징을 가지고 있다. 첫 번째는 리스트(list) 타입이다. 데이터 분석에서 가장 많이 사용되는 타입 중 하나이다. 리스트 타입은 순서가 있고 중복을 허용하며 수정할 수 있다. 리스트를 만드는 방법은 [] 형태로 표현한다. 리스트를 만들고 나면 데이터는 순서대로 번호를 부여받게 된다. 학교에서 순서대로 번호를 부여받는 것과 비슷하다. 번호를 부여받게 되면 직접 이름을 부르지 않고 이름으로 호출할 수 있다. 다만 다른 점이 있다면 번호는 1번이 아닌 0번부터 부여받는다. 아래 예시에서는 홍길동은 0번, 김청수는 1번, 윤영희는 2번을 부여받게 된다.

```
[17]    mylist = ['홍길동', '김철수', '윤영희']
[18]    mylist[1]
```

🔷 실행결과

홍길동

만약 번호가 길어서 마지막 번호를 모른다면 −1로 호출하면 맨 마지막 데이터가 출력된다(−2로 호출하면 맨 마지막에서 두 번째 데이터가 출력된다).

```
[19]    mylist[−2]
```

```
김철수
```

리스트 타입은 데이터를 추가하거나 삭제할 수 있다.

```
[20]    mylist.append['이순신']
[21]    mylist
```

실행결과

```
['홍길동', '김철수', '윤영희', '이순신']
```

```
[22]    mylist.remove['윤영희']
[23]    mylist
```

실행결과

```
['홍길동', '김철수', '이순신']
```

두 번째로 튜플(tuple) 타입은 리스트처럼 순서도 있고 번호도 부여받지만 읽기 전용이다. 즉 프로그램이 실행되는 동안 값이 바뀌면 안 될 때 튜플을 사용해야 한다. 튜플을 만드는 법은 괄호()를 사용한다.

```
[24]    mytuple = ('홍길동', '김철수', '윤영희')
[25]    mylist[1]
```

실행결과

김철수

튜플 타입에 데이터를 추가하거나 삭제하려고 하면 에러가 발생한다.

```
[26]    mytuple = (1, 2, 3, 4, 5)
[27]    mytuple.append(6)
```

🎁 실행결과

```
------------------------------------------------
AttributeError                              Traceback (most recent call last)
<ipython-input-100-082a7ea72a51> in <module>()
----> 1 mytuple.append(1)

AttributeError: 'tuple' object has no attribute 'append'
```

세 번째로 세트(set) 타입은 순서도 없지만, 중복도 허용하지 않는 데이터 타입이다. 세트 타입은 집합과 관련된 업무를 할 때 주로 사용된다. 세트를 만드는 법은 set([])을 사용한다. 세트를 만든 이후에 데이터를 추가나 삭제할 수 있다. 그러나 이미 들어가 있는 데이터를 추가하면 데이터가 중복되어 해당 데이터는 무시한다.

```
[28]    myset = set()
[29]    myset.add(1)
        myset.add(2)
        myset.add(3)
[30]    myset
```

🎁 실행결과

```
{1, 2, 3}
```

```
[31]   myset.add(4)
[32]   myset.add(1)  # 이미 있는 데이터 추가해 보기
       myset.add(2)
       myset.add(3)
[33]   myset
```

실행결과

```
{1, 2, 3, 4}
```

세트 타입은 앞서 소개한 대로 집합과 관련된 업무를 수행할 때 사용된다.
즉, 집합 연산과 관련된 합집합, 교집합, 차집합 연산이 가능하다.

```
[34]   set1 = set([1, 2, 3, 4, 5, 6])
       set2 = set([4, 5, 6, 7, 8, 8])
[34]   # 교집합을 구해 봅시다!
       set1 & set2
```

실행결과

```
{4, 5, 6}
```

```
[36]   # 합집합을 구해 봅시다!
       set1 | set2
```

실행결과

```
{1, 2, 3, 4, 5, 6, 7, 8, 9}
```

```
[37]    # 차집합(set1에서 교집합 제거)을 구해 봅시다!
        set1 - set2
```

🎲 실행결과

```
{1, 2, 3}
```

네 번째로 사전형(dict) 타입은 키와 값이 한 쌍으로 있다. 사전을 보면 찾고 자 하는 단어에 맞춰서 그 단어가 뜻하는 의미가 몇 가지가 있다. 이처럼 사전 형 타입은 컬럼명과 컬럼명에 맞는 데이터가 세트로 있다. 세트를 만드는 법은 {key: [Value, Value, Value]} 형태를 사용한다. 사전형 타입을 만든 이후에 데 이터를 수정할 수 있다.

```
[38]    mydict = {'이름': ['홍길동', '김영희', '윤철수'],
                  '수학점수': [60, 80, 100],
                  '영어점수': [40, 80, 70],
                  }
[39]    mydict['이름']
```

🎲 실행결과

```
['홍길동', '김영희', '윤철수']
```

```
[40]    mydict['이름'] = ['홍길동', '김영희', '윤철수', '지자철']
[41]    mydict
```

🎲 실행결과

```
{'수학점수': [60, 80, 100],
 '영어점수': [40, 80, 70],
 '이름': ['홍길동', '김영희', '윤철수', '지자철']}
```

6 조건문

신호등의 조건은 간단하다. 빨간 불에는 멈춘다. 초록 불은 움직인다. 특정 조건에 따라 수행해야 하는 내용이 달라지는 것을 프로그래밍 언어에서는 조건문이라고 한다. 조건문은 일상생활에서 매우 많이 쓰인다. 아빠가 딸에게 하는 '이번 기말고사 평균 80점 넘으면 핸드폰 사줄게' 이런 말들도 모두 조건문이다. 평균 점수가 80점 이상이면 '참'이고 80점 미만이면 '거짓'이 된다. 즉 조건문은 조건이 참인지 거짓인지 파악하는 문법이다. 참고로 앞 절에서 익혔던 bool 타입은 참(True)과 거짓(False)으로 구성되어 있어, 조건문에서 많이 사용된다.

〈그림 5-2〉 신호등

1) 비교 연산자

조건문을 배우기 위해서는 조건을 거는 방법부터 배워야 한다. 이때 사용하는 문법이 바로 비교 연산자이다. 기본적인 비교 연산자는 아래와 같다.

- 이상($>=$)
- 이하($<=$)
- 초과($>$)
- 미만($<$)
- 같다($==$): 비교 연산자에서는 '='가 2개다.
- 다르다($!=$)

```
[1]    7 > 8
```

⊚ 실행결과

```
False
```

```
[2]    a = 9 <= 10
       type(a)
```

⊚ 실행결과

```
bool
```

비교 연산자에서는 '='이 1개만 있으면 오류가 나온다.

```
[3]    10 = 10
```

⊚ 실행결과

```
File '<ipython-input-5-a8e553549e25>', line 1
  10 = 10
        ^
SyntaxError: can't assign to literal
```

```
[4]     2 = = 3
```

실행결과

```
False
```

```
[5]     2 != 3
```

실행결과

```
True
```

2) 들여쓰기(indent)

조건문을 비롯한 파이썬 문법에서 들여쓰기는 중요하다. 들여쓰기에 따라 실행 우선순위가 결정되기 때문이다. 다행히 코랩에서는 들여쓰기를 자동으로 해준다. 만약 수동으로 들여쓰기를 해야 할 때는, [tab] 키를 사용하면 된다. 특히 콜론(:) 다음에는 반드시 들여쓰기가 있어야 한다(콜론을 쓰고 엔터를 치면 자동으로 들여쓰기 된다).

참고

```
명령문:  ----첫 번째 우선순위
    명령문 ----두 번째 우선순위
        명령문 ---세 번째 우선순위
    명령문 ----두 번째 우선순위
```

만약 a가 6보다 크다면, '6보다 큽니다'라고 출력하라는 코드를 작성하면 아래와 같다. 그런데 만약 a가 6보다 크다는 조건이 맞지 않으면 다음 우선순위의 명령어로 진행하지 않는다.

```
[6]   a = 8
      if a > 6:
          print('6보다 큽니다')
```

6보다 큽니다

```
[7]   a = 4
      if a > 6:
          print('6보다 큽니다')
```

a가 6보다 작다면, 다음 우선순위 명령어인 print로 넘어가지 못하기 때문에 아무 결과도 출력되지 않는다. 아무 결과도 출력되지 않는 상황을 방지하기 위해서는 모든 상황에 대한 조건을 세워야 하는데 이때 사용하는 명령어가 else(그 외 조건이라면)이다.

```
[8]   a = 8
[9]   if a > 6:
          print('6보다 큽니다')
      else:
          print('6보다 작습니다')
```

🎁 실행결과

6보다 큽니다

if와 else는 2개의 조건만 있으므로 3개 이상의 조건을 위해서는 elif라는 명령어를 사용해야 한다.

```
[10]   a = 3
[11]   if a > 5:
           print('5보다 큽니다')
       elif a < 5:
           print('5보다 작습니다')
       else:
           print('A는 5입니다')
```

🔲 실행결과

5보다 작습니다

3) 논리 연산자

철수 아버지가 철수한테 '수학 점수와 영어점수 모두 80점을 넘으면 새로운 휴대전화를 사준다'고 약속했다. 이렇게 두 가지 이상 조건을 다룰 때 논리 연산자가 사용된다. 논리 연산자인 and 조건은 두 조건 모두 만족할 때 참으로 인식한다.

```
[12]   a = 3
[13]   if (a > 1) and (a < 3):
           print('모두 참입니다')
       else:
           print('거짓입니다')
```

🔲 실행결과

거짓입니다

반면, or 조건은 조건 중 하나라도 만족하면 참으로 인식한다. 철수의 사례로 보면, '수학 점수나 영어점수 가운데 한 과목이라도 80점을 넘으면 새로운 휴대전화를 사준다'와 같은 조건이 or 조건의 예시이다.

```
[14]    a = 3
[15]    if (a > 1) or (a < 2):
            print('한 개는 참입니다')
        else:
            print('거짓입니다')
```

🔷 실행결과

한 개는 참입니다

7 반복문

    같은 행위(연산)를 특정 횟수만큼 반복하는 것을 프로그래밍 언어에서는 반복문이라고 한다. 반복문은 사람의 시간과 노력을 단축해 프로그래밍의 꽃이라고 불린다. 예를 들어 리스트에 있는 숫자를 반복문 없이 한 개씩 출력하라고 한다면 아래와 같이 코드가 길어진다.

```
[1]   mylist = [1, 2, 3, 4, 5, 6, 7, 8, 9, 10]

[2]   print(mylist[0])
      print(mylist[1])
      print(mylist[2])
      print(mylist[3])
      print(mylist[4])
      print(mylist[5])
      print(mylist[6])
      print(mylist[7])
      print(mylist[8])
      print(mylist[9])
```

```
1
2
3
4
5
6
7
8
9
10
```

하지만 반복문에 사용되는 for 구문을 이용하면 간단하게 할 수 있다. for 구문의 구조는 아래와 같다.

```
for 변수명 in 데이터 집합
    수행할 명령
```

데이터 집합에 있는 데이터를 앞에서부터 한 개씩 꺼내면서 명령을 수행하고, 맨 마지막 데이터까지 명령을 수행한 다음에 종료하게 된다. 다음 예제를 따라해 보자.

```
[3]    for a in mylist:
            print(a)
```

```
1
2
3
4
5
6
7
8
9
10
```

다음으로 약간 복잡하게 반복문과 조건문을 함께 사용해 보자. mylist에서 홀수만 출력하라는 코드를 작성해 보자. 프로그래밍 연산에서 배웠던 %(몫을 나눈 나머지)를 사용해 보자. 숫자에 2로 나눈 다음에 나머지가 0이면 짝수이고, 1이면 홀수이다. 그러므로 a 데이터 집합에 있는 데이터를 한 개씩 꺼낸 다음에 몫을 나눈 나머지가 1이라는 조건을 달성했을 때만 출력하라고 작성하면 된다.

```
[4]    for a in mylist:
           if a % 2 == 1:
               print(a)
```

```
1
3
5
7
9
```

이번에는 다른 조건이다. mylist에서 5 이상이면 종료라고 출력한 다음에 명령문을 종료하는 것이다. 이때는 break을 사용하면 된다. 우선 5 이상이라는 조건이 달성되기 전까지는 숫자를 하나씩 출력한다. 그런데 숫자가 5 이상이라는 조건을 달성하면 레벨 3으로 이동하면서 '종료'라고 출력하고 for문이 종료된다. break가 없다면, '종료'라고 출력한 뒤 다시 우선순위 레벨 2 명령은 숫자 출력을 하고 다시 '종료'라고 출력된다.

[5]
```
for a in mylist: # 레벨 1
    if a >= 5: # 레벨 2
        print('종료') # 레벨 3
        break # 레벨 3
    print(a) # 레벨 2
```

🎲 실행결과

```
1
2
3
4
5
종료
```

[6]
```
for a in mylist: # 레벨 1
    if a >= 5: # 레벨 2
        print('종료') # 레벨 3
    print(a) # 레벨 2
```

🎲 실행결과

```
1
2
3
4
종료
5
종료
6
```

```
종료
7
종료
8
종료
9
종료
10
```

함수와 라이브러리

함수(Function)를 설명하기 전에 중학교 때 배운 간단한 식을 생각해 보자.

$$f(x) = 2x + 3$$

x에 숫자가 대입되면 2를 곱한 후에 3을 더하는 식이다. 여기서 f가 바로 Function의 앞 글자이다. $f(x)$라고 표기하면 전체 식을 쓰지 않아도 재사용이 가능하다. 프로그래밍에 함수도 비슷한 특징을 가진다. 입력(input)하면 그 기능에 맞춰서 결괏값(output)이 나온다. 함수를 사용하면 코드를 계속 재사용할 수 있어서 편리하다. 이 함수는 파이썬 자체로 가지고 있는 내장함수, 외부 라이브러리에서 불러오는 외부 함수가 있다. 물론 자신이 직접 함수를 선언할 수도 있다. 먼저 내장함수에 대해 알아보자. 이미 우리는 내장함수를 몇 개 배웠다. 대표적으로 값을 출력하는 print 함수도 내장함수이다. 데이터 분석에 필요한 필수적인 내장함수는 아래와 같다.

1) 내장함수

▌ input: 사용자의 입력을 받는 함수이다. 입력받은 데이터를 변수에 저장할 수 있다.

```
[1]  a = input('이름을 입력하세요')
     print(a, '님 반갑습니다')
```

실행결과

```
이름을 입력하세요 [ 홍길동▮           ]
```

```
이름을 입력하세요 홍길동
홍길동 님 반갑습니다
```

▌ len: 데이터 집합의 데이터의 전체 개수를 알려주는 함수이다.

```
[2]  a = [1, 3, 5, 7, 9]
     len(a)
```

실행결과

```
5
```

▌ round: round(실수, 자릿수) 형태로 실수를 원하는 자릿수로 반올림해 주는 함수이다.

```
[3]  round(3.14169, 2)
```

실행결과

```
3.14
```

▌sorted: 입력값을 받아서 오름차순으로 정렬해 주는 함수이다.

[4] │ sorted([4, 2, 5, 1, 3])

🎁 실행결과

[1, 2, 3, 4, 5]

2) 라이브러리

도서관에 가면 수많은 책이 있다. 사람들은 필요한 정보가 있을 때는 책을 검색하고 대출을 한다. 그리고 목차에서 필요한 정보와 관련 있는 챕터를 찾아서 책을 읽는다. 프로그래밍에서 라이브러리는 전 세계의 파이썬 개발자들이 만든 유용한 프로그램인데, 도서관의 책과 같은 존재이다. 필요한 기능이 있을 때 해당 라이브러리를 불러와서 사용하면 된다. 라이브러리는 몇 개의 패키지로 구성되어 있다. 패키지 안에는 몇 개의 기능(함수)과 변수 등으로 조합된 모듈로 구성되어 있다. 어떤 작업을 할 때 어떤 라이브러리가 필요한지만 알면 해당 라이브러리를 불러와서 사용하면 된다. 데이터 분석에 필요한 대부분 라이브러리는 코랩에 미리 설치되어 있으므로 설치할 필요도 없다.

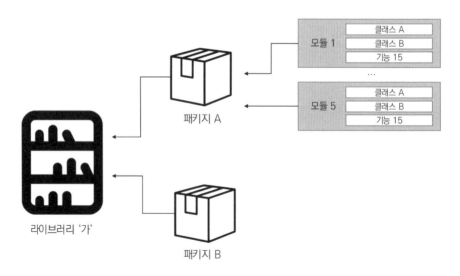

불러오는 방법은 라이브러리 통째로 불러오거나, 특정 모듈(또는 기능)만 지정해서 불러올 수 있다. 불러오는 방법에 따라 모듈 사용방법은 조금 다르다. 예제는 데이터 분석을 할 때 가장 많이 사용되는 판다스(pandas) 라이브러리를 중심으로 따라해 보자.

▌판다스 라이브러리 안에서 DataFrame 모듈을 불러오기

```
[5]   from pandas import DataFrame
[6]   DataFrame()
```

▌판다스 라이브러리를 통째로 불러온 후, DataFrame 사용하기(라이브러리 모듈)

```
[7]   import pandas
[8]   pandas.DataFrame()
```

▌별칭(alias) 지어주기: 라이브러리 이름을 짧게 사용하고 싶을 때는 별칭을 지정해 줄 수 있다.

```
[9]    import pandas as pd
[10]   pd.DataFrame()
```

(i) 참고: 데이터 분석에 많이 활용되는 라이브러리

numpy: 과학 계산 등을 위한 라이브러리
pandas: 전처리 등 데이터 분석에 많이 활용되는 라이브러리
matplotlib: 시각화를 위한 라이브러리
seaborn: matplotlib과 결합하여, 더욱 향상된 시각화를 위한 라이브러리
sklearn: 분석 알고리즘을 제공하는 라이브러리

프로그래밍 기반
데이터 전처리

1. 데이터 이해하기: 판다스

2. 데이터 불러오는 방법

3. 기술 통계 및 정렬

4. 데이터 선택하기

5. 데이터 처리하기

6. 결측값과 중복값 처리

7. 문자 데이터 처리

데이터 이해하기: 판다스

데이터 분석에서의 필수 라이브러리 중 하나인 판다스는 데이터 전처리에 최적화된 라이브러리이다. 전처리란 실제 데이터 분석에 앞서서 데이터 탐색하기, 결측치 처리, 명목변수 처리와 같은 과정을 뜻한다. 데이터 전처리에 따라서 데이터 분석의 질이 달라지기 때문에 분석 전에 충분한 전처리는 필수적이다. 판다스를 이용하면 복잡한 전처리 과정을 쉽게 할 수 있으므로 잘 사용할 때까지 충분히 연습해 보자.

판다스의 데이터 집합은 1차원 데이터인 Series와 행과 열로 구성된 2차원 데이터인 DataFrame으로 나뉜다. 먼저 Series부터 살펴보자.

```
[1]   import pandas
[2]   import pandas as pd

[3]   pd.Series([1, 2, 3, 4]) # S는 대문자
```

🎁 실행결과

```
0    1
1    2
2    3
3    4
dtype: int64
```

간단하게 Series 예제를 만들어보았다. 이제는 데이터 분석에서 많이 사용되는 행과 열로 구성된 DataFrame를 만들어보자. DataFrame은 리스트를 중첩해서 만들어주면 간단히 만들 수 있다. 예제를 브랜드별 A 매체 광고 집행금액을 정리한 표로 만든다고 가정해 보자.

```
[4]   companyAD = [['삼성전자', '갤럭시S20', 5000],
                    ['현대', '펠리세이드', 1000],
                    ['네이버', '네이버페이', 500]]
[5]   pd.DataFrame(companyAD)
```

🎯 실행결과

	0	1	2
0	삼성전자	갤럭시S20	5000
1	현대	펠리세이드	1000
2	네이버	네이버페이	500

컬럼의 이름도 만들어보자.

```
[6]   df.columns = ['광고주', '브랜드', '집행금액']
[7]   df
```

🎯 실행결과

	광고주	브랜드	집행금액
0	삼성전자	갤럭시S20	5000
1	현대	펠리세이드	1000
2	네이버	네이버페이	500

특정 컬럼에 있는 데이터를 불러오는 것도 간단하다.

[7] df['광고주']

```
0     삼성전자
1      현대
2      네이버
Name: 광고주, dtype: object
```

2 데이터 불러오는 방법

사실 데이터를 파이썬에서 하나씩 생성할 일은 많지 않다. 대부분 excel이나 CSV 파일을 수집한 후에 데이터를 불러와서 분석한다. 이번에는 데이터를 불러오는 두 가지 방법을 소개하겠다.

(i) 참고

CSV는 데이터가 쉼표로 구분된 파일로 excel 파일보다 훨씬 빠르게 불러올 수 있으므로 데이터 분석에서 많이 사용된다.

❚ 내 컴퓨터에서 파일 읽어오기

코드를 실행하면 파일선택이라는 버튼이 활성화된다. 그 버튼을 누르고 CSV 파일을 선택하면 파일이 업로드된다.

```
[1]  from google.colab import files
     myfile = files.upload
```

(실행결과)

> 파일 선택 brand_ad_ex.csv
> • **brand_ad_ex.csv**(application/vnd.ms-excel) - 1157 bytes, last modified: 2020. 12. 14. - 100% done
> Saving brand_ad_ex.csv to brand_ad_ex.csv

```
[2]   import io
[3]   df = pd.read_csv(io.BytesIO(myfile['brand_ad_ex.csv']))
      df
```

실행결과

	광고주	브랜드	시작일	종료일	Impression	Click	재생 완료
0	(유) AAA	브랜드 1	2020-08-01	2020-08-31	11615	72.0	1937
1	㈜ BBB	브랜드 2	2020-08-01	2020-08-31	3077	11.0	2070
2	㈜ CCC	브랜드 3	2020-07-24	2020-08-31	8107	25.0	5211
3	NaN	브랜드 4	2020-08-04	2020-08-10	1023737	5275.0	195422
4	㈜ DDD	브랜드 5	2020-06-25	2020-08-19	1715	6.0	1091
5	㈜ EEE	브랜드 6	2020-08-01	2020-08-31	5832	16.0	1264
6	㈜ FFF	브랜드 7	2020-07-03	2020-08-17	1851	NaN	1123
7	㈜ GGG	브랜드 8	2020-06-26	2020-08-31	63082	73.0	48945
8	㈜ GGG	브랜드 9	2020-08-01	2020-10-14	28246	129.0	8624
9	㈜ GGG	브래드 10	2020-07-10	2020-09-30	25170	34.0	14500
10	㈜ HHH	브래드 11	2020-08-01	2020-08-31	5674	27.0	1525
11	NaN	브래드 12	2020-08-01	2020-08-31	10869	35.0	8122
12	㈜ III	브래드 13	2020-08-01	2020-08-31	144739	342.0	111435
13	㈜ JJJ	브래드 14	2020-08-01	2020-08-31	2595	2.0	1929
14	㈜ KKK	브래드 15	2020-07-31	2020-08-20	16413	57.0	11269
15	㈜ LLL	브래드 16	2020-07-01	2020-08-16	33930	NaN	25111
16	㈜ MMM	브래드 17	2020-07-31	2020-08-13	6977	29.0	4286
17	㈜ NNN	브래드 18	2020-07-10	2020-08-08	6873	68.0	1728
18	㈜ OOO	브래드 19	2020-07-24	2020-08-31	15970	43.0	10961

만약 excel 파일을 불러와야 할 때는 pd.read_csv대신 pd.read_excel이라고 작성하면 된다.

▌URL로부터 파일 불러오기

웹사이트에 업로드된 파일을 바로 불러올 수 있다. 공개 데이터 중 일부는 파일 다운로드와 함께 URL을 제공한다. 이 책의 실습도 URL을 통해 파일을 불러오는 형태로 진행할 예정이다.

```
[4]  df2 = pd.read_csv('http://scottyoon.cafe24.com/data/brand_ad_ex.csv')
[5]  df2
```

🔷 실행결과

	광고주	브랜드	시작일	종료일	Impression	Click	재생 완료
0	(유) AAA	브랜드 1	2020-08-01	2020-08-31	11615	72.0	1937
1	㈜ BBB	브래드 2	2020-08-01	2020-08-31	3077	11.0	2070
2	㈜ CCC	브랜드 3	2020-07-24	2020-08-31	8107	25.0	5211
3	NaN	브랜드 4	2020-08-04	2020-08-10	1023737	5275.0	195422
4	㈜ DDD	브랜드 5	2020-06-25	2020-08-19	1715	6.0	1091
5	㈜ EEE	브랜드 6	2020-08-01	2020-08-31	5832	16.0	1264
6	㈜ FFF	브랜드 7	2020-07-03	2020-08-17	1851	NaN	1123
7	㈜ GGG	브래드 8	2020-06-26	2020-08-31	63082	73.0	48945
8	㈜ GGG	브랜드 9	2020-08-01	2020-10-14	28246	129.0	8624
9	㈜ GGG	브랜드 10	2020-07-10	2020-09-30	25170	34.0	14500
10	㈜ HHH	브래드 11	2020-08-01	2020-08-31	5674	27.0	1525
11	NaN	브랜드 12	2020-08-01	2020-08-31	10869	35.0	8122
12	㈜ III	브랜드 13	2020-08-01	2020-08-31	144739	342.0	111435
13	㈜ JJJ	브랜드 14	2020-08-01	2020-08-31	2595	2.0	1929
14	㈜ KKK	브랜드 15	2020-07-31	2020-08-20	16413	57.0	11269
15	㈜ LLL	브랜드 16	2020-07-01	2020-08-16	33930	NaN	25111
16	㈜ MMM	브랜드 17	2020-07-31	2020-08-13	6977	29.0	4286
17	㈜ NNN	브랜드 18	2020-07-10	2020-08-08	6873	68.0	1728
18	㈜ OOO	브랜드 19	2020-07-24	2020-08-31	15970	43.0	10961

3 기술 통계 및 정렬

1) 데이터 기본 정보 살펴보기

데이터를 불러오고 컬럼명을 확인해 보자.

```
[1]  import pandas as pd
[2]  df = pd.read_csv('http://scottyoon.cafe24.com/data/brand_ad_ex.csv')
[3]  df.columns
```

실행결과

Index(['광고주', '브랜드', '시작일', '종료일', 'Impression', 'Click', '재생 완료'],
dtype='object')

컬럼명을 수정해 보자.

```
[5]  new_col = ['adv', 'brand', 'start', 'end', 'imp', 'clik', 'complete']
[6]  df.columns = new_col
[7]  df
```

	adv	brand	start	end	imp	clk	complete
0	(유) AAA	브랜드 1	2020-08-01	2020-08-31	11615	72.0	1937
1	㈜ BBB	브래드 2	2020-08-01	2020-08-31	3077	11.0	2070
2	㈜ CCC	브래드 3	2020-07-24	2020-08-31	8107	25.0	5211
3	NaN	브래드 4	2020-08-04	2020-08-10	1023737	5275.0	195422
4	㈜ DDD	브래드 5	2020-06-25	2020-08-19	1715	6.0	1091
5	㈜ EEE	브래드 6	2020-08-01	2020-08-31	5832	16.0	1264
6	㈜ FFF	브래드 7	2020-07-03	2020-08-17	1851	NaN	1123
7	㈜ GGG	브래드 8	2020-06-26	2020-08-31	63082	73.0	48945
8	㈜ GGG	브래드 9	2020-08-01	2020-10-14	28246	129.0	8624
9	㈜ GGG	브래드 10	2020-07-10	2020-09-30	25170	34.0	14500
10	㈜ HHH	브래드 11	2020-08-01	2020-08-31	5674	27.0	1525
11	NaN	브래드 12	2020-08-01	2020-08-31	10869	35.0	8122
12	㈜ III	브래드 13	2020-08-01	2020-08-31	144739	342.0	111435
13	㈜ JJJ	브래드 14	2020-08-01	2020-08-31	2595	2.0	1929
14	㈜ KKK	브래드 15	2020-07-31	2020-08-20	16413	57.0	11269
15	㈜ LLL	브래드 16	2020-07-01	2020-08-16	33930	NaN	25111
16	㈜ MMM	브래드 17	2020-07-31	2020-08-13	6977	29.0	4286
17	㈜ NNN	브래드 18	2020-07-10	2020-08-08	6873	68.0	1728
18	㈜ OOO	브래드 19	2020-07-24	2020-08-31	15970	43.0	10961

다음으로 데이터의 기본적인 정보와 데이터 타입을 알 수 있는 info 함수에 대해 알아보자. 특히, info 함수는 결측치를 확인할 때 주로 사용된다.

[8] df.info()

실행결과

```
<class 'pandas.core.frame.DataFrame'>
RangeIndex: 19 entries, 0 to 18
Data columns (total 7 columns):
```

#	Column	Non-Null Count	Dtype
0	adv	17 non-null	object
1	brand	19 non-null	object
2	start	19 non-null	object
3	end	19 non-null	object
4	imp	19 non-null	int64
5	clk	17 non-null	float64
6	complete	19 non-null	int64

dtypes: float64(1), int64(2), object(4)

memory usage: 1.2+ KB

출력값에서 많은 정보를 확인할 수 있다. Not-Null Count에서 전체 값보다 숫자가 낮다면 해당 컬럼에 결측치가 있다는 뜻이다.

ⓘ 참고

< class 'pandas.core.frame.DataFrame'> ← DataFrame형태

RangeIndex: 19 entries, 0 to 18 ← 19개의 데이터가 0번부터 18번까지
번호 부여되었음

Data columns (total 7 columns): ← 7개의 컬럼이 있음

#	Column	Non-Null Count	Dtype	
0	adv	17 non-null	object	← 19개 데이터 중 17개 데이터는 입력되어 있고 2개 데이터는 결측값임
1	brand	19 non-null	object	← 문자 타입
2	start	19 non-null	object	
3	end	19 non-null	object	
4	imp	19 non-null	int64	← 정수 타입
5	clk	17 non-null	float64	← 실수 타입
6	complete	19 non-null	int64	

dtypes: float64(1), int64(2), object(4)

memory usage: 1.2+ KB

2) 기술 통계와 데이터 형태

프로그래밍으로 간단히 기술통계도 구할 수 있다. 이때 소수점 한 자리로 통일시키는 옵션 코드도 같이 실행시키자.

```
[7]  pd.set_option('display.float_format', '{:.1f}'.format) #소수점 한 자리
[8]  df.describe()
```

🎁 실행결과

	imp	clk	complete
count	19.0	17.0	19.0
mean	74551.2	367.3	24029.1
std	232256.7	1267.2	49062.0
min	1715.0	2.0	1091.0
25%	5753.0	25.0	1828.5
50%	10869.0	35.0	5211.0
75%	26708.0	72.0	12884.5
max	1023737.0	5275.0	195422.0

출력값에는 정수나 실수 타입의 컬럼의 기술통계만 나온다. 개수(count), 평균(mean), 표준편차(std), 최솟값(min), 최댓값(max) 등이 한 번에 나와서 편리하다. 각 컬럼의 개별 통계를 보고 싶다면 아래 예제를 따라해 보자.

```
[9]  df['imp'].median() # 중앙값
```

🎁 실행결과

```
10869.0
```

다음으로 데이터의 형태를 볼 수 있는 shape 함수를 알아보자. shape는 해당 데이터의 행과 열의 숫자를 알려준다. 첫 번째가 행의 수, 두 번째가 열의 수이다.

```
[10]    df.shape
```

🔶 실행결과

```
(19, 7)
```

총 19개의 관측치(행)가 있고 7개의 변수(열)가 있다는 것을 알 수 있다. 데이터 분석 전 데이터 형태를 파악해야 분석 업무의 분량을 파악할 수 있어서, 자주 사용하는 함수이다.

3) head와 tail

다음으로, 데이터 일부만 출력하는 함수인 head와 tail을 알아보자. head()는 데이터 상위 5개 관측치를 출력하고, tail()은 데이터 하위 5개 관측치를 출력한다. ()안에 숫자를 넣으면 숫자만큼 관측치가 출력된다.

```
[10]    df.head()
```

🔶 실행결과

	adv	brand	start	end	imp	clk	complete
0	(유) AAA	브랜드 1	2020-08-01	2020-08-31	11615	72.0	1937
1	㈜ BBB	브래드 2	2020-08-01	2020-08-31	3077	11.0	2070
2	㈜ CCC	브랜드 3	2020-07-24	2020-08-31	8107	25.0	5211
3	NaN	브래드 4	2020-08-04	2020-08-10	1023737	5275.0	195422
4	㈜ DDD	브래드 5	2020-06-25	2020-08-19	1715	6.0	1091

[11] | df.tail()

	adv	brand	start	end	imp	clk	complete
14	㈜ KKK	브래드 15	2020-07-31	2020-08-20	16413	57.0	11269
15	㈜ LLL	브래드 16	2020-07-01	2020-08-16	33930	NaN	25111
16	㈜ MMM	브래드 17	2020-07-31	2020-08-13	6977	29.0	4286
17	㈜ NNN	브래드 18	2020-07-10	2020-08-08	6873	68.0	1728
18	㈜ OOO	브래드 19	2020-07-24	2020-08-31	15970	43.0	10961

[12] | df.head(3)

🔷 실행결과

	adv	brand	start	end	imp	clk	complete
0	(유) AAA	브랜드 1	2020-08-01	2020-08-31	11615	72.0	1937
1	㈜ BBB	브래드 2	2020-08-01	2020-08-31	3077	11.0	2070
2	㈜ CCC	브래드 3	2020-07-24	2020-08-31	8107	25.0	5211

4) 데이터 정렬하기

데이터를 특정 컬럼 기준으로 정렬하는 방법은 sort_values 함수를 사용하는 것이다. 만약 노출(imp) 기준으로 데이터를 정렬하고 싶다면 아래와 같이 따라해 보자.

[12] df.sort_values(by = 'imp')

	adv	brand	start	end	imp	clk	complete
4	㈜ DDD	브래드 5	2020-06-25	2020-08-19	1715	6.0	1091
6	㈜ FFF	브래드 7	2020-07-03	2020-08-17	1851	NaN	1123
13	㈜ JJJ	브래드 14	2020-08-01	2020-08-31	2595	2.0	1929
1	㈜ BBB	브래드 2	2020-08-01	2020-08-31	3077	11.0	2070
10	㈜ HHH	브래드 11	2020-08-01	2020-08-31	5674	27.0	1525
5	㈜ EEE	브래드 6	2020-08-01	2020-08-31	5832	16.0	1264
17	㈜ NNN	브래드 18	2020-07-10	2020-08-08	6873	68.0	1728
16	㈜ MMM	브래드 17	2020-07-31	2020-08-13	6977	29.0	4286
2	㈜ CCC	브래드 3	2020-07-24	2020-08-31	8107	25.0	5211
11	NaN	브래드 12	2020-08-01	2020-08-31	10869	35.0	8122
0	(유) AAA	브랜드 1	2020-08-01	2020-08-31	11615	72.0	1937
18	㈜ OOO	브래드 19	2020-07-24	2020-08-31	15970	43.0	10961
14	㈜ KKK	브래드 15	2020-07-31	2020-08-20	16413	57.0	11269
9	㈜ GGG	브래드 10	2020-07-10	2020-09-30	25170	34.0	14500
8	㈜ GGG	브래드 9	2020-08-01	2020-10-14	28246	129.0	8624
15	㈜ LLL	브래드 16	2020-07-01	2020-08-16	33930	NaN	25111
7	㈜ GGG	브래드 8	2020-06-26	2020-08-31	63082	73.0	48945
12	㈜ III	브래드 13	2020-08-01	2020-08-31	144739	342.0	111435
3	NaN	브래드 4	2020-08-04	2020-08-10	1023737	5275.0	195422

이번엔 내림차순으로 정렬해 보자.

```
[13] | df.sort_values(by = 'imp', ascending = False)
```

◎ 실행결과

	adv	brand	start	end	imp	clik	complete
3	NaN	브랜드 4	2020-08-04	2020-08-10	1023737	5275.0	195422
12	㈜ III	브랜드 13	2020-08-01	2020-08-31	144739	342.0	111435
7	㈜ GGG	브랜드 8	2020-06-26	2020-08-31	63082	73.0	48945
15	㈜ LLL	브랜드 16	2020-07-01	2020-08-16	33930	nan	25111
8	㈜ GGG	브랜드 9	2020-08-01	2020-10-14	28246	129.0	8624
9	㈜ GGG	브랜드 10	2020-07-10	2020-09-30	25170	34.0	14500
14	㈜ KKK	브랜드 15	2020-07-31	2020-08-20	16413	57.0	11269
18	㈜ OOO	브랜드 19	2020-07-24	2020-08-31	15970	43.0	10961
0	(유) AAA	브랜드 1	2020-08-01	2020-08-31	11615	72.0	1937
11	NaN	브랜드 12	2020-08-01	2020-08-31	10869	35.0	8122
2	㈜ CCC	브랜드 3	2020-07-24	2020-08-31	8107	25.0	5211
16	㈜ MMM	브랜드 17	2020-07-31	2020-08-13	6977	29.0	4286
17	㈜ NNN	브랜드 18	2020-07-10	2020-08-08	6873	68.0	1728
5	㈜ EEE	브랜드 6	2020-08-01	2020-08-31	5832	16.0	1264
10	㈜ HHH	브랜드 11	2020-08-01	2020-08-31	5674	27.0	1525
1	㈜ BBB	브랜드 2	2020-08-01	2020-08-31	3077	11.0	2070
13	㈜ JJJ	브랜드 14	2020-08-01	2020-08-31	2595	2.0	1929
6	㈜ FFF	브랜드 7	2020-07-03	2020-08-17	1851	nan	1123
4	㈜ DDD	브랜드 5	2020-06-25	2020-08-19	1715	6.0	1091

데이터 분석을 할 때, 전체 데이터를 다 사용하는 경우는 흔하지 않다. 관측치 일부만 사용한다든지, 필요한 변수만 사용하는 일이 많다. 이번에는 일부 데이터 범위로 선택하는 방법에 대해 알아보자.

1) index를 활용한 범위 선택

다음으로, 데이터 일부를 범위를 지정해서 불러오는 방법을 익혀보자. 앞서 이야기한 대로 DataFrame은 자동으로 관측치에 번호를 부여하는데 이를 인덱스(index)라고 부른다. 이 인덱스는 번호로 범위를 지정할 수 있다. 범위를 지정할 때는 첫 번째 번호로 시작하고 두 번째 번호의 직전 번호까지 출력되는 것을 주의하자.

```
[1]  import pandas as pd
[2]  df = pd.read_csv('http://scottyoon.cafe24.com/data/brand_ad_ex.csv')
[3]  df[3:5] # 인덱스 번호 3번부터 4번까지
```

 실행결과

	광고주	브랜드	시작일	종료일	Impression	Click	재생 완료
3	NaN	브랜드 4	2020-08-04	2020-08-10	1023737	5275.0	195422
4	㈜ DDD	브랜드 5	2020-06-25	2020-08-19	1715	6.0	1091

2) iloc으로 행과 열 범위 선택

iloc 함수를 사용하면 보다 편리하게 행과 열의 범위를 지정할 수 있다. 순서는 행의 범위를 지정한 뒤에 열의 범위를 지정하면 된다. 관측치는 인덱스 번호 3번부터 7번까지 하고, 변수는 광고주[0]와 시작일[2]을 불러오자.

[4] df.iloc[3:8, [0, 2]]

◉ 실행결과

	광고주	시작일
3	NaN	2020-08-04
4	㈜ DDD	2020-06-25
5	㈜ EEE	2020-08-01
6	㈜ FFF	2020-07-03
7	㈜ GGG	2020-06-26

만약, 범위를 전체로 하고 싶다면 콜론(:)을 넣으면 전체 행이나 열값을 불러올 수 있다.

[5] df.iloc[3:8, :]

◉ 실행결과

	광고주	브랜드	시작일	종료일	Impression	Click	재생 완료
3	NaN	브랜드 4	2020-08-04	2020-08-10	1023737	5275.0	195422
4	㈜ DDD	브랜드 5	2020-06-25	2020-08-19	1715	6.0	1091
5	㈜ EEE	브랜드 6	2020-08-01	2020-08-31	5832	16.0	1264
6	㈜ FFF	브랜드 7	2020-07-03	2020-08-17	1851	NaN	1123
7	㈜ GGG	브랜드 8	2020-06-26	2020-08-31	63082	73.0	48945

3) 컬럼명을 활용하는 loc

loc함수는 컬럼의 인덱스 번호가 아닌 실제 컬럼명을 쓸 수가 있다. 만약 광고주, 브랜드, 시작일 데이터를 불러오고 싶다면 다음의 코드를 작성해 보자.

```
[6]   df.loc[:, ['광고주', '브랜드', '시작일']]
```

🔲 실행결과

	광고주	브랜드	시작일
0	(유) AAA	브랜드 1	2020-08-01
1	㈜ BBB	브랜드 2	2020-08-01
2	㈜ CCC	브랜드 3	2020-07-24
3	NaN	브랜드 4	2020-08-04
4	㈜ DDD	브랜드 5	2020-06-25
5	㈜ EEE	브랜드 6	2020-08-01
6	㈜ FFF	브랜드 7	2020-07-03
7	㈜ GGG	브랜드 8	2020-06-26
8	㈜ GGG	브랜드 9	2020-08-01
9	㈜ GGG	브랜드 10	2020-07-10
10	㈜ HHH	브랜드 11	2020-08-01
11	NaN	브랜드 12	2020-08-01
12	㈜ III	브랜드 13	2020-08-01
13	㈜ JJJ	브랜드 14	2020-08-01
14	㈜ KKK	브랜드 15	2020-07-31
15	㈜ LLL	브랜드 16	2020-07-01
16	㈜ MMM	브랜드 17	2020-07-31
17	㈜ NNN	브랜드 18	2020-07-10
18	㈜ OOO	브랜드 19	2020-07-24

loc함수도 컬럼을 범위로 호출할 수 있지만, 이때에도 컬럼명을 쓴다는 점은 잊지 말자. 또 하나, loc는 iloc와 다르게 범위를 부를 때 두 번째 번호까지 호출해서 직관적이다.

[7] | df.loc[2:5, '브랜드':'종료일']

🎯 실행결과

	브랜드	시작일	종료일
2	브랜드 3	2020-07-24	2020-08-31
3	브랜드 4	2020-08-04	2020-08-10
4	브랜드 5	2020-06-25	2020-08-19
5	브랜드 6	2020-08-01	2020-08-31

4) 조건을 추가해서 데이터 불러오기

loc함수에 조건을 추가해서 데이터를 불러올 수 있다. 예를 들어 클릭이 100 이상인 브랜드만 호출하고 싶을 때는 아래 코드처럼 작성하면 된다.

[8] | df.loc[df['Click'] > 100]

🎯 실행결과

	광고주	브랜드	시작일	종료일	Impression	Click	재생 완료
3	NaN	브랜드 4	2020-08-04	2020-08-10	1023737	5275.0	195422
8	㈜ GGG	브랜드 9	2020-08-01	2020-10-14	28246	129.0	8624
12	㈜ III	브랜드 13	2020-08-01	2020-08-31	144739	342.0	111435

추가로 전체 컬럼을 다 불러오는 게 아니라 특정 컬럼만 불러오고 싶다면 아래 코드처럼 작성하면 된다.

```
[9]  df.loc[df['Click'] > 100, ['광고주', '시작일']]
```

🔷 실행결과

	광고주	시작일
3	NaN	2020-08-04
8	㈜GGG	2020-08-01
12	㈜III	2020-08-01

5 데이터 처리하기

1) DataFrame 복사: copy

불러온 데이터를 전처리하다 보면, 본래의 데이터가 훼손될 수 있다. 이를 방지하기 위해서 데이터를 변경하기 전에 본래의 데이터를 그대로 두고, 복사한 데이터로 작업하는 것이 좋다. 데이터를 복사할 때는 copy 함수를 쓴다.

```
[1]  import pandas as pd
[2]  df = pd.read_csv('http://scottyoon.cafe24.com/data/brand_ad_ex.csv')
[3]  df2 = df.copy()
[4]  df2 = df.loc[df['Click'] > 100]
     df2.head()
```

 실행결과

	광고주	브랜드	시작일	종료일	Impression	Click	재생 완료
3	NaN	브랜드 4	2020-08-04	2020-08-10	1023737	5275.0	195422
8	㈜ GGG	브랜드 9	2020-08-01	2020-10-14	28246	129.0	8624
12	㈜ lll	브랜드 13	2020-08-01	2020-08-31	144739	342.0	111435

```
[5]   df.head()  # 본래의 데이터는 변경되지 않았다.
```

실행결과

	광고주	브랜드	시작일	종료일	Impression	Click	재생 완료
0	(유) AAA	브랜드 1	2020-08-01	2020-08-31	11615	72.0	1937
1	㈜ BBB	브래드 2	2020-08-01	2020-08-31	3077	11.0	2070
2	㈜ CCC	브래드 3	2020-07-24	2020-08-31	8107	25.0	5211
3	NaN	브래드 4	2020-08-04	2020-08-10	1023737	5275.0	195422
4	㈜ DDD	브래드 5	2020-06-25	2020-08-19	1715	6.0	1091

2) 행열 추가 및 삭제

컬럼(변수)을 추가는 새로운 컬럼을 만들고 값을 넣어주면 생성된다. 만약 클릭률을 구하는 공식을 사용해서 CTR 컬럼을 추가로 만든다면 아래의 코드를 실행시키면 된다.

```
[6]   df2['CTR'] = round(df2['Click']/df2['Impression']*100, 2) # CTR 공식
      적용 후 소수점 2자리로 변환
[7]   df2.head()
```

실행결과

	광고주	브랜드	시작일	종료일	Impression	Click	재생 완료	광고주국가
0	(유) AAA	브랜드 1	2020-08-01	2020-08-31	11615	72.0	1937	대한민국
1	㈜ BBB	브래드 2	2020-08-01	2020-08-31	3077	11.0	2070	대한민국
2	㈜ CCC	브래드 3	2020-07-24	2020-08-31	8107	25.0	5211	대한민국
3	NaN	브래드 4	2020-08-04	2020-08-10	1023737	5275.0	195422	대한민국
4	㈜ DDD	브래드 5	2020-06-25	2020-08-19	1715	6.0	1091	대한민국

물론 숫자가 아닌 텍스트를 통일해서 컬럼을 추가할 수 있다. 그리고 만약 값을 변경하고 싶다면, loc 함수를 활용해서 변경할 수 있다.

[8] | df2['광고주국가'] = '대한민국'
    | df2.head()

🔲 실행결과

	광고주	브랜드	시작일	종료일	Impression	Click	재생 완료	CTR	광고주국가
0	(유) AAA	브랜드 1	2020-08-01	2020-08-31	11615	72.0	1937	0.62	대한민국
1	㈜ BBB	브랜드 2	2020-08-01	2020-08-31	3077	11.0	2070	0.36	대한민국
2	㈜ CCC	브랜드 3	2020-07-24	2020-08-31	8107	25.0	5211	0.31	대한민국
3	NaN	브랜드 4	2020-08-04	2020-08-10	1023737	5275.0	195422	0.52	대한민국
4	㈜ DDD	브랜드 5	2020-06-25	2020-08-19	1715	6.0	1091	0.35	대한민국

[9] | df2.loc[df2['광고주'] == '㈜ BBB', '광고주국가'] = '미국'
    | df2.head()

🔲 실행결과

	광고주	브랜드	시작일	종료일	Impression	Click	재생 완료	CTR	광고주국가
0	(유) AAA	브랜드 1	2020-08-01	2020-08-31	11615	72.0	1937	0.62	대한민국
1	㈜ BBB	브랜드 2	2020-08-01	2020-08-31	3077	11.0	2070	0.36	미국
2	㈜ CCC	브랜드 3	2020-07-24	2020-08-31	8107	25.0	5211	0.31	대한민국
3	NaN	브랜드 4	2020-08-04	2020-08-10	1023737	5275.0	195422	0.52	대한민국
4	㈜ DDD	브랜드 5	2020-06-25	2020-08-19	1715	6.0	1091	0.35	대한민국

다음으로 drop함수를 이용하면 선택한 행이나 열을 삭제할 수 있다. 먼저 행을 삭제하는 방법은 두 가지가 있다. Index 번호로 삭제하거나 조건을 통해 해당 행을 제외하는 방법이 있다.

```
[10]  df2 = df2.drop([3, 11]) # 3번, 11번 행 삭제
      df2
```

🎯 실행결과

	광고주	브랜드	시작일	종료일	Impression	Click	재생 완료	CTR	광고주국가
0	(유) AAA	브랜드 1	2020-08-01	2020-08-31	11615	72.0	1937	0.62	대한민국
1	㈜ BBB	브랜드 2	2020-08-01	2020-08-31	3077	11.0	2070	0.36	미국
2	㈜ CCC	브랜드 3	2020-07-24	2020-08-31	8107	25.0	5211	0.31	대한민국
4	㈜ DDD	브랜드 5	2020-06-25	2020-08-19	1715	6.0	1091	0.35	대한민국
5	㈜ EEE	브랜드 6	2020-08-01	2020-08-31	5832	16.0	1264	0.27	대한민국
6	㈜ FFF	브랜드 7	2020-07-03	2020-08-17	1851	NaN	1123	NaN	대한민국
7	㈜ GGG	브랜드 8	2020-06-26	2020-08-31	63082	73.0	48945	0.12	대한민국
8	㈜ GGG	브랜드 9	2020-08-01	2020-10-14	28246	129.0	8624	0.46	대한민국
9	㈜ GGG	브래드 10	2020-07-10	2020-09-30	25170	34.0	14500	0.14	대한민국
10	㈜ HHH	브래드 11	2020-08-01	2020-08-31	5674	27.0	1525	0.48	대한민국
12	㈜ III	브래드 13	2020-08-01	2020-08-31	144739	342.0	111435	0.24	대한민국
13	㈜ JJJ	브래드 14	2020-08-01	2020-08-31	2595	2.0	1929	0.08	대한민국
14	㈜ KKK	브래드 15	2020-07-31	2020-08-20	16413	57.0	11269	0.35	대한민국
15	㈜ LLL	브래드 16	2020-07-01	2020-08-16	33930	NaN	25111	NaN	대한민국
16	㈜ MMM	브래드 17	2020-07-31	2020-08-13	6977	29.0	4286	0.42	대한민국
17	㈜ NNN	브래드 18	2020-07-10	2020-08-08	6873	68.0	1728	0.99	대한민국
18	㈜ OOO	브래드 19	2020-07-24	2020-08-31	15970	43.0	10961	0.27	대한민국

```
[11]    df2  =   df2[df2.광고주 != '(주)GGG']
        df2
```

🔲 실행결과

	광고주	브랜드	시작일	Impression	Click	재생 완료	CTR	광고주국가
0	(유) AAA	브랜드 1	2020-08-01	11615	72.0	1937	0.62	대한민국
1	㈜ BBB	브랜드 2	2020-08-01	3077	11.0	2070	0.36	미국
2	㈜ CCC	브랜드 3	2020-07-24	8107	25.0	5211	0.31	대한민국
4	㈜ DDD	브랜드 5	2020-06-25	1715	6.0	1091	0.35	대한민국
5	㈜ EEE	브랜드 6	2020-08-01	5832	16.0	1264	0.27	대한민국
6	㈜ FFF	브랜드 7	2020-07-03	1851	NaN	1123	NaN	대한민국
10	㈜ HHH	브랜드 11	2020-08-01	5674	27.0	1525	0.48	대한민국
12	㈜ III	브랜드 13	2020-08-01	144739	342.0	111435	0.24	대한민국
13	㈜ JJJ	브랜드 14	2020-08-01	2595	2.0	1929	0.08	대한민국
14	㈜ KKK	브랜드 15	2020-07-31	16413	57.0	11269	0.35	대한민국
15	㈜ LLL	브랜드 16	2020-07-01	33930	NaN	25111	NaN	대한민국
16	㈜ MMM	브랜드 17	2020-07-31	6977	29.0	4286	0.42	대한민국
17	㈜ NNN	브랜드 18	2020-07-10	6873	68.0	1728	0.99	대한민국
18	㈜ OOO	브랜드 19	2020-07-24	15970	43.0	10961	0.27	대한민국

열을 삭제할 때는 축(axis)을 1이라고 지정하면 된다.

ⓘ 참고

행의 축은 0이지만 기본값으로 지정되어 있어서 별도로 작성하지 않아도 된다.

[12]   df2 = df2.drop('종료일', axis＝1)

	광고주	브랜드	시작일	Impression	Click	재생 완료	CTR	광고주국가
0	(유) AAA	브랜드 1	2020-08-01	11615	72.0	1937	0.62	대한민국
1	㈜ BBB	브래드 2	2020-08-01	3077	11.0	2070	0.36	미국
2	㈜ CCC	브래드 3	2020-07-24	8107	25.0	5211	0.31	대한민국
4	㈜ DDD	브랜드 5	2020-06-25	1715	6.0	1091	0.35	대한민국
5	㈜ EEE	브래드 6	2020-08-01	5832	16.0	1264	0.27	대한민국
6	㈜ FFF	브래드 7	2020-07-03	1851	NaN	1123	NaN	대한민국
10	㈜ HHH	브래드 11	2020-08-01	5674	27.0	1525	0.48	대한민국
12	㈜ III	브래드 13	2020-08-01	144739	342.0	111435	0.24	대한민국
13	㈜ JJJ	브래드 14	2020-08-01	2595	2.0	1929	0.08	대한민국
14	㈜ KKK	브래드 15	2020-07-31	16413	57.0	11269	0.35	대한민국
15	㈜ LLL	브래드 16	2020-07-01	33930	NaN	25111	NaN	대한민국
16	㈜ MMM	브래드 17	2020-07-31	6977	29.0	4286	0.42	대한민국
17	㈜ NNN	브래드 18	2020-07-10	6873	68.0	1728	0.99	대한민국
18	㈜ OOO	브래드 19	2020-07-24	15970	43.0	10961	0.27	대한민국

3) 그룹으로 묶어보기: Groupby

Groupby 함수는 데이터를 그룹으로 묶어서 분석할 때 사용한다. 예를 들어 광고주별 평균 데이터, 시작일에 따른 클릭(Click)의 합계 등을 분석할 수 있다. Groupby는 그룹별 통계나 데이터의 성질을 확인할 때 사용할 수 있다.

df3.groupby('광고주').mean # 광고주별 데이터 평균

🎁 실행결과

광고주	Impression	Click	재생 완료	CTR
(유) AAA	11615	72.0	1937	0.62
㈜ BBB	3077	11.0	2070	0.36
㈜ CCC	8107	25.0	5211	0.31
㈜ DDD	1715	6.0	1091	0.35
㈜ EEE	5832	16.0	1264	0.27
㈜ FFF	1851	NaN	1123	NaN
㈜ HHH	5674	27.0	1525	0.48
㈜ III	144739	342.0	111435	0.24
㈜ JJJ	2595	2.0	1929	0.08
㈜ KKK	16413	57.0	11269	0.35
㈜ LLL	33930	NaN	25111	NaN
㈜ MMM	6977	29.0	4286	0.42
㈜ NNN	6873	68.0	1728	0.99
㈜ OOO	15970	43.0	10961	0.27

[14]   df3.groupby('시작일')['Click'].sum()

🎁 실행결과

```
시작일
2020 - 06 - 25      6.0
2020 - 07 - 01      0.0
2020 - 07 - 03      0.0
2020 - 07 - 10     68.0
2020 - 07 - 24     68.0
2020 - 07 - 31     86.0
2020 - 08 - 01    470.0
Name: Click, dtype: float64
```

4) reset_index

reset_index 함수는 데이터 프레임의 인덱스를 초기화해 준다. 행의 일부를
삭제한 경우 인덱스를 초기화해서 번호를 새로 부여해야 할 때 사용한다.

[15] df3

🔯 실행결과

	index	광고주	브랜드	시작일	종료일	Impression	Click	재생 완료	CTR	곤
0	0	(유) AAA	브랜드 1	2020-08-01	2020-08-31	11615	72.0	1937	0.62	
1	1	㈜ BBB	브랜드 2	2020-08-01	2020-08-31	3077	11.0	2070	0.36	
2	2	㈜ CCC	브래드 3	2020-07-24	2020-08-31	8107	25.0	5211	0.31	
3	4	㈜ DDD	브래드 5	2020-06-25	2020-08-19	1715	6.0	1091	0.35	
4	5	㈜ EEE	브래드 6	2020-08-01	2020-08-31	5832	16.0	1264	0.27	
5	6	㈜ FFF	브래드 7	2020-07-03	2020-08-17	1851	NaN	1123	NaN	
6	10	㈜ HHH	브래드 11	2020-08-01	2020-08-31	5674	27.0	1525	0.48	
7	12	㈜ III	브래드 13	2020-08-01	2020-08-31	144739	342.0	111435	0.24	
8	13	㈜ JJJ	브래드 14	2020-08-01	2020-08-31	2595	2.0	1929	0.08	
9	14	㈜ KKK	브래드 15	2020-07-31	2020-08-20	16413	57.0	11269	0.35	
10	15	㈜ LLL	브래드 16	2020-07-01	2020-08-16	33930	NaN	25111	NaN	
11	16	㈜ MMM	브래드 17	2020-07-31	2020-08-13	6977	29.0	4286	0.42	
12	17	㈜ NNN	브래드 18	2020-07-10	2020-08-08	6873	68.0	1728	0.99	
13	18	㈜ OOO	브래드 19	2020-07-24	2020-08-31	15970	43.0	10961	0.27	

```
[16]    df3  =  df.reset_index()
        df3
```

	광고주	브랜드	시작일	종료일	Impression	Click	재생 완료	CTR	광고주국가
0	(유) AAA	브랜드 1	2020-08-01	2020-08-31	11615	72.0	1937	0.62	대한민국
1	㈜ BBB	브랜드 2	2020-08-01	2020-08-31	3077	11.0	2070	0.36	미국
2	㈜ CCC	브랜드 3	2020-07-24	2020-08-31	8107	25.0	5211	0.31	대한민국
4	㈜ DDD	브랜드 5	2020-06-25	2020-08-19	1715	6.0	1091	0.35	대한민국
5	㈜ EEE	브랜드 6	2020-08-01	2020-08-31	5832	16.0	1264	0.27	대한민국
6	㈜ FFF	브랜드 7	2020-07-03	2020-08-17	1851	NaN	1123	NaN	대한민국
10	㈜ HHH	브랜드 11	2020-08-01	2020-08-31	5674	27.0	1525	0.48	대한민국
12	㈜ III	브랜드 13	2020-08-01	2020-08-31	144739	342.0	111435	0.24	대한민국
13	㈜ JJJ	브랜드 14	2020-08-01	2020-08-31	2595	2.0	1929	0.08	대한민국
14	㈜ KKK	브랜드 15	2020-07-31	2020-08-20	16413	57.0	11269	0.35	대한민국
15	㈜ LLL	브랜드 16	2020-07-01	2020-08-16	33930	NaN	25111	NaN	대한민국
16	㈜ MMM	브랜드 17	2020-07-31	2020-08-13	6977	29.0	4286	0.42	대한민국
17	㈜ NNN	브랜드 18	2020-07-10	2020-08-08	6873	68.0	1728	0.99	대한민국
18	㈜ OOO	브랜드 19	2020-07-24	2020-08-31	15970	43.0	10961	0.27	대한민국

6 결측값과 중복값 처리

1) 결측값 처리

　결측값(Null)은 비어 있는 값을 의미한다. 데이터 분석을 실전에서 하다 보면 결측값이 있는 경우가 자주 있다. 결측값이 있는 경우는 다양하다. 데이터가 유실된 경우, 수집하는 시점이 여러 개여서 어느 시점에는 특정 변수를 수집하지 않은 경우, 응답자가 해당 변수에 대해 답을 하지 않은 경우 등이 있다. 결측값이 있으면 데이터 분석 시 연산이 되지 않거나 에러가 발생될 수 있다. 그렇기 때문에 꼭 분석 전에 처리를 해 줘야 한다. 판다스에서는 결측값이 NaN(Not a Number)이라고 표시된다.

```
[1]   import pandas as pd
[2]   df = pd.read_csv('http://scottyoon.cafe24.com/data/brand_ad_ex.csv')
[3]   df.info()
```

 실행결과

```
< class 'pandas.core.frame.DataFrame'>
RangeIndex: 19 entries, 0 to 18
Data columns (total 7 columns):
 #   Column        Non−Null Count   Dtype
───  ──────        ───────────────  ─────
 0   광고주          17 non−null      object
```

```
 1   브랜드          19  non-null      object
 2   시작일          19  non-null      object
 3   종료일          19  non-null      object
 4   Impression     19  non-null      int64
 5   Click          17  non-null      float64
 6   재생 완료       19  non-null      int64
dtypes: float64(1), int64(2), object(4)
memory usage: 1.2+ KB
```

전체 관측치는 19개인데 광고주와 Click 컬럼에서 2개의 결측치가 있다는 것을 알 수 있다. 결측값을 처리하는 방법은 임의의 값으로 변경(수치 데이터인 경우)하거나 삭제하는 방법이 있다. 임의의 값은 보통 0을 대입하거나, 해당 결측치의 평균값을 입력한다. 빈값을 채워주는 함수인 fillna를 이용하면 된다.

```
[4]  df2 = df.copy() # 원본 데이터는 유지
[5]  df2['Click'] = df2['Click'].fillna(0)
     df2['Click']
```

🔘 실행결과

```
0        72.0
1        11.0
2        25.0
3      5275.0
4         6.0
5        16.0
6         0.0
7        73.0
8       129.0
9        34.0
10       27.0
11       35.0
12      342.0
13        2.0
14       57.0
```

```
15        0.0
16       29.0
17       68.0
18       43.0
Name: Click, dtype: float64
```

NaN값이 0으로 바뀐 것을 확인할 수 있다(6, 15번 관측치 참고). 평균값(약 367.29)으로 대입하는 방법은 아래와 같다.

```
[6]   df3  =  df.copy()

[7]   click_mean  =  df3['Click'].mean()
      df3['Click']  =  df3['Click'].fillna(click_mean)
      df3['Click']
```

🎁 실행결과

```
0        72.000000
1        11.000000
2        25.000000
3      5275.000000
4         6.000000
5        16.000000
6       367.294118
7        73.000000
8       129.000000
9        34.000000
10       27.000000
11       35.000000
12      342.000000
13        2.000000
14       57.000000
15      367.294118
16       29.000000
17       68.000000
18       43.000000
```

Name: Click, dtype: float64

다음으로는 빈 값이 있는 관측치를 제거하는 방법을 알아보자. 행을 제거하는 방법은 dropna 함수를 사용하면 된다. 이 함수와 함께 사용하는 중요 옵션 중에 how가 있다. how의 조건을 any라고 하면 결측값이 한 개라도 있는 경우 해당 행을 삭제하는 것이고 all은 모든 컬럼의 값이 NaN인 경우에 삭제한다. 또한 inplace 옵션은 삭제하고 난 데이터를 유지하는 옵션이다. 아래 예제를 따라해 보면, 3번, 6번, 11번, 15번 데이터가 삭제된 것을 확인할 수 있다.

```
[8]  df4 = df.copy()
[9]  df4.dropna(how='any'. inplace=True)
     df4
```

🔰 실행결과

	광고주	브랜드	시작일	종료일	Impression	Click	재생 완료
0	(유) AAA	브랜드 1	2020-08-01	2020-08-31	11615	72.0	1937
1	㈜ BBB	브랜드 2	2020-08-01	2020-08-31	3077	11.0	2070
2	㈜ CCC	브랜드 3	2020-07-24	2020-08-31	8107	25.0	5211
4	㈜ DDD	브랜드 5	2020-06-25	2020-08-19	1715	6.0	1091
5	㈜ EEE	브랜드 6	2020-08-01	2020-08-31	5832	16.0	1264
7	㈜ GGG	브랜드 8	2020-06-26	2020-08-31	63082	73.0	48945
8	㈜ GGG	브랜드 9	2020-08-01	2020-10-14	28246	129.0	8624
9	㈜ GGG	브랜드 10	2020-07-10	2020-09-30	25170	34.0	14500
10	㈜ HHH	브랜드 11	2020-08-01	2020-08-31	5674	27.0	1525
12	㈜ III	브랜드 13	2020-08-01	2020-08-31	144739	342.0	111435
13	㈜ JJJ	브랜드 14	2020-08-01	2020-08-31	2595	2.0	1929
14	㈜ KKK	브랜드 15	2020-07-31	2020-08-20	16413	57.0	11269
16	㈜ MMM	브랜드 17	2020-07-31	2020-08-13	6977	29.0	4286
17	㈜ NNN	브랜드 18	2020-07-10	2020-08-08	6873	68.0	1728
18	㈜ OOO	브랜드 19	2020-07-24	2020-08-31	15970	43.0	10961

2) 중복값 처리

중복값(duplicates)은 같은 데이터가 중복으로 들어간 값을 의미한다. 중복값을 제거하는 함수는 drop_duplicates이다. 간단한 예제를 따라해 보자. 예제에서는 광고주 칼럼에 ㈜GGG가 중복되어 있다.

```
[10]  df5 = df.copy()
[11]  df5['광고주']
```

🎁 실행결과

```
0      (유) AAA
1      ㈜ BBB
2      ㈜ CCC
3         NaN
4      ㈜ DDD
5      ㈜ EEE
6      ㈜ FFF
7      ㈜ GGG
8      ㈜ GGG
9      ㈜ GGG
10     ㈜ HHH
11        NaN
12     ㈜ III
13     ㈜ JJJ
14     ㈜ KKK
15     ㈜ LLL
16     ㈜ MMM
17     ㈜ NNN
18     ㈜ OOO
Name: 광고주, dtype: object
```

```
[12] | df5['광고주'].drop_duplicates()
```

🛡 실행결과

```
0        (유) AAA
1        ㈜ BBB
2        ㈜ CCC
3            NaN
4        ㈜ DDD
5        ㈜ EEE
6        ㈜ FFF
7        ㈜ GGG
10       ㈜ HHH
12       ㈜ III
13       ㈜ JJJ
14       ㈜ KKK
15       ㈜ LLL
16       ㈜ MMM
17       ㈜ NNN
18       ㈜ OOO
Name: 광고주, dtype: object
```

drop_duplicates 함수에서 keep이라는 옵션을 사용할 수 있다. keep은 first 와 last 방식이 있다. first는 중복되었을 때 인덱스 순서에서 먼저인 것은 유지하고 그 뒤부터는 삭제, last는 인덱스 순서상 맨 마지막인 것만 유지하고 그 전은 삭제하는 옵션이다.

```
[13] | df6 = df.copy()
[14] | df6['광고주'] = df6['광고주'].drop_duplicates(keep='first')
     | df6
```

	광고주	브랜드	시작일	종료일	Impression	Click	재생 완료
0	(유) AAA	브랜드 1	2020-08-01	2020-08-31	11615	72.0	1937
1	㈜ BBB	브래드 2	2020-08-01	2020-08-31	3077	11.0	2070
2	㈜ CCC	브래드 3	2020-07-24	2020-08-31	8107	25.0	5211
3	NaN	브래드 4	2020-08-04	2020-08-10	1023737	5275.0	195422
4	㈜ DDD	브래드 5	2020-06-25	2020-08-19	1715	6.0	1091
5	㈜ EEE	브래드 6	2020-08-01	2020-08-31	5832	16.0	1264
6	㈜ FFF	브래드 7	2020-07-03	2020-08-17	1851	NaN	1123
7	㈜ GGG	브래드 8	2020-06-26	2020-08-31	63082	73.0	48945
8	NaN	브랜드 9	2020-08-01	2020-10-14	28246	129.0	8624
9	NaN	브래드 10	2020-07-10	2020-09-30	25170	34.0	14500
10	㈜ HHH	브래드 11	2020-08-01	2020-08-31	5674	27.0	1525
11	NaN	브래드 12	2020-08-01	2020-08-31	10869	35.0	8122
12	㈜ III	브래드 13	2020-08-01	2020-08-31	144739	342.0	111435
13	㈜ JJJ	브래드 14	2020-08-01	2020-08-31	2595	2.0	1929
14	㈜ KKK	브래드 15	2020-07-31	2020-08-20	16413	57.0	11269
15	㈜ LLL	브래드 16	2020-07-01	2020-08-16	33930	NaN	25111
16	㈜ MMM	브래드 17	2020-07-31	2020-08-13	6977	29.0	4286
17	㈜ NNN	브래드 18	2020-07-10	2020-08-08	6873	68.0	1728
18	㈜ OOO	브래드 19	2020-07-24	2020-08-31	15970	43.0	10961

원래 데이터에서 7, 8, 9번 관측치에 광고주가 ㈜GGG로 같았는데, 7번 관측치의 광고주 값만 남고, 8, 9번 관측치의 광고주 값이 NaN으로 변경된 것을 볼 수 있다.

```
[15]    df2 = df.copy()

[16]    df2['Click'] = df2['click'].fillna(click_mean)
        df2['Click']
```

실행결과

367.29411764705884

7 문자 데이터 처리

문자(Obj) 데이터는 숫자 데이터보다 데이터 분석하기가 까다롭다. 사칙연산도 자유롭게 되지 않고(문자 데이터도 덧셈은 가능하다), 데이터 애널리틱스할 때 자동으로 빠지기도 한다. 그러나 문자로 된 데이터가 많으므로 이를 잘 처리해야 원하는 분석을 할 수 있다.

1) 날짜 타입으로 변경하기

사람이 보기에는 날짜처럼 보이는(?) 데이터도 컴퓨터는 날짜 데이터라고 인식하지 못하고 문자 타입이라고 인식하는 경우가 있다. 이때는 to_datetime이라는 함수를 사용해서 날짜 타입으로 변환해야 한다. 날짜 타입으로 변경하고 나면 추가적인 분석을 자유롭게 할 수 있다.

```
[1]  import pandas as pd
[2]  df = pd.read_csv('http://scottyoon.cafe24.com/data/brand_ad_ex.csv')
[3]  df['시작일']
```

```
0       2020 − 08 − 01
1       2020 − 08 − 01
2       2020 − 07 − 24
3       2020 − 08 − 04
4       2020 − 06 − 25
5       2020 − 08 − 01
6       2020 − 07 − 03
7       2020 − 06 − 26
8       2020 − 08 − 01
9       2020 − 07 − 10
10      2020 − 08 − 01
11      2020 − 08 − 01
12      2020 − 08 − 01
13      2020 − 08 − 01
14      2020 − 07 − 31
15      2020 − 07 − 01
16      2020 − 07 − 31
17      2020 − 07 − 10
18      2020 − 07 − 24
Name: 시작일, dtype: object
```

데이터 타입이 문자(object)라고 인식하고 있다. 날짜 타입으로 변경하고 이를 원본 데이터에 대입해 주자.

```
[4]   df2 = df.copy()
      df['시작일'] = pd.to_datetime(df['시작일'])
      df['시작일']
```

실행결과

```
0       2020 − 08 − 01
1       2020 − 08 − 01
2       2020 − 07 − 24
```

```
3      2020 − 08 − 04
4      2020 − 06 − 25
5      2020 − 08 − 01
6      2020 − 07 − 03
7      2020 − 06 − 26
8      2020 − 08 − 01
9      2020 − 07 − 10
10     2020 − 08 − 01
11     2020 − 08 − 01
12     2020 − 08 − 01
13     2020 − 08 − 01
14     2020 − 07 − 31
15     2020 − 07 − 01
16     2020 − 07 − 31
17     2020 − 07 − 10
18     2020 − 07 − 24
Name: 시작일, dtype: datetime64[ns]
```

날짜 타입(datetime)으로 바꾸고 나면, 월, 일, 요일 등의 날짜의 세부적인 정보를 추출할 수 있게 된다. 먼저 요일을 알아보자.

ⓘ 참고

월요일: 0, 화요일: 1, 수요일: 2, 목요일: 3, 금요일: 4, 토요일: 5, 일요일: 6

[5] df2['시작일'].dt.dayofweek

🎁 실행결과

```
0      5
1      5
2      4
3      1
4      3
```

5	5	
6	4	
7	4	
8	5	
9	4	
10	5	
11	5	
12	5	
13	5	
14	4	
15	2	
16	4	
17	4	
18	4	

Name: 시작일, dtype: int64

다음으로 시작일을 기준으로 연도, 월, 일이라는 변수를 새로 만들어보자. 이를 통해 월별 브랜드 수와 같은 분석을 추가로 할 수 있다.

```
[6]  df2['시작_년'] = df2['시작일'].dt.year
     df2['시작_월'] = df2['시작일'].dt.month
     df2['시작_일'] = df2['시작일'].dt.day
[7]  df2.head()
```

🎁 실행결과

	광고주	브랜드	시작일	종료일	Impression	Click	재생 완료	시작_년	시작_월	시작_일
0	(유) AAA	브랜드 1	2020-08-01	2020-08-31	11615	72.0	1937	2020	8	1
1	㈜ BBB	브랜드 2	2020-08-01	2020-08-31	3077	11.0	2070	2020	8	1
2	㈜ CCC	브랜드 3	2020-07-24	2020-08-31	8107	25.0	5211	2020	7	24
3	NaN	브랜드 4	2020-08-04	2020-08-10	1023737	5275.0	195422	2020	8	4
4	㈜ DDD	브랜드 5	2020-06-25	2020-08-19	1715	6.0	1091	2020	6	25

```
[8]    df2.groupby('시작_월')['브랜드'].count()
```

🎁 실행결과

```
시작_월
6      2
7      8
8      9
Name: 브랜드, dtype: int64
```

2) 텍스트를 코드값으로 변경하기

문자 데이터 중 일부는 코드값으로 변경할 수 있다. 코드값으로 변환하고 나면 데이터 분석에 활용할 수 있다. 코드값으로 변경 가능한 문자 데이터를 명목변수(Nominal Variable)라고 한다. 명목변수는 측정대상의 특성을 분류하기 위한 변수이다. 즉 코드값으로 변환하여도 코드값은 구분을 위해 사용될 뿐 숫자의 크기나 의미는 없다. 예를 들어 출신 지역(서울, 부산, 대구 등), 성별(남성, 여성), 학력(고등학교 졸업, 대학교 졸업, 대학원 졸업 등) 등이 있다. 실습에서는 '광고주국가'라는 새로운 변수를 문자열로 만든 후, 코드값으로 변경하는 방법을 실습해 보자.

```
[9]    df3 = df.copy
[10]   df3['광고주국가'] = '대한민국'
[11]   df3.loc[df3['광고주'] == '㈜ BBB', '광고주국가'] = '미국'
       df3.loc[df3['광고주'] == '㈜ GGG', '광고주국가'] = '미국'
       df3
```

	광고주	브랜드	시작일	종료일	Impression	Click	재생 완료	광고주국가
0	(유) AAA	브랜드 1	2020-08-01	2020-08-31	11615	72.0	1937	대한민국
1	㈜ BBB	브래드 2	2020-08-01	2020-08-31	3077	11.0	2070	미국
2	㈜ CCC	브래드 3	2020-07-24	2020-08-31	8107	25.0	5211	대한민국
3	NaN	브래드 4	2020-08-04	2020-08-10	1023737	5275.0	195422	대한민국
4	㈜ DDD	브래드 5	2020-06-25	2020-08-19	1715	6.0	1091	대한민국
5	㈜ EEE	브래드 6	2020-08-01	2020-08-31	5832	16.0	1264	대한민국
6	㈜ FFF	브래드 7	2020-07-03	2020-08-17	1851	NaN	1123	대한민국
7	㈜ GGG	브래드 8	2020-06-26	2020-08-31	63082	73.0	48945	미국
8	㈜ GGG	브래드 9	2020-08-01	2020-10-14	28246	129.0	8624	미국
9	㈜ GGG	브래드 10	2020-07-10	2020-09-30	25170	34.0	14500	미국
10	㈜ HHH	브래드 11	2020-08-01	2020-08-31	5674	27.0	1525	대한민국
11	NaN	브래드 12	2020-08-01	2020-08-31	10869	35.0	8122	대한민국
12	㈜ III	브래드 13	2020-08-01	2020-08-31	144739	342.0	111435	대한민국
13	㈜ JJJ	브래드 14	2020-08-01	2020-08-31	2595	2.0	1929	대한민국
14	㈜ KKK	브래드 15	2020-07-31	2020-08-20	16413	57.0	11269	대한민국
15	㈜ LLL	브래드 16	2020-07-01	2020-08-16	33930	NaN	25111	대한민국
16	㈜ MMM	브래드 17	2020-07-31	2020-08-13	6977	29.0	4286	대한민국
17	㈜ NNN	브래드 18	2020-07-10	2020-08-08	6873	68.0	1728	대한민국
18	㈜ OOO	브래드 19	2020-07-24	2020-08-31	15970	43.0	10961	대한민국

```
[12]  df3.loc[df3['광고주국가'] == '미국', '국가코드'] = 1
      df3.loc[df3['광고주국가'] == '대한민국', '국가코드'] = 0
[13]  df3.head()
```

실행결과

	광고주	브랜드	시작일	종료일	Impression	Click	재생 완료	광고주국가	국가코드
0	(유) AAA	브랜드 1	2020-08-01	2020-08-31	11615	72.0	1937	대한민국	0.0
1	㈜ BBB	브래드 2	2020-08-01	2020-08-31	3077	11.0	2070	미국	1.0
2	㈜ CCC	브래드 3	2020-07-24	2020-08-31	8107	25.0	5211	대한민국	0.0
3	NaN	브래드 4	2020-08-04	2020-08-10	1023737	5275.0	195422	대한민국	0.0
4	㈜ DDD	브래드 5	2020-06-25	2020-08-19	1715	6.0	1091	대한민국	0.0

그런데 국가 코드가 소수점이 있는 실수 타입이다. 이를 정수 타입으로 바꿀 때는 astype 함수를 이용하면 된다.

```
[14]  df3['국가코드'] = df3['국가코드'].astype(int)
      df3.head()
```

실행결과

	광고주	브랜드	시작일	종료일	Impression	Click	재생 완료	광고주국가	국가코드
0	(유) AAA	브랜드 1	2020-08-01	2020-08-31	11615	72.0	1937	대한민국	0
1	㈜ BBB	브랜드 2	2020-08-01	2020-08-31	3077	11.0	2070	미국	1
2	㈜ CCC	브랜드 3	2020-07-24	2020-08-31	8107	25.0	5211	대한민국	0
3	NaN	브랜드 4	2020-08-04	2020-08-10	1023737	5275.0	195422	대한민국	0
4	㈜ DDD	브랜드 5	2020-06-25	2020-08-19	1715	6.0	1091	대한민국	0

깔끔하게 정수 타입으로 바뀌었다. 코드값으로 바꾸는 방법은 loc함수를 이용하는 것 말고도 map 함수를 이용하는 방법이 있다. 다음 코드를 실습해 보자.

```
[15]  code = {
          '대한민국': 0,
          '미국': 1
      }
[16]  df3['국가코드2'] = df3['광고주국가'].map(code)
      df3.head()
```

실행결과

	광고주	브랜드	시작일	종료일	Impression	Click	재생 완료	광고주국가	국가코드	국가코드2
0	(유) AAA	브랜드 1	2020-08-01	2020-08-31	11615	72.0	1937	대한민국	0	0
1	㈜ BBB	브랜드 2	2020-08-01	2020-08-31	3077	11.0	2070	미국	1	1
2	㈜ CCC	브랜드 3	2020-07-24	2020-08-31	8107	25.0	5211	대한민국	0	0
3	NaN	브랜드 4	2020-08-04	2020-08-10	1023737	5275.0	195422	대한민국	0	0
4	㈜ DDD	브랜드 5	2020-06-25	2020-08-19	1715	6.0	1091	대한민국	0	0

3) 원핫 인코딩

원핫 인코딩(One-Hot Encoding)은 명목변수에 구분되는 값이 2개 이상이면 어떤 특징이 존재하는가 존재하지 않는가를 표시하는 변수를 만들어내는 방식이다. 즉, 해당하는 값에 맞으면 1, 아니면 0을 부여한다. 원핫 인코딩을 사용하지 않으면 데이터 분석 시 오류가 발생하기도 한다. 예를 들어 출신 지역에 따라 수능성적에 영향을 미치는지 분석한다고 가정해 보자. 이때, 출신 지역을 코드값으로 변형하여, 서울이면 0, 부산은 1, 대전은 2, 대구는 3으로 정했다고 가정해 보자. 그리고 분석을 하면 컴퓨터는 코드 안에서 값 간의 관계를 스스로 형성하게 된다. 그리하여, 부산사람(코드 1) 2명이면 대전사람(코드 2) 1명과 같은 오류가 발생한다. 이 같은 오류를 방지하기 위해서 서울 여부라는 변수를 만들고, 출신이 서울인 사람에게만 1을 부여하고 그 외는 모두 0을 부여한다. 이러한 방식을 원핫 인코딩이라고 한다. 데이터 분석, 머신러닝, 딥러닝 분석에서 많이 활용되므로 꼭 알아두자! 실습에서는 업종이라는 변수를 코드값으로 바꾼 다음에 원핫 인코딩을 하는 방법을 실습해 보자.

(i) 참고

> k개의 코드가 있다면 k−1개의 변수만 만들어도 충분하다. 마지막 코드는
> 나머지 변수가 모두 0인 값이기 때문이다.

```
[17]   df = pd.read_csv('http://scottyoon.cafe24.com/data/brand_ad_ex2.csv')
       #새로운 파일을 불러오자!
[18]   df.head()
```

(◈) 실행결과

	광고주	브랜드	시작일	종료일	Impression	Click	재생 완료	업종
0	(유) AAA	브랜드 1	2020-08-01	2020-08-31	11615	72.0	1937	교육
1	㈜ BBB	브랜드 2	2020-08-01	2020-08-31	3077	11.0	2070	정보
2	㈜ CCC	브랜드 3	2020-07-24	2020-08-31	8107	25.0	5211	방송업
3	NaN	브랜드 4	2020-08-04	2020-08-10	1023737	5275.0	195422	정보
4	㈜ DDD	브랜드 5	2020-06-25	2020-08-19	1715	6.0	1091	교육

새로운 데이터 파일에는 브랜드별 업종이 있다. 업종의 종류와 업종별 브랜드를 파악하고, 업종별 원핫 인코딩을 해 보자.

ⓘ 참고

명목형 변수의 종류별 개수를 볼 때는 value_counts함수를 사용한다.

[19] | df['업종'].value_counts()

🎲 실행결과

```
교육      6
방송업    4
기술      4
건설업    3
정보      2
Name: 업종, dtype: int64
```

[20] | dummies = pd.get_dummies(df['업종'], drop_first=True) # 업종 중
마지막 종류인 건설업은 변수에서 제외하자!

[21] | dummies

🎲 실행결과

	교육	기술	방송업	정보
0	1	0	0	0
1	0	0	0	1
2	0	0	1	0
3	0	0	0	1
4	1	0	0	0

변수의 개수를 줄이기 위해 업종 중 마지막 종류인 건설업은 변수에서 제외하기 위해 drop_first라는 옵션을 사용했다. 그다음 기존 데이터에 더미 변수를 추가해 보자. 추가할 때는 join 함수를 이용하면 된다.

```
[22]  df2 = df.copy()
[23]  df2 = df2.join(dummies)
      df2
```

실행결과

	광고주	브랜드	시작일	종료일	Impression	Click	재생 완료	업종	교육	기술	방송업	정보
0	(유) AAA	브랜드 1	2020-08-01	2020-08-31	11615	72.0	1937	교육	1	0	0	0
1	㈜ BBB	브랜드 2	2020-08-01	2020-08-31	3077	11.0	2070	정보	0	0	0	1
2	㈜ CCC	브랜드 3	2020-07-24	2020-08-31	8107	25.0	5211	방송업	0	0	1	0
3	NaN	브랜드 4	2020-08-04	2020-08-10	1023737	5275.0	195422	정보	0	0	0	1
4	㈜ DDD	브랜드 5	2020-06-25	2020-08-19	1715	6.0	1091	교육	1	0	0	0
5	㈜ EEE	브랜드 6	2020-08-01	2020-08-31	5832	16.0	1264	기술	0	1	0	0
6	㈜ FFF	브랜드 7	2020-07-03	2020-08-17	1851	NaN	1123	기술	0	1	0	0
7	㈜ GGG	브랜드 8	2020-06-26	2020-08-31	63082	73.0	48945	방송업	0	0	1	0
8	㈜ GGG	브랜드 9	2020-08-01	2020-10-14	28246	129.0	8624	방송업	0	0	1	0
9	㈜ GGG	브랜드 10	2020-07-10	2020-09-30	25170	34.0	14500	방송업	0	0	1	0
10	㈜ HHH	브랜드 11	2020-08-01	2020-08-31	5674	27.0	1525	건설업	0	0	0	0
11	NaN	브랜드 12	2020-08-01	2020-08-31	10869	35.0	8122	교육	1	0	0	0
12	㈜ III	브랜드 13	2020-08-01	2020-08-31	144739	342.0	111435	건설업	0	0	0	0
13	㈜ JJJ	브랜드 14	2020-08-01	2020-08-31	2595	2.0	1929	교육	1	0	0	0
14	㈜ KKK	브랜드 15	2020-07-31	2020-08-20	16413	57.0	11269	건설업	0	0	0	0
15	㈜ LLL	브랜드 16	2020-07-01	2020-08-16	33930	NaN	25111	교육	1	0	0	0
16	㈜ MMM	브랜드 17	2020-07-31	2020-08-13	6977	29.0	4286	교육	1	0	0	0
17	㈜ NNN	브랜드 18	2020-07-10	2020-08-08	6873	68.0	1728	기술	0	1	0	0
18	㈜ OOO	브랜드 19	2020-07-24	2020-08-31	15970	43.0	10961	기술	0	1	0	0

프로그래밍 기반 데이터 시각화와 실전 분석

1. 데이터 시각화: 판다스 라이브러리

2. 데이터 시각화: matplotlib과 seaborn 라이브러리

3. 예측 마케팅

4. A/B Test 마케팅

5. 군집 마케팅

1 데이터 시각화: 판다스 라이브러리

이제 지금까지 배웠던 모든 지식을 활용해서, 프로그래밍 기반 시각화와 데이터 분석을 해 보자. 데이터 시각화를 통해 데이터에 숨어 있는 패턴이나 인사이트를 발견하고 분석 알고리즘을 활용해 예측이나 분류를 해 보자.

판다스 라이브러리는 데이터 전처리뿐 아니라 기초적인 시각화 기능도 제공한다. 실습으로 익혀보도록 하자.

1) 시각화를 위한 기본 환경설정

데이터 중에 한글이 있으면 데이터 시각화를 할 때 글자가 깨지는 현상이 발생한다. 글자가 깨지지 않게 하기 위해서는 아래의 과정을 진행해야 한다.

▌Step 1. 코드를 실행한다.

```
[1]   import pandas as pd
[2]   df = pd.read_csv('http://scottyoon.cafe24.com/data/company_ad_
      price.csv')
[3]   !apt -qq -y install fonts-nanum > /dev/null
```

```
import matplotlib.pyplot as plt
import matplotlib.font_manager as fm

fontpath = '/usr/share/fonts/truetype/nanum/NanumBarunGothic.ttf'
font = fm.FontProperties(fname=fontpath, size=10)
fm._rebuild()

# 그래프에 retina display 적용
%config InlineBackend.figure_format = 'retina'

# Colab의 한글 폰트 설정
plt.rc('font', family='NanumBarunGothic')
```

▌Step 2. 메뉴-런타임-런타임 초기화를 클릭한다.

▌Step 3. Step 1의 코드를 한 번 더 실행한다.

▌Step 4. 차트와 그래프의 크기를 지정한다.

[4] | plt.rcParams['figure.figsize'] = (12, 9)

2) 선 그래프

[5] | df.head()

실행결과

	대업종	회사규모	연도	월	광고집행금액	광고노출수
0	가정용전기전자	소기업	2015	10	5652	3768
1	가정용전기전자	중기업	2015	10	5882	6608
2	가정용전기전자	중건기업	2015	10	5721	6575
3	가정용전기전자	대기업	2015	10	5879	4420
4	가정용품	소기업	2015	10	3488	1685

[6] | df['광고집행금액'].plot(kind='line')

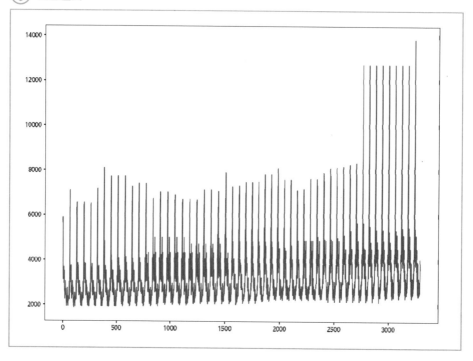

그래프가 한눈에 들어오지 않으니, 연도별 평균 광고 집행금액을 계산해서 그래프를 그려보자.

```
[7]  df_year = df.groupby('연도').mean()

[8]  df_home_year = df_home.groupby('연도').mean()

[9]  df_year['광고집행금액']
```

실행결과

연도	
2015	2813.635417
2016	2965.157692
2017	3179.040208
2018	3352.993017
2019	3741.997207
2020	3926.008475

Name: 광고집행금액, dtype: float64

[10] | df_year['광고집행금액'].plot(kind='line')

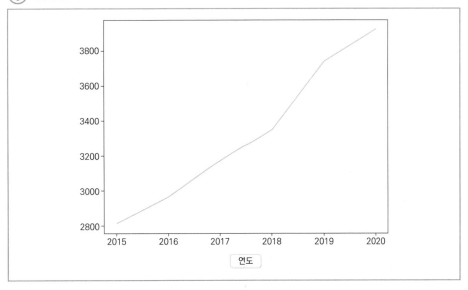

3) 막대그래프

업종별 광고 집행금액 평균금액을 세로막대 그래프와 가로막대 그래프로 그려보자.

[11] | df.groupby('대업종')['광고집행금액'].mean().plot(kind='bar')

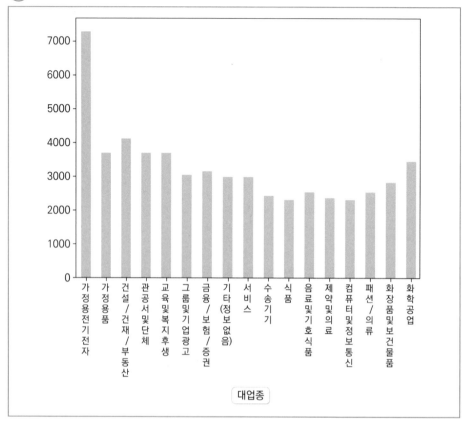

[12]   df.groupby('대업종')['광고집행금액'].mean().plot(kind='bar')

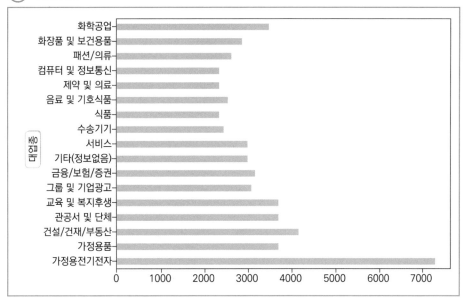

세로막대 그래프를 정렬해서 보여주고 싶다면 다음의 코드를 따라해 보자.

[13] AVG = df.groupby('대업종')['광고집행금액'].mean()

[14] AVG = AVG.sort_values()

[15] AVG.plot(kind='barh')

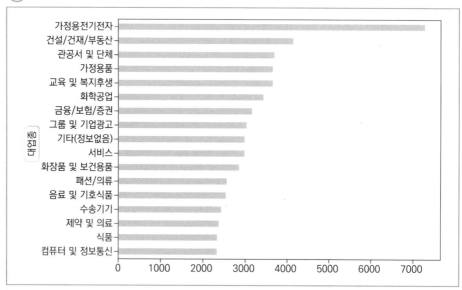

4) 원형 차트

업종별 광고집행 금액을 원형 차트로 그려보자.

[16] df.groupby('대업종')['광고집행금액'].mean().plot(kind='pie')

실행결과

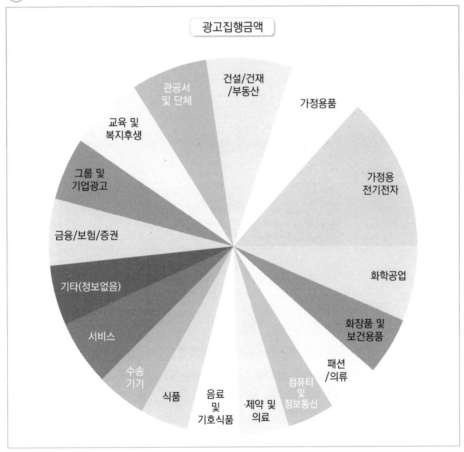

5) 산점도

광고 노출수(Impression)와 광고집행 금액 간의 관계를 보기 위해 산점도를
그려보자.

[17] | df.plot(x = '광고집행금액', y = '광고노출수', kind = 'scatter')

⬡ 실행결과

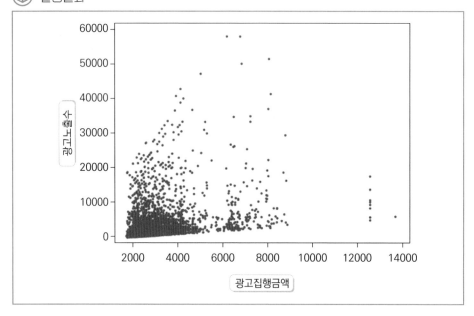

예상대로, 광고 노출수(Impression)와 광고집행 금액 간의 어느 정도 선형적
인 관계가 있는 것이 데이터 시각화를 통해 보인다.

6) 그 외 데이터 시각화

실습을 따라했다면 눈치챘겠지만, 판다스 패키지를 통해 데이터 시각화 종류를 바꾸는 방법은 간단하다. kind 옵션만 바꾸면 되는데 이 책에서 다 담지 못했던 나머지 옵션은 따로 실습을 해 보자.

- hist: 히스토그램
- kde: 커널 밀도 그래프
- hexbin: 고밀도 산점도 그래프
- box: 박스 플롯
- area: 면적 그래프

2 데이터 시각화: matplotlib과 seaborn 라이브러리

판다스로는 간단한 데이터 시각화만 할 수 있지만, matplotlib과 seaborn 라이브러리를 사용하면 더욱 유려한 그래프나 차트를 그릴 수 있다. 특히, seaborn에서만 제공되는 통계기반 그래프는 활용도가 높다. 실습에 사용하는 데이터는 seaborn 라이브러리에서 제공하는 tips이다. tips 데이터는 레스토랑에서 테이블의 결제 금액, 팁 금액, 결재자의 정보 등이 있다.

1) 시각화 관련 다양한 기능 제공

seaborn 라이브러리로 요일 기준으로 tip 금액이 어떻게 다른지 그래프를 그려보자.

```
[1]   import pandas as pd
      import matplotlib.pyplot as plt
      import seaborn as sns
[2]   tips = sns.load_dataset('tips')
      tips.head()
```

	total_bill	tip	sex	smoker	day	time	size
0	16.99	1.01	Female	No	Sun	Dinner	2
1	10.34	1.66	Male	No	Sun	Dinner	3
2	21.01	3.50	Male	No	Sun	Dinner	3
3	23.68	3.31	Male	No	Sun	Dinner	2
4	24.59	3.61	Female	No	Sun	Dinner	4

참고

total_bill: 식사 결제비용, tip: 팁, sex: 결제자 성별, smoker: 흡연 여부, day: 식사한 요일, time: 점심/저녁, size: 식사 인원

[3] sns.barplot(x='day', y='tip', data=tips)

실행결과

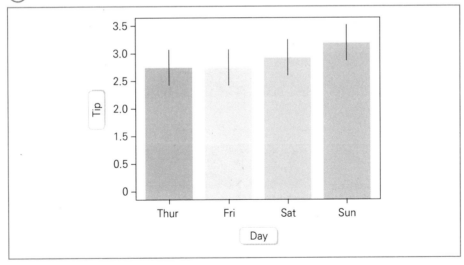

막대 중간에 있는 선은 신뢰 구간을 의미한다.

　판다스의 막대그래프와 조금 다른 모습이다. 그러나 색깔이 조금 촌스러워 보이니 수정해 보자. seaborn 라이브러리에서는 다양한 컬러 팔레트를 제공하고 있다. 필자가 주로 사용하는 컬러 팔레트를 몇 개 소개하고자 한다. 추가적인 컬러 팔레트 정보는 seaborn 공식 홈페이지에서 확인할 수 있다(https://seaborn.pydata.org/tutorial/color_palettes.html).

- BuGn

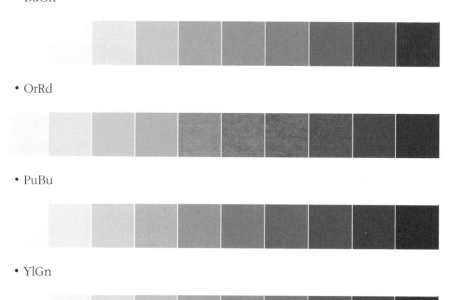

- OrRd

- PuBu

- YlGn

컬러 팔레트를 사용하는 방법은 옵션을 추가하면 된다.

[4] | sns.barplot(x='day', y='tip', data=tips, palette='PuBu')

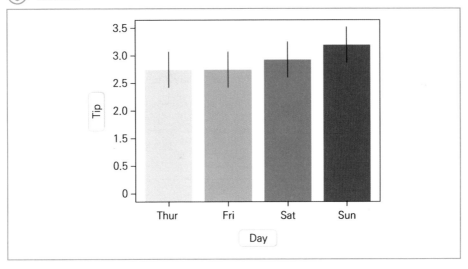

또한 seaborn 라이브러리에 있는 catplot를 사용하면 강력한 기능을 사용할 수 있다. 먼저, hue 옵션을 사용해서, 남녀 간에 식사 결제비용을 박스플롯 형태로 시각화하되, 흡연 여부를 추가로 구분해서 그려보도록 하자.

[5] | sns.catplot(x='sex', y='total_bill',
　　　　　　　hue='smoker',
　　　　　　　data=tips,
　　　　　　　kind='box')

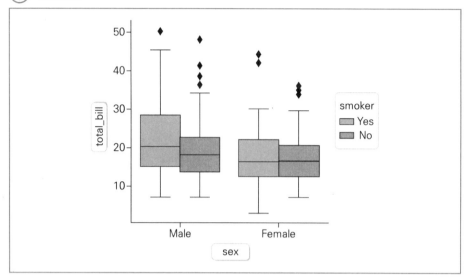

여성의 경우에는 흡연 여부가 식사 결제비용 차이가 없지만, 남성의 경우에는 흡연자가 비흡연자보다 식사 비용(중앙값)이 많다는 것을 알 수 있다. 이를 더 자세하게 보기 위해 식사시간을 나눠서 그래프를 그려보도록 하자.

```
[6]  sns.catplot(x = 'sex',  y = 'total_bill',
                 hue = 'smoker',
                 col = 'time',
                 data = tips,
                 kind = 'box')
```

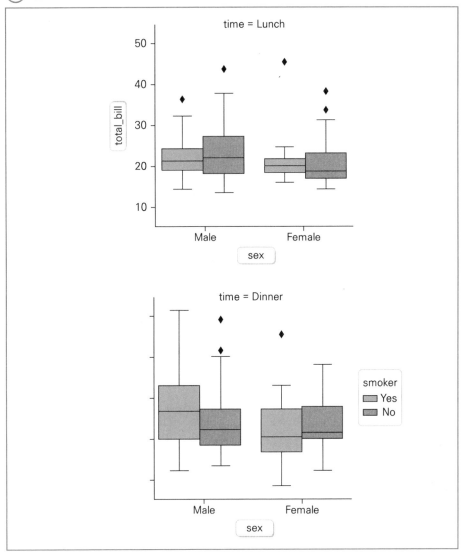

저녁 타임 때 흡연자 남성이 식사 비용을 계산하는 결제비용의 중앙값이 높다는 것을 시각화를 통해 파악할 수 있다. seaborn 라이브러리는 복잡한 그래프도 쉽게 그릴 뿐 아니라 범례, 신뢰 구간, 축 이름도 자동으로 생성해 준다.

2) seaborn에서 제공하는 통계기반 시각화

▌바이올린플롯

바이올린플롯(violinplot)은 데이터의 분포를 시각화해 준다. 바이올린 모양은 데이터의 분포를 곡선화해서 보여주는 것이다. 즉, 데이터가 많은 구간이 볼록하게 보인다. 가운데 흰색 점은 중앙값(median)을 뜻한다. 바이올린 중앙의 두꺼운 선은 사분위 범위를 나타내고 바이올린 중앙의 얇은 선은 95% 신뢰 구간을 나타낸다. 아래 예시를 보면 목요일에 팁의 중앙값이 다른 요일에 비해 낮은 것을 볼수 있다. seaborn 라이브러리로 바이올린플롯을 그리는 방법은 다음과 같다.

[7] ｜ sns.violinplot(x = 'day', y = 'tip', data = tips, palette = 'PuBu')

🔯 실행결과

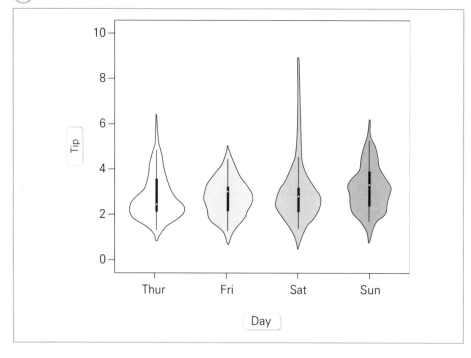

▌lmplot

lmplot은 x와 y 값의 선형 관계를 볼 수 있는 그래프이다. 즉, 산점도를 바탕에 먼저 그린 후에 x와 y의 상관관계를 선으로 그리고 유효범위를 선을 중심으로 면적으로 그려준다. lmplot 실습을 다음과 같이 따라해 보자.

[8] | sns.lmplot(x = 'tip', y = 'total_bill', data = tips)

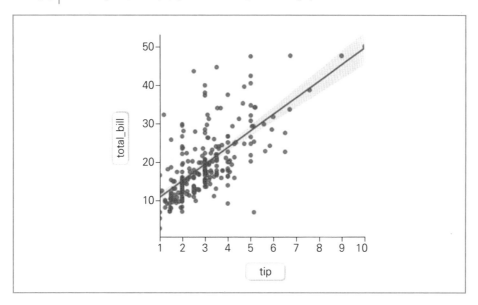

▌히트맵

히트맵(heatmap)은 열을 의미하는 heat와 지도를 뜻하는 map을 합친 단어로, 데이터들의 관계를 색상으로 표현해 주는 그래프이다. 히트맵을 사용하면 두 변수 간의 관계를 한눈에 보기 쉽다. 상관관계 분석도 히트맵을 통해 시각화하면 보기가 쉽다. 아래 예시를 보면 식사 비용(total_bill)과 팁(tip) 간의 상관관계가 0.68로 높은 것을 알 수 있다. 히트맵 실습을 다음과 같이 따라해 보자.

[9] | sns.heatmap(tips.corr(), annot=True)

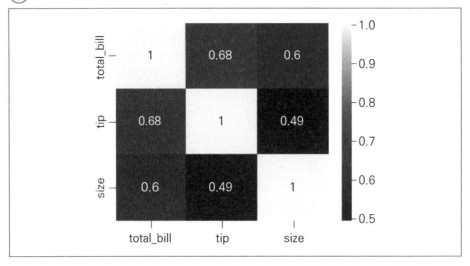

실행결과

참고

tips 데이터의 변수 간의 상관관계를 그리고, annot로 상관관계 계수를 표현한다.

이제부터 본격적으로 데이터 애널리틱스를 실습해 보자. 실습데이터는 가상의 2014년 광고주별 매체 집행금액과 매출액 데이터이다. 매체별 광고비와 매출데이터를 가지고 최적의 마케팅 믹스를 구해보고자 한다. 즉, 매체별 집행금액을 얼마로 했을 때 최적의 매출액이 나오는지 시뮬레이션해 보는 것이다.

1) 문제 정의

▌문제 요약

AAA사의 2015년도 마케팅 믹스 전략을 세워야 한다.

▌배경과 가정

2014년 12월 말 현재, 제조회사인 AAA 회사는 2015년도 매체별 광고비 집행금액 예산안을 잡으려고 한다. AAA 회사의 광고팀원인 당신은 총 예산액 300억을 어떻게 집행할지 계획을 세워야 한다. 계획을 세우기 위해 2014년도 국내 주요 광고주의 매체별 광고비 집행금액과 매출액 데이터를 수집했다. 본 분석에서는 다른 요인은 모두 같은 상황에서 매체비만 변경했을 때 매출액의 변화가 발생했다고 가정한다. 또한 모든 광고주가 해당 미디어에 대해서 같은 방식(큐시트)으로 집행했다고 전제한다. 이제 미디어별로 광고비를 어떻게 쓰느냐에 따라서 매출액이 어떻게 달라지는지 예측해 보자.

(i) 참고

본 데이터는 kaggle.com에 있는 데이터 세트를 실습용으로 변형하여, 회사명은 실제와 관련이 없다.

▎분석 목표

2014년도 광고주별 매체 광고 집행금액과 매출액을 가지고 2015년도 최적의 미디어 믹스 구성을 도출한다.

2) 데이터 설명

- 파일명: Advertising_2014.csv
- 단위는 '억 원'이며 2014년도 가상의 광고주별 매체 금액과 매출액이다.
- 광고주명: 회사 이름
- TV: 2014년도 TV 매체 광고 집행금액
- digital: 2014년도 디지털 매체 광고 집행금액
- newspaper: 2014년도 신문 매체 광고 집행금액
- sales: 2014년도 연간 매출액(예상)

3) 데이터 탐색

```
[1]   import pandas as pd
      import matplotlib.pyplot as plt
      import seaborn as sns
[2]   # 데이터를 확인한다.
      df = pd.read_csv('http://scottyoon.cafe24.com/data/Advertising_2014
      .csv')
```

🎁 실행결과

```
UnicodeDecodeError                         Traceback (most recent call last)
<ipython-input-3-56d738426f25> in <module>()
        1 # 데이터를 확인한다.
——> 2 df = pd.read_csv('http://scottyoon.cafe24.com/data/Advertising_2018.csv')

4 frames
/usr/local/lib/python3.6/dist-packages/pandas/io/parsers.py in __init__(self, src, **
kwds)
     2008            kwds['usecols'] = self.usecols
     2009
->   2010            self._reader = parsers.TextReader(src, **kwds)
     2011            self.unnamed_cols = self._reader.unnamed_cols
     2012

pandas/_libs/parsers.pyx in pandas._libs.parsers.TextReader.__cinit__()

pandas/_libs/parsers.pyx in pandas._libs.parsers.TextReader._get_header()

UnicodeDecodeError: 'utf-8' codec can't decode byte 0xb1 in position 0: invalid
start byte
```

데이터를 불러오는 데 위와 같은 에러가 발생했다. 이는 CSV 파일의 한글 인코딩 이슈가 발생한 것이다. 이 경우에는 아래와 같이 코딩하면 문제를 해결할 수 있다.

```
[3]  # UTF-8 코딩 이슈가 있을 때
     df = pd.read_csv('http://scottyoon.cafe24.com/data/Advertising_2014.
     csv', encoding='CP949')
     df
```

🔲 실행결과

	Unnamed: 0	광고주명	TV	digital	newspaper	sales
0	1	(유)비에이치씨	230.1	37.8	69.2	11050
1	2	(유)컨버스코리아	44.5	39.3	45.1	5200
2	3	(주) 제이케이인스퍼레이션	17.2	45.9	69.3	4650
3	4	(주)CJ오쇼핑	151.5	41.3	58.5	9250
4	5	(주)F&F	180.8	10.8	58.4	6450
...	...	...	...	...	...	...
195	196	바이오티	38.2	3.7	13.8	3800
196	197	반올림피자샵	94.2	4.9	8.1	4850
197	198	벨레다인터네셔널	177.0	9.3	6.4	6400
198	199	보건복지부	283.6	42.0	66.2	12750
199	200	보령제약	232.1	8.6	8.7	6700

200 rows × 6 columns

```
[4]  # 결측값이 있는지 확인한다.
     df.info
```

🔲 실행결과

```
<class 'pandas.core.frame.DataFrame'>
RangeIndex: 200 entries, 0 to 199
Data columns (total 6 columns):
 #   Column      Non-Null Count   Dtype

 0   Unnamed: 0  200 non-null     int64
 1   광고주명        200 non-null     object
 2   TV          200 non-null     float64
 3   digital     200 non-null     float64
 4   newspaper   200 non-null     float64
 5   sales       200 non-null     Int64
dtypes: float64(3), int64(2), object(1)
memory usage: 9.5+ KB
```

다행히 결측값이 없다. 이제 분석에 필요한 변수만 선택해 보자. Unnamed와 광고주명 컬럼은 분석에서 제외해 새로운 데이터 세트를 만들어보자. 그리고 데이터의 기술통계와 시각화 등을 해 보자.

```
[5]   # 분석에 사용할 데이터 세트 새로 생성
      df2 = df[['TV', 'digital', 'newspaper', 'sales']]
      print(df.shape)
      df2.head()
```

실행결과

	TV	digital	newspaper	sales
0	230.1	37.8	69.2	11050
1	44.5	39.3	45.1	5200
2	17.2	45.9	69.3	4650
3	151.5	41.3	58.5	9250
4	180.8	10.8	58.4	6450

```
[6]   # 기술통계를 확인한다.
      df2.describe()
```

실행결과

	TV	digital	newspaper	sales
count	200.000000	200.000000	200.000000	200.000000
mean	147.042500	23.264000	30.554000	7011.250000
std	85.854236	14.846809	21.778621	2608.728283
min	0.700000	0.000000	0.300000	800.000000
25%	74.375000	9.975000	12.750000	5187.500000
50%	149.750000	22.900000	25.750000	6450.000000
75%	218.825000	36.525000	45.100000	8700.000000
max	296.400000	49.600000	114.000000	13500.000000

```
# 변수 간의 correlation을 확인한다.
corr  =  df2.corr()
sns.heatmap(corr, annot=True)
```

🔵 실행결과

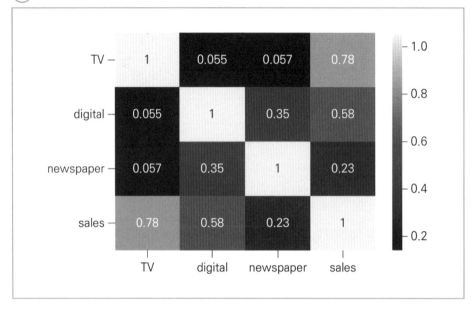

TV 매체 광고 집행비와 매출액 간에는 상관관계가 0.78로 높은 것으로 나타났다. 디지털 광고 매체 집행비도 매출액 간의 상관관계가 0.58로 다소 높다. 반면, 신문 광고 집행비와 매출액 간의 상관관계는 0.23으로 낮아보인다. 변수 간의 관계를 잘 볼 수 있도록 데이터 시각화를 해 보자.

[8] # 변수 간의 pairplot을 그려보자.
sns.pairplot(df2[['TV', 'digital', 'newspaper', 'sales']])

실행결과

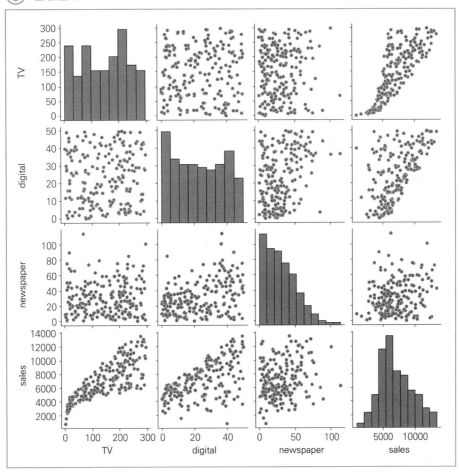

참고

pairplot은 seaborn 라이브러리에 포함된 시각화 함수로 변수 간의 관계를 자동으로 그려준다.

4) 데이터 분석

매체별 광고 집행금액과 매출액 간의 관계를 바탕으로 내년도 최적의 마케팅 믹스를 예측하기 위해 선형 회귀분석을 실시하도록 한다. 파이썬으로 선형 회귀분석을 하기 위해서 sklean 라이브러리를 사용한다. sklean 라이브러리를 사용하기 위해서는 예측하고자 하는 목푯값(Label)과 변수(feature)를 지정해야 한다.

```
[9]    # Labels(목푯값)와 features(변수)를 지정한다.
       Labels = df2['sales']
       features = df2[['TV', 'digital', 'newspaper']]
[10]   print(Labels.shap)
       Labels.head()
```

🔹 실행결과

```
(200,)
0    11050
1     5200
2     4650
3     9250
4     6450
Name: sales, dtype: int64
`
```

```
[11]   # Labels(목푯값)와 features(변수)를 지정한다.
       Labels = df2['sales']
       features = df2[['TV', 'digital', 'newspaper']]
[12]   Features.head()
```

```
(200, 3)
      TV  digital  newspaper
0  230.1     37.8       69.2
1   44.5     39.3       45.1
2   17.2     45.9       69.3
3  151.5     41.3       58.5
4  180.8     10.8       58.4
```

sklean 라이브러리에서 선형 회귀분석 패키지를 실행해 보자. sklearn 라이브러리에서 모델을 학습하는 함수는 fit이며, 학습 후에 선형회귀식을 출력할 수 있다.

```
[13]   # sklearn의 선형회귀분석을 실행해 보자.
       from sklearn.datasets import make_regression
       from sklearn.linear_model import LinearRegression
[14]   model = LinearRegression().fit(features, Labels)
       print(model.intercept_, model.coef_)
```

실행결과

```
1469.4446847297068 [22.88232273 94.26500846 −0.51874652]
```

선형회귀식을 정리하면 다음과 같다.

매출액(sales) = 1469.44 + 22.88 × TV 광고 집행금액(TV) + 94.26 × 디지털 광고
집행금액(digital) − 0.52 × 신문 광고 집행금액(newspaper)

선형회귀식을 바탕으로 매체별 광고 집행금액을 시뮬레이션하면서 2015년도 매출액을 예측해 보자. 예측할 때는 predict 함수를 쓰되 대괄호([])를 두 번 감싼다는 것을 주의하자.

```
[15]   # 각 매체별 집행비에 따른 매출액 예측 시뮬레이션.
       model.predict([[100, 190, 10]])
```

실행결과

```
array([21662.84109952])
```

```
[16]   model.predict([[50, 250, 10]])
```

실행결과

```
array([26174.62547068])
```

TV 100억, 디지털 190억, 신문 광고 10억을 집행했을 때 예상되는 매출액은 약 2조 1,662억이고, TV 50억, 디지털 250억, 신문 광고 10억을 집행했을 때 예상되는 매출액은 약 2조 6,174억이다.

5) 적용방안

2014년도 광고 집행 결과를 분석해 본 결과 신문 광고는 매출에 영향을 미치지 않는다는 것이 밝혀졌다. 즉, 신문 광고를 중단하고 TV, 디지털 광고 위주로 집행해야 한다. 특히 디지털 광고가 TV 광고보다 매출에 더 큰 영향을 미치는 디지털 광고 위주로 집행하는 것이 효율적이다.

A/B Test 마케팅

1) 문제 정의

▌문제 요약

BBB사는 인★그램에 A 소재와 B 소재 중 하나를 선택해 디지털 광고를 집행하려고 한다. 어떤 소재가 광고 효과가 더 좋을까?

▌배경과 가정

가방제조 회사인 BBB사는 인★그램 매체에 광고를 1억 집행하기로 했다. 그리하여, 디자인 팀에서 A 소재와 B 소재를 디자인했다. A 소재는 제품이 잘 보이고 제품에 대한 설명이 잘 나타난 광고 소재이고, B 소재는 제품과 광고모델이 도드라지고 문구는 광고문구 한 줄이 전부이다. 광고 금액이 큰 만큼, A 회사에서 두 개의 광고 소재를 테스트했다. 고객 가운데 약 9만 명에게 A 소재, B 소재로 나눠서 광고를 노출하고 구매 여부를 확인했다. 단, 광고 소재를 제외한 모든 요소는 같이 제공되었다고 가정한다. 그리하여, 두 광고 소재가 구매에 미치는 영향의 차이를 통계적으로 증명해 본다.(※본 데이터는 kaggle.com에 있는 데이터 세트를 실습용으로 변형하여, 실제 데이터가 아님을 밝힌다.)

A 소재
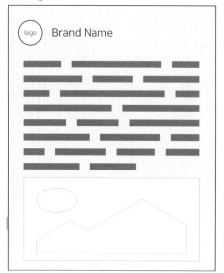

B 소재
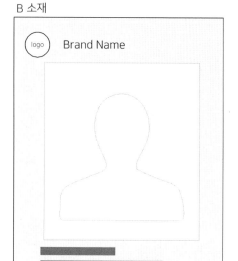

▌분석 목표

테스트 결과를 바탕으로 광고 효과가 우수한 광고 소재를 선택해, 본 광고를 집행해 보자.

2) 데이터 설명

- 파일명: user_log.csv
- 광고 노출 후 14일 동안 수집된 데이터임
- userid: 고객을 구별할 수 있는 식별번호
- creative: 노출된 광고 소재(creative_A, creative_B)
- log_count: 고객들의 사이트 내에서 만들어낸 로그 회수(예: 페이지 이동 등)
- first_purchase: 고객의 첫 구매 여부
- second_purchase: 고객의 두 번째 구매 여부

3) 데이터 탐색

```
[1]   import pandas as pd
      import matplotlib.pyplot as plt
      import seaborn as sns

[2]   # 데이터를 확인한다.
      df = pd.read_csv('http://scottyoon.cafe24.com/data/user_log.csv')
      print(df.shape)
      df.head()
```

🎲 실행결과

```
(90189, 5)
     userid  Creative  Log_counts  First_purchase  Second_purchase
0      116   Creative_A         3           False            False
1      337   Creative_A        38            True            False
2      377   Creative_B       165            True            False
3      483   Creative_B         1           False            False
4      488   Creative_B       179            True             True
```

```
[3]   # 결측값이 있는지 확인한다.
      df.info()
```

🎲 실행결과

```
<class 'pandas.core.frame.DataFrame'>
RangeIndex: 90189 entries, 0 to 90188
Data columns (total 5 columns):
 #   Column          Non-Null Count    Dtype
---  ------          --------------    -----
 0   userid          90189 non-null    int64
 1   Creative        90189 non-null    object
 2   Log_counts      90189 non-null    int64
 3   First_purchase  90189 non-null    bool
```

```
 4     Second_purchase  90189 non-null      bool
dtypes: bool(2), int64(2), object(1)
memory usage: 2.2+ MB
```

결측값이 없는 것은 확인했다. 불필요한 변수는 제외하고 기술통계와 광고 소재 A와 B에 노출된 사용자들은 각각 몇 명인지 확인해 보자.

[4] df2 = df[['Creative', 'Log_counts', 'First_purchase', 'Second_purchase']]
df2.groupby('Creative').count()

⬡ 실행결과

```
           Log_counts  First_purchase  Second_purchase
Creative
Creative_A    44700        44700           44700
Creative_B    45489        45489           45489
```

[5] df2.describe()

⬡ 실행결과

```
        Log_counts
count   90189.000000
mean       51.872457
std       195.050858
min         0.000000
25%         5.000000
50%        16.000000
75%        51.000000
max     49854.000000
```

광고 소재 A와 B에 노출된 사용자들은 각각 약 4만 5천 명으로 비슷하다. 그런데 log_count 변수의 데이터 분포가 이상하다. 75%까지 51인데, 최댓값이 거의 5만에 가까운 수이다. 이럴 때는 데이터 분포를 볼 수 있는 시각화를 해 보자.

[6] | sns.violinplot(y=df2['Log_counts'])

🔷 실행결과

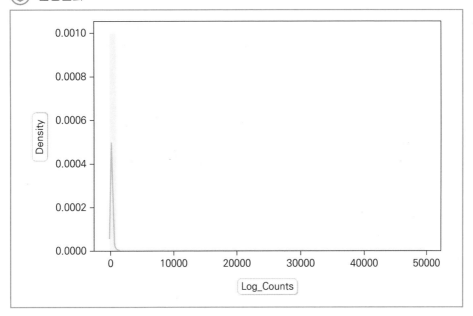

데이터에 이상치(outlier)가 있다. 14일 동안 한 이용자가 50,000회 가까인 사용한 이용자는 정상이라고 보기 어렵다. 1만 회 이상 사용한 이용자의 데이터를 제거하고 분석하자.

ⓘ 참고

전처리할 때 이상치를 제거하지 않으면 분석이 제대로 되지 않는다.

[7] | df2[df2['Log_counts'] > 10000]

	userid	Creative	Log_counts	First_purchase	Second_purchase
57702	6390605	Creative_A	49854	False	True

[8] | df2 = df2[df2['Log_counts'] < 40000]
[9] | sns.distplot(df2['Log_counts'])

실행결과

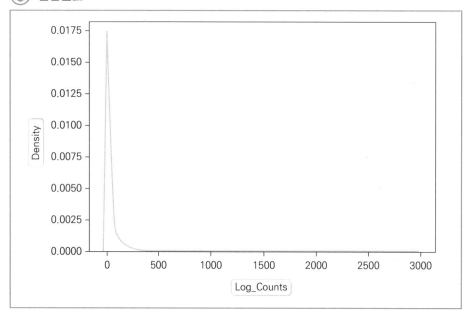

```
[10]    df2.describe()
```

	Log_counts
count	90188.000000
mean	51.320253
std	102.682719
min	0.000000
25%	5.000000
50%	16.000000
75%	51.000000
max	2961.000000

이상치(outlier)를 제거하니 14일 동안 상위 50% 고객은 사이트를 16번 정도 이용했다. 그리고 가장 많이 사용한 고객은 약 3천 회 정도 된다. 이제 이상치를 제거하고 14일 동안 구매를 한 번한 고객과 두 번한 고객의 수를 보자.

```
[11]    df2.groupby('Creative')['First_purchase'].mean()
```

실행결과

```
Creative
Creative_A    0.448188
Creative_B    0.442283
Name: First_purchase, dtype: float64
```

```
[12]   df2.groupby('Creative')['Second_purchase'].mean()
```

실행결과

```
Creative
Creative_A      0.190201
Creative_B      0.182000
Name: Second_purchase, dtype: float64
```

광고 소재에 따른 제품 구매 비율은 광고 소재 A가 광고 소재 B에 비해 다소
높다. 그러나 그 차이가 크지 않기 때문에 통계적으로 분석해 보자.

4) 데이터 분석

이번 데이터 분석에 활용하는 기법은 T-test이다. 광고 소재 A와 광고 소재
B를 본 고객이 다르므로, 독립표본 T-test를 진행한다. T-test를 위해 데이터
분리를 먼저 진행한다.

```
[13]   df_A = df2[df2['Creative'] == 'Creative_A']
       print(df_A.shape)
       df_A.head()
```

실행결과

```
(44699, 5)
     Creative   Log_counts  First_purchase  Second_purchase
 0   Creative_A          3           False            False
 1   Creative_A         38            True            False
 6   Creative_A          0           False            False
11   Creative_A          0           False            False
13   Creative_A         39            True            False
```

```
[14]    df_B  =  df2[df2['Creative']  = =  'Creative_B']
        print(df_B.shape)
        df2_B.tail()
```

```
(45489,  4)
        Creative  Log_counts  First_purchase  Second_purchase
2   Creative_B        165           True            False
3   Creative_B          1          False            False
4   Creative_B        179           True             True
5   Creative_B        187           True             True
7   Creative_B          2          False            False
```

scipy 라이브러리를 활용하고, 소재에 따른 첫 번째 구매(First_purchase)와 두 번째 구매(Second_purchase)의 평균이 통계적으로 차이가 있는지 확인해 보자 (scipy는 numpy와 연계한 과학기술계산을 위한 라이브러리이다).

```
[15]    from  scipy  import  stats

        T_test  =  stats.ttest_ind(df_A['First_purchase'],  df_B['First_purchase'])
        T_test
```

```
Ttest_indResult(statistic=1.7871153372992439,  pvalue=0.07392220630182521)
```

```
[16]    T_test2  =  stats.ttest_ind(df_A['Second_purchase'],  df_B['Second_purcha
        se'])
        T_test2
```

Ttest_indResult(statistic=3.1575495965685936, pvalue=0.0015915357297854773)

결과를 보면 두 개의 숫자가 나온다. statistic은 T-score이다. T-score가 크면 두 그룹이 통계적으로 다르다는 것을 의미한다. p-value는 유의확률을 의미한다. 일반적으로 마케팅 문제는 0.05 수준의 p-value를 기준으로 삼는다. 즉, 0.05보다 숫자가 작다면 통계적으로 유의함을 의미한다. 다시 분석결과로 돌아와서 보면, 첫 번째 구매에서는 통계적으로 유의미하지 않지만(p-value: 0.07), 두 번째 구매에서는 통계적으로 유의미한 차이가 있음이 증명(p-value: 0.00)되었다. 다시 말해, 광고 소재 B보다 광고 소재 A가 두 번째 구매비율이 높은 것은 우연히 발생한 일이 아니다.

5) 적용방안

광고 소재 A가 두 번째 구매에 긍정적 영향을 미치기 때문에, 광고 소재 A로 인★그램 매체에 집행하는 것이 좋은 선택지이다.

ℹ️ 참고: 쌍체표본 T-검정

```
[1]    #데이터 예시
       before = data.실험전[var1]
       after = data.실험후[var1]

       #쌍체검증 T-test
       result = stats.ttest_rel(after, before)
       print(result)
```

5 군집 마케팅

1) 문제 정의

▌문제 요약

CCC사의 고객 데이터를 기반으로 고객 세그먼트를 도출하고, 이에 맞는 전략을 고민해 보자.

▌배경과 가정

영유아 관련 물품을 만드는 CCC사는 3년 된 스타트업이다. 자사 몰을 가지고 있는 CCC사는 약 3년간 고객 데이터를 모았다. 현재 보유하고 있는 데이터를 가지고 고객 구분(군집)을 도출하고자 한다. 고객 세그먼트별 특성을 도출하고, CCC사가 집중해야 할 세그먼트를 선택한다. 이에 맞는 활용방안과 전략도 고민해 보고자 한다.

▌분석 목표

고객 세그먼트를 도출하고 각 세그먼트별 특성에 맞는 전략을 세운다.

2) 데이터 설명

- 파일명: ccc_user_data.csv
- 자사 몰을 사용하는 고객 데이터임
- id: 고객을 구별할 수 있는 식별번호
- milleage: 고객이 상품을 구매하고 획득한 누적 마일리지
- lncome: 회원가입 때 작성한 연 소득(분석을 통해 금액을 보정함, 단위는 원)
- Age: 고객의 나이
- no. child: 고객의 자녀의 수

3) 데이터 탐색

```
[1]    # 5개의 라이브러리를 불러온다.
       import pandas as pd
       import numpy as np
       import matplotlib.pyplot as plt
       import seaborn as sns
       from sklearn.cluster import KMeans
[2]    # 데이터를 확인한다.
       df = pd.read_csv('http://scottyoon.cafe24.com/data/ccc_user_data.csv')
       print(df.shape)
       df.head()
```

🎁 실행결과

```
(2239, 5)
    ID  milleage  Income  Age  no. child
0    0      1617    5813   63          0
1    1        27    4634   66          2
2    2       776    7161   55          0
3    3        53    2664   36          1
4    4       422    5829   39          1
```

[3] | # 결측값이 있는지 확인한다.
    | df.info()

실행결과

<class 'pandas.core.frame.DataFrame'>
RangeIndex: 2239 entries, 0 to 2238
Data columns (total 5 columns):

#	Column	Non-Null Count	Dtype
0	ID	2239 non-null	int64
1	milleage	2239 non-null	int64
2	Income	2239 non-null	int64
3	Age	2239 non-null	int64
4	no. child	2239 non-null	int64

dtypes: int64(5)
memory usage: 87.6 KB

[4] | # 기술통계를 확인한다. (소수점 2자리)
    | pd.options.display.float_format = '{:.2f}'.format
    | df.describe()

실행결과

	ID	milleage	Income	Age	no. child
count	2239.00	2239.00	2239.00	2239.00	2239.00
mean	1119.00	606.04	5196.85	51.20	0.95
std	646.49	602.27	2141.06	11.99	0.75
min	0.00	5.00	173.00	24.00	0.00
25%	559.50	69.00	3553.00	43.00	0.00
50%	1119.00	396.00	5171.00	50.00	1.00
75%	1678.50	1046.00	6827.50	61.00	1.00
max	2239.00	2525.00	16239.00	127.00	3.00

[5] # 필요한 변수만 선택한다.
df2 = df[['milleage', 'Income', 'Age', 'no. child']]

[6] # 변수 간의 correlation을 확인한다.
corr = df2.corr()
sns.heatmap(corr, annot=True)

실행결과

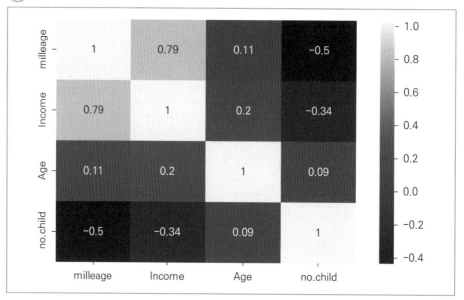

[7] # 변수 간의 관계를 시각화해 보자.
sns.pairplot(df2)

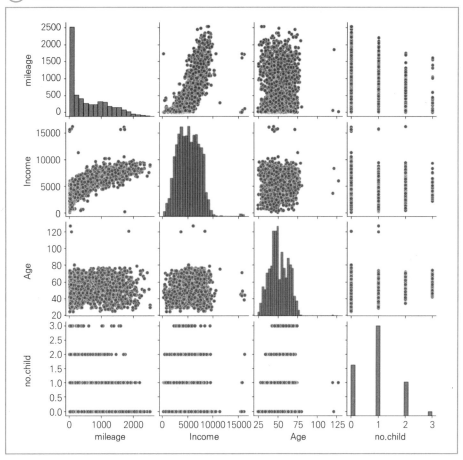

[8] # 각 변수의 분포를 확인한다.
sns.distplot(df['milleage'])

실행결과

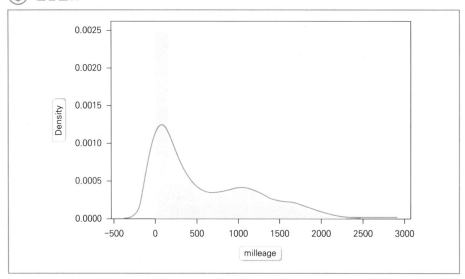

[9] sns.distplot(df['Income'])

실행결과

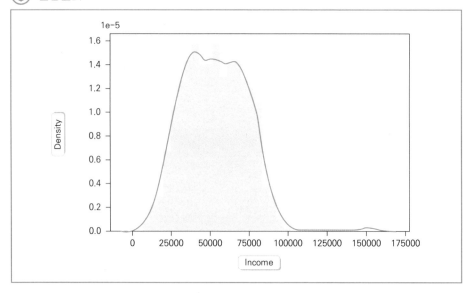

[10] | sns.distplot(df['Age'])

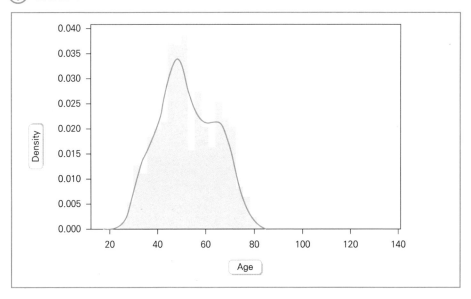
실행결과

[11] | sns.countplot(data＝df, x ＝ 'no. child')

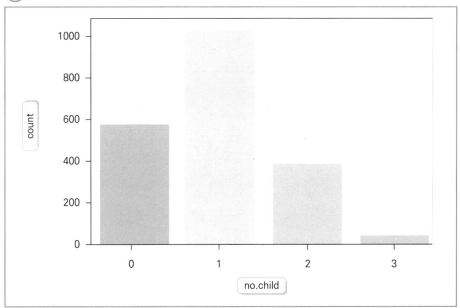
실행결과

sns.countplot은 카테고리별 개수를 확인해 주는 시각화 함수

[12]   # 고객의 자녀 수와 마일리지와의 관계를 시각화한다.
       sns.boxplot(x='no. child', y='milleage', data=df)

🏵 실행결과

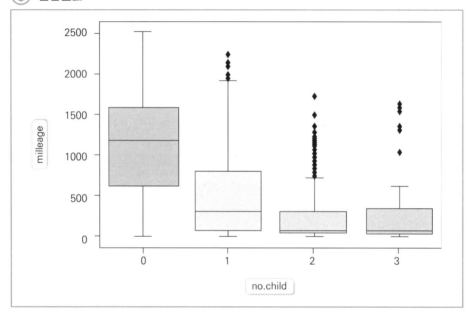

데이터 탐색을 해 보니, 고객의 수입(Income)과 마일리지(milleage) 간의 상관 관계가 높다는 것을 알 수 있다. 특이한 점은 고객 자녀의 수(no. child)가 늘어 날수록 마일리지가 낮아진다. 아마도 자녀가 늘면 유아용품을 구매하기보다는 형제자매 것을 물려주는 것으로 예상한다.

4) 데이터 분석

고객 데이터를 기반으로 클러스터링 분석을 해 보자. 클러스터링 알고리즘은 k-means를 사용한다. k 값은 inertia(응집도) 값이 급속하게 낮아지는 지점으로 선택한다.

[13]
```
# var에 분석에 사용할 변수의 값을 넣는다.
var = df2[['Age', 'Income', 'milleage', 'no. child']].values
# inertia라는 빈 리스트를 만들어준다.
inertia = []
# 군집수 n을 1에서 11까지 돌아가며 var에 대해 k-means 알고리즘을 적용하여
inertia 값을 리스트에 저장한다.
for n in range(1 , 11):
    algorithm = (KMeans(n_clusters = n) )
    algorithm.fit(var)
    inertia.append(algorithm.inertia_)
```

[14]
```
# inertia 값을 시각화한다.
plt.figure(1, figsize = (16 ,5))
plt.plot(inertia, 'o')
plt.plot(inertia, '-')
```

실행결과

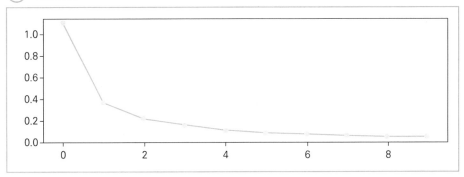

ⓘ 참고

군집의 수를 정할 때는 inertia 값의 변화가 거의 없어지는 지점을 정해 주면
된다. 해당 예시에서는 군집의 수를 4로 정하면 적당하다.

```
[15]    # 군집수를 4로 지정하고. 기존 데이터셋에 각 고객이 속한 클러스터 값을 넣는다.
        algorithm = (KMeans(n_clusters = 4 ,random_state = 111) )
        algorithm.fit(var)
        labels = algorithm.labels_

[16]    df2['cluster'] = labels
        df2
```

🔷 실행결과

	milleage	Income	Age	no. child	cluster
0	1617	5813	63	0	3
1	27	4634	66	2	2
2	776	7161	55	0	3
3	53	2664	36	1	0
4	422	5829	39	1	3
...	...	...	...	...	...
2234	1341	6122	53	1	3
2235	444	6401	74	3	3
2236	1241	5698	39	0	3
2237	843	6924	64	1	3
2238	172	5286	66	2	2

2239 rows × 5 columns

```
[17]    # 클러스터의 특성을 파악해 보자.
        sns.violinplot(x='cluster', y='milleage', data=df2)
```

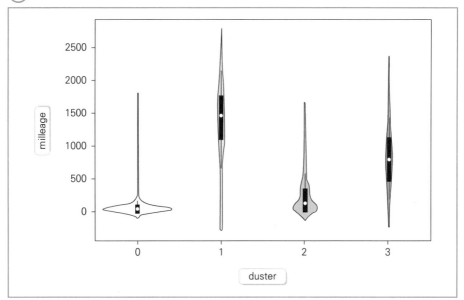

[18] | sns.violinplot(x = 'cluster', y = 'Income', data = df2)

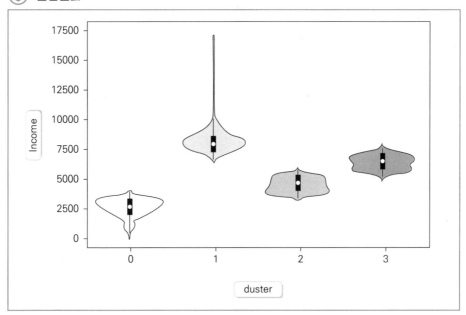

[19] sns.violinplot(x = 'cluster', y = 'Age', data = df2)
df2.groupby('cluster')['Age'].mean()

실행결과

cluster
0   45.58
1   52.43
2   51.63
3   54.05
Name: Age, dtype: float64

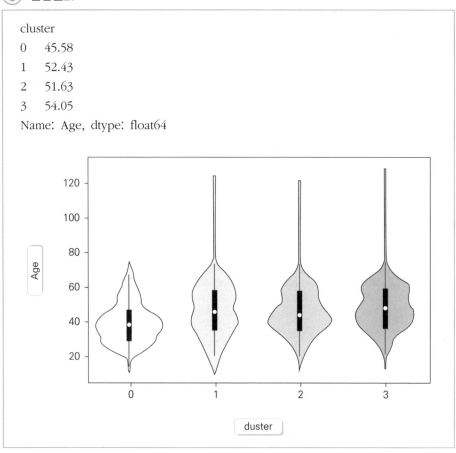

```
[20]   df2.groupby('cluster')['no. child'].mean()
```

📦 실행결과

```
cluster
0      1.317391
1      1.020000
2      0.897554
3      0.308861
Name: no. child, dtype: float64
```

5) 적용방안

클러스터별로 차이가 거의 나지 않는 Age 변수를 제외한 나머지 변수들의 클러스터별 특징은 다음과 같다.

클러스터 번호 (Cluster)	마일리지 (milleage)	연간수익 (Income)	자녀의 수 (no. child)
0	Low	Low	High(1.3)
1	High	High	Mid(1.0)
2	Low	Mid	Mid(0.9)
3	Mid	Mid	Low(0.3)

클러스터 0은 마일리지와 연간수익 모두 낮은 고객군이다. 반면, CCC사의 VIP 고객은 클러스터 1이다. 마일리지와 연간수익 모두 높은 편이다. 해당 클러스터인 고객에게는 감사 이벤트나 사은품을 제공해서 지속적인 이용을 유도하는 것이 필요하다. 클러스터 2는 자녀의 수도 약 1명이고 연간수익도 중간 정도되지만, CCC사의 마일리지 적립 내역이 적다. 쿠폰과 이벤트 등을 통해 사용을 증진하는 마케팅 계획을 세워야 한다. 마지막으로 클러스터 3은 자녀의 수는 0.3으로 예비 부모들이 많다. 출산 이후에도 방문하도록 '출산 선물 이벤트' 등을 기획하는 것을 고려해 보자.

부록

AutoML
따라해 보기

지금까지 우리는 프로그래밍 기반의 데이터 분석하는 방법에 대해서 배웠다. 하지만 프로그래밍을 처음 접해 본 사람에게는 이를 배우는 과정이 쉽지 않을 것이다. 하지만 이 책에서 여러 번 강조했듯이, 기술보다는 생각하는 사고 그리고 데이터를 어떻게 처리할지 논리적인 절차에 집중할 필요가 있다. 왜냐하면, 프로그래밍은 도구에 불과하기 때문이다. 특히, 최근에는 자동화된 머신러닝(Auto Machine Learning, 이하 AutoML)이 발전하면서 프로그래밍을 직접 하지 않아도 다양한 머신러닝 분석을 할 수 있게 되었다. AutoML은 별도의 코딩 과정 없이, 데이터만 집어넣으면 머신러닝 모델을 개발할 수 있다. 즉, 비전공자도 몇 번의 마우스 클릭만으로 손쉽게 머신러닝 작업을 할 수 있다. 알아야 할 것은 데이터에 대한 이해, 그리고 데이터 분석에 대한 최소한의 지식과 절차에 대한 이해만 있으면 된다. 전 세계의 다양한 AutoML 가운데, 국내 데이터 전문회사인 ㈜위세아이텍에서 개발한 '와이즈프로핏'을 통해 경험해 보도록 하자.

① '와이즈프로핏'에 접속한다.(http://prophet.wise.co.kr/)

② 회원가입을 하고 로그인을 한다.

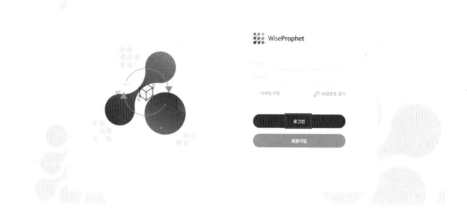

③ 메인화면에서 'ModelTraining' 메뉴를 클릭한다.

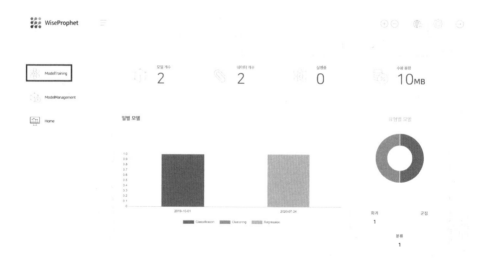

④ 'Sample Database'를 클릭한다.

⑤ 데이터 중에서 'titanic'을 선택 후 Select를 클릭한다.

⑥ 데이터 분포, 타입, 기술통계를 한눈에 볼 수 있다.

ⓘ 참고

titanic 데이터는 1912년 빙산에 타이타닉호에 탑승객들의 정보와 생존 여부 정보가 있다.

- Passengerid: 승객의 id
- Survived: 생존＝1, 죽음＝0
- Pclass: 승객 등급. 1등급＝1, 2등급＝2, 3등급＝3
- Sex: 성별
- Age: 연령
- Sibel: 함께 탑승한 형제 또는 배우자 수
- Parch: 함께 탑승한 부모 또는 자녀 수
- Embarked: 탑승 장소. S＝Southampton, C＝Cherbourg, Q＝Queenstown

⑦ 데이터 분석 목표는 탑승객의 정보로 생존 여부를 예측하는 것이다. 즉, Survived 변수를 Target으로 선택하고, Select를 클릭한다.(추가로 필요 없는 변수인 Passengerid는 사용 안 함으로 선택한다.)

⑧ 변수의 중요도가 나타난다. 여기서 correlation(상관관계 분석)을 클릭한다.

⑨ 히트맵 형태로 변수 간 상관관계가 시각화되어 있다. 상관관계를 확인 후 OK 버튼을 누른다. Parch와 Sibel은 상관관계가 높으므로, Sibel은 사용 안 함 선택 후에 Select 버튼을 누른다.

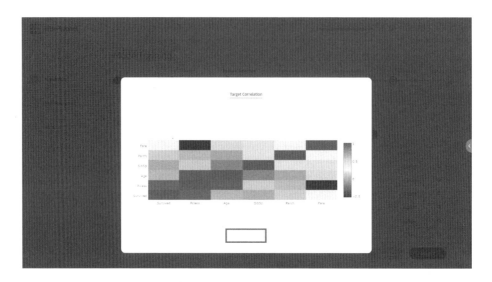

⑩ 모델 선택에서 생존 여부를 예측하는 분석이기 때문에 'Regression'을 클릭한다.

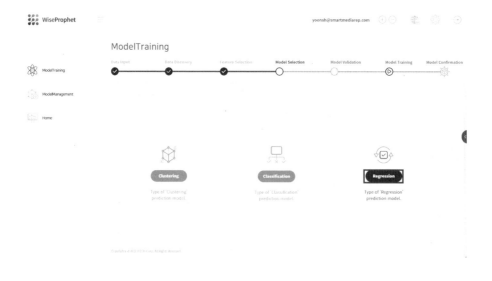

⑪ 머신러닝 알고리즘 중에 'Decision Tree'를 선택하고, 옵션(파라미터)을 자동으로 최적화시키도록 'optimization'을 선택한다. 그리고 Select 버튼을 누른다.

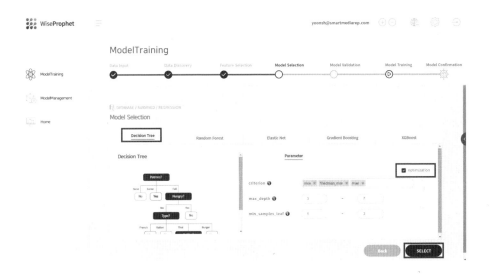

⑫ 학습데이터와 테스트데이터 비율을 선택한다. 실습에서는 80:20으로 변경하지 않고 Launch 버튼을 클릭한다.

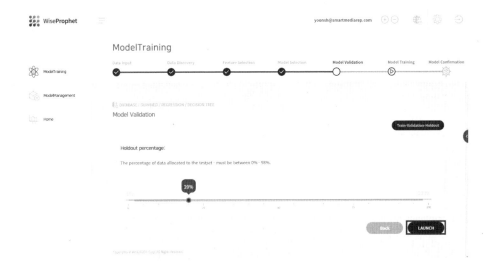

⑬ 모델의 결과가 나온다. 여기서 Result Download 버튼을 클릭하면, 엑셀
파일을 내려받을 수 있다.

⑭ real_y는 승객의 생존 여부를 의미한다. predict_y는 머신러닝 분석을 통
해 해당 승객의 생존 여부를 예측한 결과이다. 0에 가까울수록 사망할 가
능성이 크고, 1에 가까울수록 생존할 가능성이 크다. 실제값과 예측값을
비교해 보자.

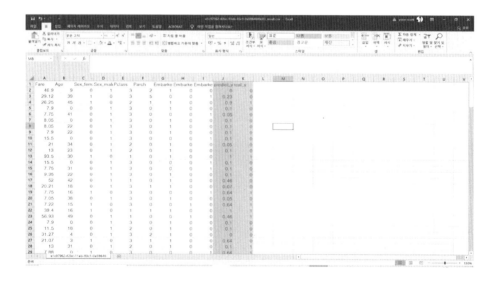

어떠한가? 불과 10분 안에 데이터 탐색부터 모델링까지 모두 완료했다. 게다가 모델 확정만 하면 새로운 데이터를 넣었을 때 결과들이 바로바로 나오게도 할 수 있다. AutoML은 우리가 생각하는 이상으로 발전하고 있다. 게다가 인공지능 기술과도 결합하면서 데이터만 집어넣으면 사람의 선택 없이도 자동으로 최적의 데이터 전처리와 모델링을 통해 최고의 결과를 제공한다. 이렇게 발전하는 기술을 사람의 능력으로 따라잡을 수 있을까? 아마도 쉽지 않을 것이다. 그런데도, 아니 그러므로 더더욱 데이터 분석의 이론에 대해 잘 배워야 한다. 아무리 기술이 발전하고 AI 지능이 높아져도 현상을 인식하고 실제 서비스, 나아가 사회에 적용하는 것은 결국 사람의 힘이 필요하기 때문이다. 특히 비전공자일수록 기술에 집중하기보다는, 세상의 문제에 대해 호기심을 가지고 탐구해 가며, 사회를 변화시킬 아이디어를 계속 내어야 한다. 그러나 그 밑바탕에는 현실감이 있어야 한다. AI에 대한 기초적인 지식과 디지털 비즈니스의 이해를 바탕으로 데이터 분석 능력까지 갖춘다면, 21세기 4차 산업혁명 시대에 필수적인 인재가 될 것이라고 확신한다.

참고문헌

강주은(2019), 인공지능이 인간사회에 미치는 영향에 대한 연구, 문화기술의 융합, Vol. 5, No. 2

과학기술정책연구원(2017), 4차 산업혁명의 기술 동인과 산업 파급 전망

김민식, 손가녕(2017), 제4차 산업 혁명과 디지털 트랜스포메이션, 정보통신정책연구, Vol. 29, No. 3

김민식, 이가희(2017), 디지털 플랫폼과 인공지능(AI)의 이해, 정보통신정책연구, Vol. 29, No. 18

김명락(2020), 이것이 인공지능이다, 슬로디미디어

김진형(2020), AI 최강의 수업, 매일경제신문사

김형수(2020), 비즈니스 머신러닝 in 파이썬(Step by Step), 프레딕스

코리 알트호프(2018), 프로그래머 첫걸음, 한빛미디어

클라우드 윌케(2020), 데이터 시각화 교과서, 책만

도나 M. 웡(2014), 월스트리트저널 인포그래픽 가이드, 인사이트

삼정KPMG경제연구원(2018), 비즈니스 기회 창출을 위한 AI알고리즘의 활용

오니시 가나코(2019), 가장 쉬운 AI입문서, 아티오

윤기태(2020), 이것이 데이터 분석이다, 한빛미디어

양지훈(2019), 4차산업혁명 시대, 만화와 기술의 융합, 커뮤티케이션북스

원다예(2016), 이것이 인포그래픽이다, 한빛미디어

패스트캠퍼스(2020), 직장인을 위한 파이썬 데이터분석 올인원 패키지 Online 실습자료

한세억(2020), 모든 사람을 위한 인공지능, 박영사

한국무역협회(2019), 디지털 트랜스포메이션 시대, 지속 성장하는 기업의 전략

한국정보화진흥원(2019), 2020년 ICT 이슈와 9대 트렌드 전망

한국조세재정연구원(2018), 디지털경제의 특징과 시사점: 경쟁 및 조세정책을 중심으로

4차산업혁명위원회(2018), 데이터 경제 기반 정책 연구

4차산업혁명위원회(2018), 데이터 산업 활성화 전략

Deloitte(2019), AI의 사업적 적용 및 전개

Quoc V. Le(2012), Building High-level Features Using Large Scale Unsupervised Learning

저자 소개

윤상혁

KAIST 정보경영 석사, 연세대학교 정보시스템 박사학위를 취득한 후, 기술 기반 광고회사인 스마트미디어렙(SMR)에서 데이터 과학자로 활동 중이다. 주요 연구 분야는 디지털 마케팅, OTT 서비스, 머신러닝, 비즈니스 애널리틱스 등이다. 동국대학교 겸임교수로 재직 중이며, 광고홍보학과 학생을 대상으로 광고데이터 애널리틱스 수업 등을 맡고 있다. 관련 연구들은 SSCI, SCOPUS 논문을 포함해 약 10여 편의 논문이 게재되었다. 저서로 ≪소셜 혁명 TV≫(2012), ≪디자인씽킹을 넘어 프로그래밍씽킹으로: 코드 한 줄 없이 배우는 코딩≫(2021)이 있다.

양지훈

한국문화관광연구원 문화산업연구센터 연구원이다. 연세대학교에서 정보시스템학 박사를 수료하였고, 한국방송통신전파진흥원 선임연구원 등을 거치면서 디지털 비즈니스 및 콘텐츠 산업 분야 40여 개의 정부 연구프로젝트에서 연구책임 등으로 폭넓은 연구를 진행하였다. 웹툰, OTT, e스포츠, VR, CT R&D 등 콘텐츠 산업 전반에 걸친 다양한 주제의 논문들을 국내외 학술지에 게재하였으며 저서로는 ≪4차산업혁명 시대, 만화와 기술의 융합≫(2019), ≪언택트와 콘텐츠≫(2021)가 있다.

* 본 책의 실습 데이터와 코드는 박영사 홈페이지(www.pybook.co.kr) '도서자료실'에서 다운로드할 수 있습니다.

AI와 데이터 분석 기초: 디지털 비즈니스 생존전략

초판발행	2021년 2월 25일
중판발행	2023년 3월 30일
지은이	윤상혁·양지훈
펴낸이	안종만·안상준
편 집	황정원
기획/마케팅	이영조
표지디자인	박현정
제 작	고철민·조영환
펴낸곳	㈜ **박영사**
	서울특별시 금천구 가산디지털2로 53, 210호(가산동, 한라시그마밸리)
	등록 1959. 3. 11. 제300-1959-1호(倫)
전 화	02)733-6771
f a x	02)736-4818
e-mail	pys@pybook.co.kr
homepage	www.pybook.co.kr
I S B N	979-11-303-1231-6 93320

* 파본은 구입하신 곳에서 교환해 드립니다. 본서의 무단복제행위를 금합니다.
* 저자와 협의하여 인지첩부를 생략합니다.

정 가   22,000원